Uzaludni proeuropski pledoaje
- prilozi „refleksivnim modernizacijama"

Mile Lasić

NASLOV
Uzaludni proeuropski pledoaje
- prilozi „refleksivnim modernizacijama"

AUTOR
dr.sc .Mile Lasić

NAKLADNIK (RH)
AKULTURACIJA
Mandarinska 26
20355 Opuzen

NAKLADNIK (BiH)
SYNOPSIS d.o.o.
Maršala Tita 32
71000 Sarajevo, BiH

UREDNIK
Augustin Zonjić

LEKTURA I KOREKTURA
Gabrijela Rajković

TISAK
Ispis d.o.o.
Međimurska 21, 10 000 Zagreb

NAKLADA
300 primjeraka

Opuzen, ožujak 2016.

ISBN (RH): 978-953-58119-3-0 (Akulturacija)
ISBN (BiH): 978-9958-01-026-2 (Synopsis)

CIP zapis je dostupan u računalnome katalogu Nacionalne i
sveučilišne knjižnice u Zagrebu pod brojem 000927240.

Uzaludni proeuropski pledoaje
- prilozi „refleksivnim modernizacijama"

dr. sc. Mile Lasić

NAKLADA
AKULTURACIJA i SYNOPSIS, 2016.

SADRŽAJ

PREDGOVOR

Ova knjiga tzv. zagrebačkih, proeuropskih kolumni ili izabranih politološko-kulturoloških eseja iz produkcije u 2015. godini nudi čitateljima razumijevanje europskih integracija kao procesa kozmopolitizacije i narativa i ambijenata i politika i političkih subjekata, tragom *„refleksivnih modernizacija“* i osloncem na razumijevanje *„metodološkog nacionalizma“*, kako je ove važne sintagme obrazložio pokojni profesor Ulrich Beck.

U Predgovoru treba reći da bi ova knjiga trebala biti i duhom i sadržajima komplementarna novoj knjizi *„Avanti diletanti. Prilozi razumijevanju postmodernih politološko-kulturoloških fenomena“*, koja se u nakladi Synopsisa upravo pojavila i u Hrvatskoj i u BiH, kao i knjizi *„Transnacionalne socijalizacije, politike i institucije Europske unije“*, koja se uskoro treba pojaviti u nakladi HKD Napredak i Paneuropske unije BiH. I u ovoj knjizi probranih kolumni i eseja pokušava se, naime, približiti isti zamršen svijet bosansko-hercegovačkih post-daytonskih neprilika kao i u knjizi *„Avanti diletanti“*, *te k tomu* i svijet transnacionalnih interakcija kojim se bavi knjiga *„Transnacionalne socijalizacije, politike i institucije Europske unije.*

U knjigu kolumni i eseja u koprodukciji sarajevsko-zagrebačke nakladničke kuće Synopisis i Akulturacije iz Opuzena uvrštene su moje proeuropske kolumne pisane za portal Autograf.hr, te nekolicina izabranih eseja s kraja 2015. godine objavljeni u mostarskom Dnevnom listu. K tomu i jedna reakcija na objedu objavljenu u sarajevskom dnevnom listu Dnevni avaz i intervju za mjesečnu reviju Bosne Srebrene – Svjetlo riječi.

U prvom dijelu knjige našlo se na jednom mjestu svih mojih 29, *„zagrebačkih kolumni"*, pri čemu je jedino kolumna *„Zašto je i moj izbor Ivo Josipović"* prvo postavljena na portal predsjednicki-izbori.hr, dok je ostalih 28 pisano za portal Autograf.hr, pa su tek potom objavljivane i na mojoj web stranici i/ili drugdje. U slučaju kraćenja ili nesporazuma na mojoj web stranici bi bile postavljene *in extenso*.

Od ovih tehničkih napomena važnije su one koje se tiču motiva za objavljivanje ovakve knjige. Kao netko tko se pitanjima europskih integracija bavi tri desetljeća, jednostavno sam uvjeren u smisao kretanja naprijed putem sustavnih reformi koje uključuju poštovanje sviju identiteta i ambijenata, ljudskih prava i principa pravne države. A kao čovjek i autor vjerujem da takvo što ima smisla u zemljama predpolitičke kulture i kad bi se Europska unija transformirala u nešto posve drugo od onog što je danas.

Drugim riječima, i u slučaju da zemlje *„zapadnog Balkana"* i ne stignu u Europsku uniju, prije nego što se ona transformira u *„EU dviju brzina"*, ili u nešto posve treće u slučaju još većih potresa uslijed *„izbjegličke krize"* ili mogućeg Brexita..., važno bi bilo ne zaboraviti na vrijednosti *„refleksivnih modernizacija"* i na nužnosti popravnog ispita za zemlje i političke kulture koje su postali primjerom neuspjelih, obrnutih tranzicija. Uostalom, upravo o žalosnom stanju duha u zemljama koje nisu iskoristile šanse ili mogućnosti *„druge liberalne revolucije"* (Ernest Gellner) govori i niz mojih ogleda u drugom dijelu knjige, u Dodatku.

U Dodatku se na prvom mjestu našla eksplicitna kritika hrvatskih političkih elita u BiH glede naopako pojmljene kulture sjećanja, o čemu govori esej 'Pitanje krivnje' i *'groblje Mira'* *na brdu Bile iznad Mostara.* Ovu oštru kritiku nerazumijevanja „*kritičke kulture sjećanja*" među Hrvatima u BiH, posebice u Hercegovini, bio sam dužan napisati i kao autor niza knjiga koje se bave *prokletstvima kulture selektivnog sjećanja*, i kao čovjek kojemu je BiH i dom i domovina, a Hercegovina i Mostar zavičaj.

U ovaj dio knjige uključio sam i *hommage* pokojnom njemačkom kancelaru Helmutu Schmidtu, kojega sam pratio tijekom dugog boravka u njemačkoj kulturi i čije sam eseje i knjige prevodio. Razlog tome je što je upravo on tip političara koji se zalagao da se ne miješaju vjera i politika, mada je sebe samodefinirao i kršćaninom i ljevičarem, dakako socijaldemokratskog profila.

Nadati se da će čitatelje zanimati i osvrt na deset godina „*kancelerovanja*" Angele Merkel, pisan uz puno uvažavanje ove žene i političarke jer se zalaže za *"političku zajednicu"* jednakopravnih šansi, što upravo podrazumijeva zajednicu kozmopolitiziranih ambijenata i identiteta.

U mojem razumijevanju, Angela Merkel je, nadmašila samu sebe kad je smogla snage u uzavreloj političkoj i kulturološkoj atmosferi u SR Njemačkoj kazati prošle godine i sljedeće: „*Moram iskreno reći, budemo li se morali ispričavati što u izvanrednim situacijama pokazujemo ljudsko lice, onda ovo nije moja zemlja*"!

Skoro svi ogledi iz drugog dijela knjige objavljeni su krajem 2015. godine i na mojoj web stranci i u „*Dnevnom listu*". U ovoj mostarskoj tiskovini je objavljena i moja riječ s promocije knjige *"Oblak boje kože"* vrijednog književnog djela dr. sc. Nebojše Lujanovića, prepunog empatije prema Romima. U gradu osakaćenih empatija, bilo mi je zadovoljstvo promovirati spomenutu knjigu zajedno s mladim dr. Lujanovićem i umnim hrvatskim i bh. književnikom Josipom Mlakićem. Imponiralo mi je što se ova promocija uopće upriličila u Mostaru na Međunarodni dan ljudskih prava, 10. prosinca 2015.

U drugi dio knjige, u Dodatak, morao je biti uključen i esej *„Beckov pledoaje za kozmopolitizirane, europeizirane identitete i ambijente, narative i politike"*, pisan povodom prve obljetnice smrti profesora Ulricha Becka, jer se u njemu izravno dotičem prevažnih Beckovih pojmova *„metodološki nacionalizam"*, *„kozmopolitizacija"*, *„refleksivna modernizacija"*, zbog kojih se među upućenima i govori o Beckovom *„društveno-znanstvenom kozmopolitizmu"*, za koji se i sam zalažem.

Uostalom, *„lijevo"* se i ne može razumjeti i osjećati izvan kozmopolitskog, makoliko se i *„lijevo"* lako oklizne u političko nasilje ukoliko ne poštuje oformljene identitete. No, najvažnije je zapamtiti: temeljem Beckova pristupa i re-interpretacije nema nikakve potrebe da se nacionalni ili bilo koji drugi oformljeni identiteti dokidaju, nego ih je nužno obogatiti u procesu europeizacije i narativa i politika, to jest kozmopolitizirati...

U Dodatku se našla i polemika s profesorom teologije, dr. sc. fra Ivanom Šarčevićem: *„Tko je obolio od logoreje – politolog ili teolog?"*, objavljena najvećim dijelom u tjednom prilogu Sedmica, Dnevni avaz, 30. svibnja 2015. godine, te *in extenso* na mojoj web stranici. Bio sam veoma neprijatno iznenađen njegovim omalovažavanjem i niskom razinom stigmatizacije i mene i Mostara i Hercegovine, čime se sarajevski gvardijan uvrstio među one koji njeguju narative i politike tzv. *poželjnih glasova, mjereno kriterijima bosanskog/bošnjačkog unitarizma.*

Ova iznuđena polemika ima – moguće je – neizravne veze s mojim ranijim prijeporima s Hrvatskim narodnim vijećem, kojeg sam – zajedno s Ivanom Lovrenovićem - prilično bučno napustio. Slutim da sam iz ovih razloga i dobio priliku govoriti u intervjuu za mjesečnik „*Svjetlo riječi*", glasilo Bosne Srebrene, krajem 2015., pa je i taj intervju našao svoje mjesto u Dodatku.

Makoliko ova knjiga bila pisana u ležernijim formama i ona je u funkciji stasavanja studija politologije i „*mini europskih studija*" na sve tri bolonjske edukacijske ljestvice na Filozofskom fakultetu Sveučilišta u Mostaru.

A na samom kraju sam dužan zahvaliti se nakladnicima ove knjige Synopsisu (Sarajevo-Zagreb) i Akulturaciji (Opuzen), dragom čovjeku i prijatelju Ivici Pandžiću i mojim (bivšim) vrsnim studentima i prijateljima Augustinu Zonjiću i Gabrijeli Rajković za izdašnu pomoć pri oblikovanju, lektoriranju i uređivanju ove knjige…

Mostar, 25. veljače 2016.   *A u t o r*

1. Zašto je dr. Ivo Josipović (bio) i moj izbor?

Aktualni predsjednik Republike Hrvatske dr. Ivo Josipović je bio moj izbor i na predsjedničkim izborima prije četiri godine i opet je, na aktualnim izborima, koji drugi krug imaju 11. siječnja 2015. godine. Pri tome podržavam ono za što se dr. Josipović principijelno bori, pa ako i s promjenjivim uspjehom. Zapravo bih predsjednika poput njega poželio i mojoj zemlji, Bosni i Hercegovini, ali u zemlji kakva je BiH i u politici i javnom životu dominiraju jednodimenzionalni i zarobljeni umovi, koji su u vlasti pohlepe i gramzivosti, ideologija i politika isključivosti i podjela, ili potiranja identiteta, čime su automatski protivnici otvorenog društva, europeiziranih i kozmpolitiziranih narativa i politika. Preciznije govoreći, Ivo Josipović je i moj izbor upravo iz razloga koje je objasnio u blistavim odgovorima na pitanja Danice Ramljak (vidjeti, Intervju tjedna: Ivo Josipović: *„Gospođa Grabar Kitarović brani jedan propali sustav"*, 26. prosinca 2014, www.autograf.hr). Nema potrebe u današnja elektronska umrežena vremena prepričavati njegove odgovore, koga zanimaju neka ih potraži, ali moram pripomenuti da Kolinda Grabar-Kitarević nije odgovorila Danici Ramljak na slična pitanja. Kao da Josipovićeva kontrahentkinja umije samo postavljati nezgodna pitanja, a ne na slična kompetentno i odgovarati?

S predsjednikom dr. Ivom Josipovićem sam samo jednom bio na kavi u jednom mostarskom hotelu. Htio je jednostavno popiti kavu s Mostarcima sviju političkih i kulturoloških orijentacija, pa i različitih nacionalnosti. Odmah je napadnut iz sarajevskih političkih i medijskih kuhinja da se nije susreo ni s jednim Bošnjakom, mada su u razgovoru u kojemu sam i ja sudjelovao nazočila dvojica – jedan s Univerziteta Džemal Bijedić, a drugi iz političkog života Mostara. Zapravo, naše virtualno poznanstvo je započelo nešto ranije: morao sam slijedom poštovanja struke i savjesti braniti javno pred FTV-kamerama dr. Josipovića koji, navodno nije razumio prilike u BiH, te je blago upozorio kako nema nikakva smisla formirati tzv. platformašku vlast kako su je veliki meštri laži i prijevara nakanili uspostaviti. Ja sam o ovim opasnostima progovorio već bio u nizu javnih nastupa, pa sam dobio osobno mail poruku od dr. Josipovića.

Dakle, samo iz razloga *„nužne obrane"* i Josipovićeve i moje osobnosti pročitao sam na insceniranoj pro-platformaškoj emisji na FTV-u, 20. siječnja 2011. godine, sljedeću poruku:

„Poštovani gospodine Lasiću, hvala Vam na podršci i sjajnom tekstu. Potpuno ste točno prepoznali intenciju dokumenta premijerke Kosor i mene. Vrlo smo pažljivo radili na tekstu da jasno damo na znanje kako nam je suverenitet i cjelovitost BiH temeljni postulat. S druge strane, prijateljski smo zaželjeli da vlast u BiH bude efikasna i pravedna, da vodi u europsku budućnost. No, u multietničkim državama to je moguće samo ako svi narodi pravedno participiraju u vlasti. Srdačno i s poštovanjem, Ivo Josipović."

* * *

Dan poslije prvog kruga aktualnih predsjedničkih izbora u Republici Hrvatskoj, gospodin Drago Pilsel je objavio osvrt na prvi krug izbora *„Zašto će Josipović pobijediti"* (vidjeti, www.autograf.hr, 29. prosinca 2014.). Mada sam toliko zgađen hajkama koje se kontinuirano vode protiv moje neovisne i nepripadajuće pozicije slobodnog i neovisnog intelektualca, te ma koliko mi postalo jasno da se i nije moguće boriti protiv „*sila gluposti*" (Dietrich Bonhoeffer), istovremeno mi je posve jasno da se u susjednoj Hrvatskoj na ovim izborima radi o „*sudbinskom odabiru*" (Nijemci bi kazali: Schicksalwahl), pa sam reagirao kao običan čitatelj ispod Pilselova osvrta, mada sam povremeno autor i član Savjeta ovoga portala. Napisao sam i potpisao sljedeće:

„Čestitke gosp. Pilsel. U potpunosti dijelim pristup u Vašem komentaru. Iz razloga koje ste naveli, dr. Josipović je i moj favorit i u prvom i u drugom krugu predsjedničkih izbora u RH-u. S tim u vezi, kad je predsjednik RH početkom prosinca o.g. gostovao kod nas na FF-u Sveučilišta u Mostaru, nazvao sam u jutarnjem programu N1 njegove protukandidate "političkim pripravnicima", a njega mudrim i s elementima državničke stature, jer i nije formalno došao u BiH u izbornu kampanju (kao dvoje od troje njegovih protukandidata), nego u državni posjet (Mostar, Široki Brijeg, Livno). Usput kazano, na Filozofskom fakultetu Sve-Mo je održao brilijantno predavanje na temu "Vanjska i sigurnosna politika Republike Hrvatske" . Posebice prigodom odgovora na studentska pitanja (prosvjedi branitelja, Brozove i druge biste u Uredu predsjednika RH, ili suspendirano pokroviteljstvo RH nad spomenom u Bleiburgu ...) demonstrirao je i izvanredno visoko profiliranu poziciju uvjerenog Europejca i antifašiste. Osobno sam ga zamolio u prepunom amfiteatru na FF-u da pojasni: 1) navod iz intervjua HMS-u o više od 1,1 milijun građana BiH koji imaju i državljanstvo RH, 2) i fenomen nužnosti tzv. retrospektivne europeizacije u RH-u (dakle, naknadne europeizacije, jer je očigledno kako nekim centrima konzervativne moći, koje nisu valjda od KC-a amnestirane za "grijeh struktura", ni formalno-pravno unošenje europskog zakonodavstva u hrvatsko zakonodavstvo nije pomoglo da promijene kulturološko-političke kodove, ili ih makar preispitaju. Pri tomu sam ponovio ocjenu izrečenu pred

kamerama N1 o "političkim pripravnicima i državniku". Da, dr. Josipović će pobijediti i u drugom krugu, na dopunskim izborima, upravo zbog njegova programa, kako reče D. Pilsel, jednako kako je i prošli put pobijedio Milana Bandića, unatoč preporukama KC-a. Es ist gut so. Prof. dr. sc. Mile Lasić, Filozofski fakultet Sve-Mo"

* * *

Razlozi za ovu moju reakciju bili su, dakle, primarno kulturološke naravi. U osnovi leže u procjeni kako je uoči drugoga izbornog kruga nužno posvjedočiti kako i u Mostaru i u Bosni i Hercegovini ne egzistiraju samo ljudi „zarobljenog uma", slijepi sljedbenici desnih, ultra konzervativnih, i tobož' ljevičarskih, u osnovi ultrakonzervativnih demagoških ideologija, dakle obiju političkih opcija koje je pregazilo vrijeme, nego i slobodni ljudi koji se ćute Europejcima i kozmopolitama, pa se raduju boljitku u susjedstvu koje svjedoči o pomaku ka otvorenom i europeiziranom društvu.

Po mojemu sudu, naime, u Republici Hrvatskoj je upravo povodom predsjedničkih izbora došlo do sraza ideologija i politika podjela, na jednoj, i europeizacije i kozmpolitizacije, na drugoj strani. Sve to govori, dakako, o nužnosti tzv. retrospektivne europeizacije, jer nije bilo dovoljno samo formalno preuzeti pravnu stečevinu EU („acquis") u vlastito zakonodavstvo, a zaboraviti i na nužnost promjene u političkoj kulturi i javnim politikama, sukladno preuzetim obvezama. Ovu vrstu očekivanja je moguće, dakako, povezivati i s imenom i programom Ive Josipovića, ali i s imenom Kolinde Grabar Kitarević, pri čemu bi, zapravo, Josipovićeva preostala protu-kandidatkinja mogla – temeljem njezina curriculuma - biti nositelj moderne konzervativne političke ideje i opcije, da nije nekih nedovoljno transparentnih trenutaka u njezinom životopisu, ili da nije tijekom izbora već napravila nedozvoljene ustupke *„jastrebovima"* unutar političkog bloka koji ju je iz nevolje isturio naprijed kao vlastitu kandidatkinju, u nedostatku izbora vjerodostojnih kandidata ili kandidatkinja s obzirom da je HDZ stranka koja je i *de facto* i *de iure* na optuženičkoj klupi. Posebice je prijeporno, pak, što je konzervativna kandidatkinja za predsjednicu RH tijekom predizborne kampanje posve suvišno govorila o *„rehabilitaciji"* umirovljenih generala, zaboravljajući da su bili svojedobno spremni na puč. Najgore je po njezino profiliranje kao moderne konzervativke, što su je određeni krugovi u njezinom okruženju upregli u *„ideologiju razvalina"* i politiku *„građanskih ratova sjećanja"*, te time udaljili od izbornoga programa okrenutog budućnosti. Ima tu još nekih *„utega"* oko njezinih nogu, primjerice privremeno *„zamrznuta služba"* u NATO-strukturama, te spekulacije o njezinom članstvu u Trilateralnoj komisiji. Dakako, i Ivi Josipoviću je *„uteg"* oko nogu Milanovićev neoliberalni SDP Hrvatske, odnosno neuspješno upravljanje zemljom u proteklim godinama...

* * *

Ma koliko mali broj građana BiH izlazio na izbore u susjednoj Hrvatskoj, svi su izbori a posebice ovi koji su izbori između daljnje europeizacije i potonuća u prošlost dioba, važni i za građane Hrvatske i za građane sviju identiteta u Bosni i Hercegovini, pri čemu ne treba zaboravljati da njih više od 1,1 milijun koristi posve legalno i legitimno institut dvojnog državljanstva. Od toga, pak, da li Hrvatskom upravljaju oni koji siju primordijalističku rodoljubivu maglu i *par exceellence* antieuropejsko razumijevanje *„hrvatstva"* isključivo kao etničkog trenutka u raznobojnoj paleti identiteta, ili pak oni koji Hrvatsku razumijevaju kao političku zajednicu složenih ili višestrukih identiteta, i dio Europske unije, ovisi ne samo kvaliteta života i pravac razvoja u Hrvatskoj, nego i u okruženju. Radi se o tomu, u konačnici, da je uspjeh ili neuspjeh procesa europeizacije javnih narativa i politika ujedno i ogledni laboratorij za ono što slijedi u okruženju, i u BiH, te hoće li BiH završiti u bespućima ili pronaći put ka EU. Nema pak nikakvih dvojbi, ostane li BiH izvan EU, ostat će za svagda i na zemljopisnoj i na političkoj karti stroga periferija, zarobljena u logiku dioba i strahova, bez ikakve šanse za kozmopolitizaciju identiteta putem europeizacije javnih narativa i politika...

I na koncu, od više od 1,1 milijun građana BiH koji imaju i hrvatsko državljanstvo samo je njih manje od 5.000 smatralo svojom obvezom izaći na prvi krug predsjedničkih izbora. Izbori se, dakako, odlučuju u Republici Hrvatskoj, ali svaki glas i iz BiH bi mogao biti odlučujući za izbor novoga hrvatskog predsjednika ili predsjednice. Ma gdje glasovali, dakako, slijedite svoju savjest i ne obazirite se na tzv. autoritete. I sretna vam - unatoč svemu - Nova 2015. Godina

31. prosinca 2015.

2. Godinu dana poslije

Što se promijenilo godinu dana nakon prosvjeda u Tuzli i drugim gradovima Bosne i Hercegovine? Za početak, treba reći da se *"godinu dana poslije"*, 7. veljače 2015., okupilo toliko malo prosvjednika u Tuzli, Sarajevu, Zenici i Mostaru da su skupovi nalikovali više na komemoraciju za pokojnika nego na prosvjede. Da, nešto se promijenilo. Promijenilo se to što smo danas i u BiH i u regiji bliži tzv. vajmarskoj situaciji, nego što smo bili prije godinu dana.

Prošle godine, povodom nasilnih i tužnih događaja od 7. veljače u Mostaru i u cijeloj zemlji, govorio sam *"dan poslije"* za Al Jazeeru i TV1, istaknuvši da je u Mostaru za dlaku izbjegnut međunacionalni sukob, te da klizimo u situaciju kad će izvanustavna prijeka rješenja izgledati mnogima jedinim rješenjima, pa možda i biti jedini izlaz. Užasno mi je zamjereno u *"političkomu Sarajevu"*, pa čak i među mojim dotadašnjim prijateljima, što sam govorio i o *"vajmarskoj situaciji"* ili što sam upro prstom u manipulaciju baš toga *"političkog Sarajeva"* koje izvozi nerede po potrebi i kad mu se ćefne. Posebice mu je omiljeno pri tomu držati Mostar u zarobljeništvu, kao *"grad slučaj"*, mada je i sam glavni grad – *"slučaj"*.

Doduše, nisam mislio na opasnost otvorene fašizacije i diktature samo u BiH, nego i u regiji, to jest, ne samo kod Bošnjaka, ali i kod njih. O tomu što sam govorio 8. veljače 2014. godine – nakon obilaska sviju gradskih paljevina i pod utiskom da su djeca gradskih bogatuna (znaju se imena barem dvojice) stukla sve što su našla, primjerice, i u Hrvatskom leksikografskom institutu u Mostaru (što su mediji, dakako, prešutjeli).

Ove su me kritičke prosudbe koštale mnogih prounitarističkih omraza, uključivo i obustavljanja podrške nekim plemenitim projektima u kojima sudjelujem, a kakav je – unatoč svemu – i projekt Interkulturalno razumijevanje, kojeg je do tog 7. veljače podržavao načelno (i na mojemu Filozofskom fakultetu), Helsinški odbor za ljudska prava Kraljevine Norveške.

Na nesreću, *"oficir za vezu"* između NHC-ija i univerziteta u BiH i u regiji je jedan bivši Mostarac (ne zaslužuje da mu spominjem ime), kojemu sam na izravan telefonski upit tko to pali zgrade u Mostaru odgovorio da su taj užas izvele po nečijem nalogu *"bošnjačke vucibatine"*. Uslijedio je muk i prekid svih naših odnosa, jer *"vucibatine"* ne mogu biti potomci onih koji su protjerani u ratu iz zapadnog dijela grada, kako mi je potom ljubazno objašnjeno. Odgovorio sam mu da *"vucibatine"* mogu biti svi, jer su *"vucibatine"* svi koji su palili grad, bez obzira koje su nacije ili drugih identiteta, te da su politički i pravni i goli nasilnici uvijek i posvud samo vucibatine.

Kazao sam mu da je razlika među nama upravo u tomu što on misli da *"vucibatine"* mogu biti samo Hrvati, dok su, po meni, vucibatine svi koji se koriste nasiljem, posebice paljevinama, pa bili Hrvati ili Bošnjaci ili već tko. I precizirao sam da je pravo pitanje: tko stoji iza prosvjeda nasilne naravi i paljevina i u Mostaru i drugdje u BiH? Taj odgovor još ne znamo i nećemo ga, vjerojatno, nikad saznati! Tko su bili *"vođe"*, a tko *"vođeni"*? Ostalo je, nažalost, do danas nerazjašnjeno i po čijem je nalogu trebalo zapaliti *"zapadni Mostar"*, u čemu su planeri međunacionalnog sukoba baš u Mostaru skoro pa i uspjeli.

Prosvjedi na Španjolskom trgu u Mostaru su potom trajali sve do u ljeto 2014. godine samo zahvaljujući entuzijazmu čovjeka s imenom Muharem Hindić i nadimkom Mušica. Ali, ni prosvjedi ni paralelni plenumi u Mostaru nisu imali šanse proizvesti više bilo kakav veliki učinak nakon što se netko igrao ratom u Mostaru, pa će ostati zapamćeni po nesuvislom zahtjevu da se nekakvom *"revolucionarnom komitetu"* preda *vlast "na tacni"*. Uzalud su ih i prounitaristički mediji stilizirali u *"multietničke"*, dakle u ono što su oni bili samo u rudimentarnoj formi.

No, da se vratim prosvjedima. Precizirao sam, u objašnjenju eksplozivne *"vajmarske situacije"* u kojoj već jesmo, kako bi se jednostavna i prijeka rješenja mogla učiniti jedino mogućim prije svega ljudima gladnih stomaka, kojima će posve sigurno potom manipulirati poglavice nabubrjelih šlajbeka i deviznih konta, ti tranzicijski profiteri u politici i u gospodarstvu, koji sve imaju izuzev imuniteta za sva vremena. Ali, i mnogim drugima u BiH bi se suspenzija Ustava i zakona mogla učiniti privlačnom. Ljudi u BiH prosto pate od neuvažavanja identiteta i ustavnih i zakonskih okvira. Tako oni na vrhu i tako i oni *"ganz unten"*, posve na dnu. Od ovakve eksplozivne situacije do nereda i nesreće samo je jedan korak, jer ne zaboravimo da u BiH živi oko 27% ljudi ispod granice apsolutne bijede, po istraživanjima Inicijative za bolju i humaniju inkluziju iz Sarajeva, te oko 50% onih građana BiH koji se sve teže mogu pogledati u ogledalo, jer troše više nego što imaju. U uvjetima *"demokrature"*, dakle izvitoperene demokracije, a to je to što živimo danas u BiH, većina građana sviju nacija i drugih identiteta, uključivo i ono bh-građanstvo koje ne drži do ukotvljenosti u nacionalnom, jer mu je usko u tom korzetu, ne umije organizirati ni otpor, a kamoli prosvjede. Do unitarista i secesionista nikad i nisam držao previše, jer oni ne drže do poštovanja identiteta i transnacionalnoga i transentitetskog uvezivanja u bh. i europski identitet, pa su time i jedni i drugi *"neprijatelji otvorenog društva"*, govoreći jezikom Karla Poppera.

Nažalost, bosanskohercegovačko građanstvo pati i dalje od *"sindroma jednosti"* i nerazumijevanja identitetske situacije u svojoj zemlji, pa i nije osposobljeno za razlikovanje demokracije i *"demokrature"*. Otuda i jeste zarobljeno u raljama unitarnosti ili separatnosti. Moje su bojazni, dakle, da takvo *"građanstvo"* neće ni primijetiti ako ili kad uskoro uplovimo u otvorenu diktaturu uz pomoć insceniranih prosvjeda. Upozoravam, dakle, dok još mogu, jer nisam siguran da ćemo se uskoro moći više slobodno javno očitovati. Naime, jedini *"napredak"* u BiH, kazali su ovih dana mnogi, vidljiv je u boljoj policijskoj opremljenosti i koordinaciji.

A podsjetit ću još jednom da se broj građana BiH koji žive ispod granice apsolutne bijede popeo s 23% na 27% sveukupnog pučanstva u BiH te da je samo u prošloj godini 68.000 mladih ljudi otišlo iz BiH *"trbuhom za kruhom"*. Tragom njihovih djedova i očeva, pravac Zapad.

Dakle, što se u godinu dana promijenilo? Puno toga, situacija je gora, puno gora!

15. veljače 2015.

3. Pomogao im je otvoriti oči

U devedeset i petoj godini života umro je 31. siječnja o.g. u Berlinu šesti poslijeratni njemački predsjednik Richard von Weizsäcker (1920.-2015.), kojega se u cijelom svijetu pamti po ocjeni da je kraj Drugog svjetskog rata bio i dan oslobođenja Nijemaca od nacizma. O *"oslobođenju od nacizma"* govorili su, dakako, i prije Weizsäckera umjetnici poput Heinricha Bölla i Güntera Grassa, političari poput Willyja Brandta (SPD) i Helmuta Köhla (CDU), pa ipak tek je Weizsäckerov govor doživljen kao oslobađajuća istina koja je dirnula u dušu Nijemaca, a svijet pokrenula da drugim očima gleda na poslijeratnu Njemačku. Zato proteklih tjedana i nije bilo ozbiljnijeg medija u svijetu a da nije podsjetio barem na dvije ključne rečenice iz njegova govora u Bundestagu 8. svibnja 1985. godine: *"Osmi svibanj je bio dan oslobođenja. On nas je sve oslobodio od neljudskog sustava nacional-socijalističke nasilne vladavine"*. Dakako, to što je Weizsäckerova poruka tako snažno odjeknula i u svijetu bilo je povezano s tim da je izrečena u Bundestagu pred diplomatskim korom i mikrofonima svjetske javnosti, te da je izgovorena baš u vrijeme *"change of wind"*, uzlazne faze detanta i u okolnostima da su se i u bivšem SSSR-u upravo rađale i *"perestrojka"* i *"glasnost"*. Ali, to što je Weizsäckerova poruka tako snažno odjeknula među Nijemcima povezano je s tim da ju je izgovorio bivši kapetan Wehrmachta i konzervativni njemački predsjednik plemićkog podrijetla, čiji je otac u vrijeme njemačkog ministra inozemnih poslova Joachima von Ribbentropa promaknut čak u državnog tajnika (1938.-1943.), da bi od 1943. pa sve do kraja rata bio i diplomat pri Svetoj stolici. Zbog svega toga je i bio osuđen na sedam godina zatvora u Nürnbergu. To što je tako krupnu istinu izgovorio plemić, a ne nečiji vanbračni sin poput Willyja Brandta, čovjek rođen u jednom dvorcu u Stuttgartu, k tomu i gradonačelnik Berlina (1980.-1983.), a povrh svega sin visokog službenika u Hitlerovom aparatu, koji je pravomoćno kažnjen, davalo je Weizsäckerovoj ocjeni dodatnu težinu. Svi u Njemačkoj su znali da je bio, kao i brat mu, od prvog dana vojnik Wehrmachta u ratu u Poljskoj, te da je već 2. rujna 1939., drugog dana Drugog svjetskog rata držao u naručju mrtvo tijelo svoga brata.

Bio je i brat uglednog filozofa i fizičara, izuzetno kultiviran čovjek i vrstan pravnik, pa je ispunjavao sve preduvjete za *"idealnog predsjednika"* kojemu se vjeruje. I povjerovalo mu se kad je kazao: *"Osmi svibanj je bio dan oslobođenja. On nas je sve oslobodio od neljudskog sustava nacional-socijalističke nasilne vladavine."*

Šesti njemački predsjednik Richard von Weizsäcker, zvan od milja i *"Srebreni uvojak"*, bio je doista općeuvažavani i svenjemački predsjednik u dva mandata (1984.-1989.-1994.), dakle i u danima mirnog ponovnog ujedinjenja Njemačke 3. listopada 1990. godine. Utoliko je bio i *"predsjednik ujedinitelj"*, ma koliko uloga saveznog predsjednika po Ustavu (koji se zove Temeljni zakonik – *"Grundgesetz"*) bila više protokolarne nego izvršno-političke naravi. Nisu ga voljeli samo notorni nacisti upravo zbog toga što je *"dan kapitulacije"* Hitlerovog Trećeg Rajha nazvao *"danom oslobođenja"* od nacizma. Ma koliko pamćen po brojnim kultiviranim istupima, ušao je u političku povijest Njemačke i svijeta *"najboljim govorom njegova života"*, kakvim se u međuvremenu nametnuo njegov govor u Bundestagu od 8. svibnja 1985. Uostalom, ova ocjena potječe od eksperta za jezike i retorička pitanja Josefa Kleina koji tvrdi da nitko prije von Weizsäckera nije tako jezgrovito izrazio ono *"što većina Nijemaca misli i osjeća o 8. svibnju 1945."* Po njemu taj Weizsäckerov govor sadrži, kao malo koji drugi, *"toliko iskrene empatije za različite skupine: za žrtve holokausta, ali i za patnje žena, za njemačke vojnike i izgnanike iz njihovih domovina"*. Gledano i ljudski i historijski ovaj je govor jedinstven, jer je *"odustao od patetike"*, jer mu nije ni stalo do prigodničarskih govorenja. Von Weizsäcker je *"htio pogledati istini u oči"*, pa je *"argumentirao mudro i angažirano, ali istovremeno trijezno i ozbiljno"*, Kleinovo je mišljenje.

Richard von Weizsäcker je bio predsjednik SR Njemačke i kad sam – igrom povijesnih silnica – bio posljednji jugoslavenski attache za kulturu (1991.-1992.), pa potom i bosanskohercegovački diplomat u Bonnu i u Berlinu (1993-1994). U diplomatskom koru govorili smo o njemu uvijek s respektom. Posrnuvši duboko u *"smeđu močvaru"*, bilo je dominantno mišljenje među diplomatima, SR Njemačka je – poslije *"oslobođenja od nacizma"* – jednostavno imala sreće s predsjednicima i kancelarima, pa se oporavljala brže nego što se smjelo nadati. Toliko uspješno da je od *"bolesnog društva"*, posebice za predsjednikovanja Richarda von Weizsäckera, postajalo *"zdravo društvo"*, govoreći rječnikom Ericha Fromma. Dakako, nije slučajno što je SR Njemačka nedavno doživjela i da ju potomak preživjelih u holokaustu, glavni urednik Židovskih novina dr. Rafael Seligmann predloži za Nobelovu nagradu za mir. Dakako, za to što se i osobno već 20 godina bavim *"kritičkim nadvladavanjem prošlosti"* po uzoru na Nijemce nije zaslužan samo *"Srebreni uvojak"*, ali jest mi izravno pomogao njegov *"govor koji je ušao u povijest"* da razumijem koliko je važan čestit govor o tamnim stranama u vlastitoj povijesti, posebice u radu s mladima. *"Mladi nisu odgovorni za to što se tada događalo"*, precizirao je pokojni predsjednik 8. svibnja 1985., *"ali jesu odgovorni za to što se iz toga napravi u povijesti"*. Iz ovoga govora još snažnije odjekuju opomene: *"Tko pred prošlošću zatvara oči, biva slijep za sadašnjost"* i *"Ne smijemo 8. svibanj 1945. odvojiti od 30. siječnja 1933."* Dakako, riječ je o datumima koji govore o kraju i o početku Hitlerove strahovlade. Temeljem Weizsäckerovih opomena ne bi ni itko od Hrvata smio govoriti o Bleiburgu, a da se prije toga nije prisjetio s pijetetom i sviju žrtava u sustavu logora smrti Jasenovac. I još nešto – ne smiju se odgađati dekonstrukcije vlastitog nacizma, jer je to najprezriviji sustav u ljudskoj povijesti. Svejedno je, pri tomu, gdje su nam u ratovima 20. stoljeća bili djedovi i očevi, stričevi i ujaci... Naravno, nužno je dekonstruirati i ideologijske matrice lijevog totalitarizma, jer je i on *"neprijatelj otvorenog društva"*, te i svim njegovim žrtvama odati posljednji spomen! O ovomu nekom drugom prigodom.

I Hrvatima i drugim narodima bivše Jugoslavije tek predstoji mukotrpan proces samooslobođenja od iluzija fašizma i nacizma, od viktimizacija i viktimo transagresija, od prokletstva kulture selektivnog sjećanja. U tomu im moraju pomagati akademske i vjerske zajednice, mediji i politički lideri. Ili im makar ne smiju više odmagati da se konačno zapute – baš po uzoru na Nijemce – na put samooslobođenja od svih totalitarizama. U tomu bi itekako mogle pomoći i opomene i poruke pokojnog Richarda von Weizsäckera.

25. veljače 2015.

4. "Magistrica KGK" u BiH

U proključalom *"bosanskom loncu"* nedostajala je ovih dana samo nova hrvatska predsjednica, *"magistrica KGK"*, kako je gospođu Kolindu Grabar-Kitarović šifrirao književnik Ivan Lovrenović. I došla je u utorak 3. ožujka u prvi službeni inozemni posjet upravo u Bosnu i Hercegovinu, te je najavila da će i dalje često dolaziti u BiH. Nije toliko važno pitanje što ima *"magistrica KGK"* poručiti građanima i narodima u BiH, koliko je li ona uopće ili je li u stanju brzo učiti o BiH?

Pogađajući *"u sridu"*, Ivan Lovrenović je na svom blogu od 15. veljače upozorio: *"Na čelo Republike Hrvatske i službeno je sjela nova predsjednica. U nastupnome govoru Kolinda Grabar-Kitarović izrijekom je spomenula Bosnu i Hercegovinu, obećavši joj svoju svesrdnu pomoć u učvršćenju 'državnosti na temelju pune ravnopravnosti triju konstitutivnih naroda', kao i 'zaštitu hrvatskoga naroda' u njoj. Ovo mjesto je u tekstu predsjedničinoga govora dospjelo u pasus u kojemu se govori o hrvatskom iseljeništvu. Nije gospođa KGK bosanskohercegovačke Hrvate baš izrijekom proglasila hrvatskim iseljeništvom, ali mjesto koje im je posvetila vrlo je indikativno. Ali, ako se suzdržala predsjednica, nije se suzdržala Hrvatska televizija. Bez ikakva zazora, okom ne trepnuvši, iskusna voditeljica prijenosa inauguracije s Markova trga Elizabeta Gojan, najavljujući prilog iz Sarajeva, prilijepila je Hrvatima u Bosni i Hercegovini status dijaspore...".*

BiH ne treba, naime, ni *"magistricu KGK"*, ni Nikolića ni Erdogana, ako će *"dosoljavati"* ionako preslanu *"čorbu"* u *"bosanskom loncu"*, jer je u BiH katastrofalna i politička i ekonomska i socijalna situacija, te posljedično vlada sveopća letargija i besperspektivnost.

Radi se o zemlji i *"zamrznuta konflikta"* i *"zarobljena uma"*, koja ne razumije što ona jest i što bi mogla biti u budućnosti. Utoliko BiH nije spremna ni za rješavanje hrvatskog ni drugih nacionalnih pitanja, ni svog državnog položaja, posebice ne putem uvažavanja svih identiteta i institucionalne jednakopravnosti, transnacionalnih pulsacija i socijalizacija i uz profunkcioniranje pravne države kao pretpostavke približavanja Europskoj uniji. BiH i Kosovo nisu slučajno posljednji u nizu u procesima približavanja EU: oboje su (polu)protektorati međunarodne zajednice. Istini za volju, u tijeku je pojačana medijacija Europske unije prema BiH, koju je u samozataji inicirao upravo bivši hrvatski predsjednik, pa potom puno glasnije artikulirala ministrica vanjskih i europskih poslova RH i njezin slovenski kolega, te potom i hrvatski zastupnici u EP-u. Zatim su hrvatsku (i slovensku) inicijaciju preuzeli britanski i njemački ministri vanjskih poslova i pretvorili u pojačanu medijaciju, ili u tzv. novi pristup EU prema BiH, kako se ovo voli zvati u BiH. Nažalost, u zemlji *"zamrznuta konflikta"* ili *"nedovršena rata"* nije se uopće svjesno da je ovo i posljednja slamka spasa za *"bolesnika s Miljacke"*.

Dobro je, dakako, što je nova hrvatska predsjednica došla u prvi inozemni posjet u BiH, koja je domovina i bh. Hrvata, ali mora se u Zagrebu uvijek biti svjesno da BiH nije samo hrvatska, nego je i domovina Bošnjaka i Srba i najmanje 17 nacionalnih manjina i niza tzv. novih identiteta, pa je naložen oprez i s medijacijama i artikulacijama. I kad govorite uzdržano i mudro bit ćete u BiH od nekoga optuženi da se *"miješate"*, a kamo li ako zborite, ničim izazvani, kao što je ljetos zborio Tomislav Karamarko u Jajcu, da se Hrvatska mora miješati u BiH, jer u njoj žive Hrvati. Njegova poruka VI zasjedanju HNS BiH (Hrvatski Narodni Sabor BiH) bila je, istini za volju, puno odmjerenija i umjerenija, ali su i nju domaći *"ublehaši"* dočekali na nož.

"Magistrica KGK" je tijekom posjete BiH pokazala da je naučila dosta toga i iz vlastitih i Karamarkovih grešaka, pa ipak bi morala razumjeti da ne smije pretjerivati ni s dolascima dok ne nauči sve što treba o zemlji, uključivo da poštuje BiH u njezinoj složenosti, počevši od složenoga položaj Hrvata. Učiti, dakle, i od svog prethodnika, Ive Josipovića, kako se samozatajnim doprinosima pomaže rješavanju i hrvatskog i drugih nacionalnih pitanja i državnog pitanja BiH. Ma što o tom u govorili unitaristički i separatistički narativi iz Sarajeva i Banja Luke, inzistiranje i Zagreba na konstitutivnosti Hrvata u BiH i višenacionalnosti BiH je, dakako, ispravno, ali se pri tomu mora biti vjerodostojan i dosljedan.

Drugim riječima, *"magistrica KGK"* ne bi nikad smjela zaboraviti da je Hrvatska članica EU, te da i nju i sve političke subjekte u BiH obvezuje Rezolucija Europskog parlamenta od 6. veljače prošle godine, u kojoj su osuđeni i centralizam i secesionizam. O *"miješanju"* u unutarnje stvari susjedne zemlje, članice UN, kako se to čini smislenim Tomislavu Karamarku, ili lupanju šakom od stol je izlišno bilo što reći. Pa ipak, i izrijekom, takvo što ne vodi BiH do Daytona 2, niti u BiH do konstitucionalnog redizajniranja i nužnih socijalnih i ekonomskih reformi, izmjena u izbornom zakonodavstvu, i tomu slično, onomu što BiH potrebuje hitno. Nažalost, sve je to do daljnjega *mision impossible.* Jer, u BiH su na djelu *"daytonske mrtvouzice"*, koje se mogu razvezati samo mudrošću i strpljivošću! Nadati se da će se *"magistrica KGK"* vratiti poslije prvog posjeta BiH tako poučena da više nitko u njezinoj blizini, ni ona sama, neće govoriti o Hrvatima u BiH kao dijaspori, ni o jednakopravnosti Hrvata bez spominjanja i institucionalne jednakopravnosti svih naroda i građana BiH. Jer, u BiH je puno *"spin majstora"* koje je opravdano zvati *"ublehašima"* (proizvođačima utvara ili privida), koji samo čekaju otklizavanja gostiju, jer takvo što daje privid njihove važnosti i krajnji je doseg njihova razumijevanja politike. *"Magistrica KGK"* je stigla kada u BiH nije još sigurno je li moguće formirati vlast poslije listopadskih izbora, ili će se iznova okliznuti u političku krizu velikog formata kao i prije četiri godine.

Ponašala se, gospođa predsjednica, mudro i korektno, mora se priznati. Poslije sastanka s tročlanim Predsjedništvom BiH, kazala je: *"Snažno ću podržavati europski i euroatlantski put BiH na temelju ispunjavanja politike uvjetovanosti, koristeći svoj položaj za osiguravanje pozornosti ključnih partnera u međunarodnoj zajednici, prije svega EU i SAD-a...Temelj mojeg odnosa prema BiH jest poštovanje neovisnosti, suverenosti i teritorijalne cjelovitosti BiH kao i potpora osiguravanju konstitutivnosti i ravnopravnosti svih triju njezinih naroda, ne zanemarujući ni građane BiH koji se nazivaju 'ostalima'."* Vrijedi izdvojiti, ipak, ukor nove hrvatske predsjednice: *"Nitko hrvatskim državnim institucijama ne može zamjeriti pozornost na stanje u BiH i položaj Hrvata u susjednoj državi koja se vodi gornjim načelima poštovanja neovisnosti, suverenosti i teritorijalne cjelovitosti BiH kao i potporom osiguravanja konstitutivnosti i ravnopravnosti svih triju naroda."*

"Magistrica KGK" je stigla u nastupni posjet BiH i u dramatičnom trenutku, nakon što je u Mostaru 28. veljače 2015. godine konstituiran VI. Hrvatski narodni

sabor BiH, na kojemu je usvojena Deklaraciju kojom se zagovara *"simetrična federalizacija BiH u odnosu na tri konstitutivna naroda"*. Ma koliko se u Deklaraciji zaklinjalo u *"našu domovinu BiH"*, te opravdano zahtijevao *"Dayton 2"*, to jest međunarodna konferencija o BiH, u Banja Luci i Sarajevu je tekst doživljen kao udar na RS ili na BiH. I nisu ustale protiv HNS-ove deklaracije samo *"bošnjačkocentrične"* stranke *"ljevice"* (SDP BiH i Demokratska fronta Željka Komšića), nego i sinkronizirano tobožnji javni servisi i drugi mediji, koji su u glas govorili o *"udaru protiv države BiH"* u Mostaru. Javile su se i neke nevladine organizacije kao i tobož građanski intelektualci, koji su osuli drvlje i kamenje na HNS-ovu deklaraciju, ma koliko se u njoj tražila samo federalizacija i po prvi put u HNS-ovoj interpretaciji federalizacija cijele zemlje.

Deklaraciju je prvo implicite ignorirala vodeća bošnjačka stranka SDA, poručivši kako nije vrijeme za ustavni preustroj, da bi je potom u danu posjeta *"magistrice KGK"* izrijekom osudio i bošnjački član Predsjedništva BiH Bakir Izetbegović. Sve ovo, dakako, govori o stanju duha među Bošnjacima, a ne i o Deklaraciji HNS-a. Jer, u njoj i nema ništa što bi bilo u koliziji s Rezolucijom EP-a od 6. veljače 2014. godine. Niti je HNS-ova šesta po redu velika parada upitna što je artikulirala zahtjev za *"simetričnom federacijom"* ili za *"Daytonom 2"*, jer su to zapravo europski standardi i mjerila, nego stoga što se s HNS-om radilo u prošlosti i što se unutar HNS-a do vlastitih zahtjeva i ne drži mnogo.

Bosna i Hercegovina, da pojasnimo uvaženoj gošći, je zemlja koju treba prvo upoznati kako bi joj se moglo pomoći, ukoliko ju se iskreno želi pomjeriti iz njezine okamenjene usnulosti. Razumije li *"magistrica KGK"* bosanskohercegovačke marifetluke i *"daytonske mrtvouzice"* za zeru bolje? Bilo bi dobro da je tako, da se zna da se ispod namještenih osmijeha bh. političkih prevejanaca, uključivo i političkih prvaka Hrvata u BiH, skriva teško promjenjiva stvarnost u BiH. Je li *"magistrica KGK"* poslije prvog posjeta BiH bogatija za ovaj bh. abecedarij?

Ili misli da može podučavati Bosance i Hercegovce o njihovoj zemlji i da pri tomu ne mora sama učiti?

04. ožujka 2015.

5. Valja nama preko rijeke

Ako je pokojni njemački predsjednik Richard von Weizsäcker imao smjelosti *"dan kapitulacije"* Hitlerove Njemačke preimenovati u *"dan oslobođenja"* od nacizma, ne bi li bilo krajnje vrijeme da se i kod nas počne misliti u kategorijama kritičkog nadvladavanja prošlosti putem kritičke kulture sjećanja?

Tako se jedino može postati *"zdravim društvom"*, tvrdim temeljem dugog praćenja ponajbolje literature na ovu temu, počev od Jaspersova kompleksnog razumijevanja krivnje, preko doprinosa njemačkih književnika-nobelovaca Heinricha Bölla i Güntera Grassa, ili publicista Ralpha Giordana (*"Druga krivnja"*), sociologa Ericha Fromma (*"Bjekstvo od slobode"* i *"Zdravo društvo)* do filozofa Petera Sloterdijka (*"Srdžba i vrijeme"*), odnosno političkih angažmana njemačkih predsjednika i kancelara Weizsäckera i Brandta. Skoro dvije decenije iz Njemačke i već pet godina po povratku u Hercegovinu, u BiH, prenosim ono što sam naučio glede kritičkog nadvladavanja prošlosti putem kritičke kulture sjećanja. Tako redovito sudjelujem i u radu regionalnih konferencija o kulturi sjećanja u organizaciji Friedrich Ebert Stiftung (FES), zaklade bliske najstarijoj socijaldemokratskoj stranci u svijetu, SPD-u.

Sudjelovao sam i na jednoj takvoj u Prijedoru, krajem studenoga 2013., kad sam imao čast biti sudionikom panela zajedno s književnikom Ivanom Lovrenovićem, prof. dr. Tihomirom Cipekom iz Zagreba i prof. dr. Enverom Kazazom iz Sarajeva. Što je viktimizacija i kuda vodi stiliziranje samog sebe u vječitu žrtvu? Koliko je važno pošteno govoriti o tzv. prijelomnim godinama u našoj (i svjetskoj) povijesti, kao što su 1914., 1918., 1941.,

1945., uključivo i 1991. i 1995.? Sve ovo su bile nezaobilazne teme i u Prijedoru.

U Prijedoru su pošteno dekonstruirane sve dominantne politike i akademski narativi u BiH, kako bi sve bile i optužene za forsiranje viktimizacije i trasiranje puteva u nove ratove. Vjerojatno zbog tog *"sve dominantne politike"* je u jednom sarajevskom tjedniku i osvanulo izvješće iz Prijedora pod nazivom *"Intelektualni odron"*. Pritom se mislilo izravno na Lovrenovićeve, Kazazove i moje dekonstrukcije viktimo-narativa i viktimoloških logika. Godinu dana potom u Mostaru doživjeli smo višestruki bojkot slične konferencije, neke vrste replike onoj prijedorskoj. Ispostavilo se da sam bio veoma naivan kad sam, pred ravnateljicom FES-a u BiH Judith Illerhues i voditeljicom FES-ovog ureda u Banja Luci Tanjom Topić, izgovorio kako je došlo vrijeme da se i u Mostaru održi konferencija o kritičkoj kulturi sjećanja.

Prvo razočarenje je priredio moj Filozofski fakultet, jer nije bio spreman za ovu vrstu suradnje s FES-om. Posebno me je zaboljelo odbijanje sudjelovanja na konferenciji niza kolega, jer je time minirana prvotna ideja kako bi baš na filozofskim fakultetima bilo moguće razgovarati s mislećim Hrvatima i Bošnjacima i Srbima o različitim doživljajima rata, o paralelnim sjećanjima i na njima niklim paralelnim svjetovima i u Mostaru i u BiH. Bilo je jasno da se izravno umiješala *"hrvatska politika"*, koja – kao i identične viktimo-transagresijske politike kod Srba i Bošnjaka – forsira bavljenje samo svojim žrtvama, idući toliko daleko da želi podići na brdu iznad Mostara, zvano Bile, *"najveće groblje mira"* u Europi s 50.000 križeva. Problema s ovim preambicioznim projektom je u skoro izvjesnim oprečnim ideologizacijama, s obzirom da se u Mostaru ne vodi računa ni o postojećim spomenicima. Bojkotirali su konferenciju, ružno, dijelom i lokalni mediji, ali neskriveno i mnogo ružnije lažni *"javni servisi"*, mediji pod kontrolama bošnjačkih ili bošnjačkocentričnih političkih stranaka. Najbolnije mi je bilo što su se bojkotu pridružili i meni dragi i važni ljudi. Ni njima, ni nikomu nisam htio popustiti u konceptualnom pristupu, po kojemu je jedini kriterij za sudjelovanje bio da su sudionici načisto glede (samo)viktimizacije i na njoj iznikle viktimo-transagresije. Pomogao sam FES-u, dakle, sugestijama da budu zvani neistomišljenici, i to oni koji su čisti kao suza glede lijevih i desnih totalitarizama: ustašluka, četnikluka i balijizama.

Kao inicijator konferencije imao sam ulogu moderatora prvog panela, na kojemu su kompetentno govorili: direktor sarajevskog Istraživačko-dokumentacionog centra, Mirsad Tokača (o kapitalnom četverotomniku *"Bosanska knjiga mrtvih"*, u kojemu je dokumentirana smrt 95.940 ljudi u ratu u Bosni); doc. dr. sc. Dragan Markovina iz Splita (o gorkoj sudbini Mostara u ratu i poslijeratnom razdoblju, temeljem njegove sjajne knjige *"Između crvenog i crnog – Split i Mostar u kulturi sjećanja"*); prof. dr .sc. Enes Osmančević iz Tuzle (komunikolog i član Vijeća za tisak, prezentirajući vlastita promišljanja i intrigantno istraživanje Vijeća o *"govoru mržnje"*); povjesničar i diplomat dr. Slobodan Šoja iz Sarajeva (o prijeporima povodom obilježavanja Prvog svjetskog rata u BiH), te đakon Srpske pravoslavne crkve Branislav Rajković (o oprostu i pomirenju tragom razumijevanja hrišćanske etike i vlastitih gorkih ratnih iskustava).

Bilo je sjajnih uzleta, ali i bespotrebnih otklizavanja i na drugom i trećem panelu. Izdvojio bih, ipak, samo prijepor: jesu li smjeli *"pobjednici"* bez suda i suđenja jednostavno pobiti *"poražene"*? Gdje je problem, zar nisu uvijek nekako tako radili svi pobjednici kroz povijest, pitali su jedni, dok su drugi, možda i iz inata, u svemu izjednačavali ustaše i partizane. I jednima i drugima sam objašnjavao potom kako nisu razumjeli smisao transideologijskog pristupa pobijenima, čija je bit da svaka žrtva ima pravo na znak i (s)pomen. Te da ovaj pristup ne podrazumijeva i kulturološko-politička izjednačavanja pokreta koji su bili dio *"sila Osovine"* i onih koji su pripadali *"anti-Hitlerovoj koaliciji"*.

Da, prva konferencija o kulturi sjećanja u Mostaru je – unatoč ovakvim otklizivanjima – bila uspješna, već time što se održala unatoč višestrukom bojkotu, te i dodatno što se na njoj otvoreno razgovaralo o temama o kojima se inače šuti, ili jednodimenzionalno govori unutar nacionalnih *"diskursa pravednika"* i multietničkih *"diskursa jednomišljenika"*, tih monopolista kulture sjećanja i u BiH i u regiji bivše Jugoslavije. Najvrjednija je bila trans-ideološko-politička i kulturološka ambicija prve mostarske konferencije posvećene kulturi sjećanja, kristalno jasna u pristupu da sve žrtve u svim ratovima, pa i u *"oslobodilačkom"*, *"otadžbinskom"* ili *"domovinskom"* u zadnjoj dekadi 20. stoljeća, zaslužuju (s)pomen. Njezin uspjeh je dodatno u tomu što se na jednom mjestu okupilo osamdeset i dvoje ljudi s lijeve i desne obale Neretve, NGO aktivista, što su zajedno proveli dan studenti Sveučilišta u Mostaru i Univerziteta *"Džemal Bijedić"* u Mostaru. Dakako, posve sam svjestan da je ova prva mostarska poslijeratna *"agora"* bila tek prvi mali korak ka transideološkom i transnacionalnom zasnivanju kompleksnije kritičke kulture sjećanja i sintetičkog pamćenja i u Mostaru i u BiH.

U gradu na Neretvi i u cijeloj BiH duvaju neki drugi vjetrovi, koji i priječe civilizacijski put ka ozdravljenju ovdašnjih bolesnih društava. No, nijednim drugim do civilizacijskim putom ne možemo preko rijeke a valja nama preko rijeke.

Upravo putom *"agora"*, koje bi - uz uvažavanje multikulturalne datosti putem interkulturalnih mreža i trans-nacionalnih umreženja – premostile naše sadašnje *"paralelne svjetove"*!

11. ožujka 2015.

6. Otklon od totalitarizama

U Predgovoru knjige *"Iskušenja Bosne Srebrene – Stradanje bosanskih franjevaca 1944-1985."*, njezin autor fra Marijan Karaula je na strani 11. napisao: *"Pisati o svemu onome što se događalo (franjevačkoj provinciji) Bosni Srebrenoj kroz više od četrdeset godina komunističkog upravljanja bivšom državom, priznajem, nije mi bilo nimalo jednostavno. Iz više razloga. No istodobno pisanje i tiskanje ove knjige nikako ne znači izražavanje bilo kakve mržnje prema počiniteljima niti mi je bila namjera ikoga optužiti za počinjene zločine, ako ih je počinio, ili pak koga braniti. Pokretao me izričito znanstveni motiv, čuvanje sjećanja na žrtve te propitivanje i, na osnovi dokumenata i činjenica, traganje za istinom o onome što se dogodilo i kako se doista dogodilo!"*

Poslije promocije u Sarajevu i u Mostaru je, dakle, 19. veljače 2015. godine promovirana ova iznimno vrijedna knjiga bosanskog franjevca fra Marijana Karaule (Svjetlo riječi, Synopsis, Sarajevo-Zagreb, 2014., 566 str., koju je uredio Ivan Lovrenović a iznimno lijepo oblikovao SUTON d.o.o Široki Brijeg). Knjiga je podijeljena u tri dijela: Vrijeme smrti; Vrijeme suđenja i Vrijeme uzurpacija. Utemeljena je na višegodišnjem istraživanju arhivske građe i opremljena znanstvenom aparaturom, pa je i uzor za neka buduća istraživanja uzroka i posljedica teških stradanja svećenika u Bosni Srebrenoj i u cijeloj BiH.

U nazočnosti oko 200 ljudi, u ledenoj dvorani ispod Zvonika u Samostanu Sv. Petra i Pavla, uz moderaciju mostarskog gvardijana fra Ike Skoke, kolege profesora s Filozofskog fakulteta i u dostojanstvenoj atmosferi o knjizi su govorili: u ulozi domaćina fra Ante Marić, u ulozi priznatog stručnjaka za povijest 20. stoljeća prof.

dr. Ivica Šarac, autor nezaobilazne knjige *"Selektivna kultura sjećanja..."*, književnik i urednik Karauline knjige – Ivan Lovrenović i na kraju i fra Marijan Karaula.

I knjiga i promotivni govori o njoj su bili zalog za novi pristup kulturi sjećanja, za kompleksnija i sintetička mišljenja naše zajedničke povijesti, zalog i za kulturu otklona od totalitarizama (i lijevog i desnog), inače ne bi ni bili predmet ovog zasluženog osvrta. Da, doista je tako, iako sam s rukopisom fra Marijana Karaule *"Stradanje Bosne Srebrene u komunizmu"* igrom slučaja bio dugo povezan. Urednici i fra Marijan Karaula su bili ranije mišljenja da bih mogao biti koristan autor proslova, pretpostavljam zbog moje *"komunističke prošlosti"*, ili – što bi mi bilo draže – što se odgovorno bavim kritičkom kulturom sjećanja, što plediram za ozdravljenja bolesnih društava po uzoru na Nijemce, što...

Otkud znam zašto i nije me bilo ni briga zašto. Činjenica je da sam prije nešto više od tri godine poduzeo se pisanja *"izlišnog proslova"*, u dogovoru s autorom, te da se na kraju balade procijenilo drugačije. Procijenilo se, dakle, da se ova knjiga brani neoborivim činjenicama i adekvatnim pristupom kompliciranoj historijskoj istini o vremenu lijevog i desnog totalitarizma. I, doista, ona je vjerodostojna, te kao takva primjerena i za zakašnjelu počast postradalim ljudima i institucijama u onim užasnim vremenima. Drugim riječima, fra Marijan Karaula je enormnim istraživačkim trudom u slova, u knjigu, uklesao dostojan spomen njegovoj nastradaloj subraći, svećenicima Bosne Srebrene, te tako upotpunio i nekrologij žrtvama Drugog svjetskog rata i poraća. Po mojemu razumijevanju, stravična praksa masovnih ubojstava tijekom Drugog svjetskog rata, uključivo postojanje nacističkih koncentracijskih logora i u Europi i kod nas, nijekanje i zatiranje političke ili kulturološke pluralnosti, prakticiranje terora i neslobode u zemljama bivšeg SSSR-a, uključujući *"gulage"* (sustav konc. logora za političke neistomišljenike), pa poslije *"oslobođenja od fašizma"*, instaliranje iste te ideje i prakse neslobode u zemljama Istočne Europe, daju za pravo i onima koji u istom dahu govore o nacističkom i komunističkom totalitarizmu, mada razlike među njima ostaju.

I bez oklijevanja treba rečenomu dodati kako je do sličnih procesa staljinizacije sveukupnog političkog života došlo neposredno poslije Drugog svjetskog rata i u bivšoj Jugoslaviji, s čime i jesu povezane brojne nepravde, uključivo gola i političko-pravna nasilja pobjednika nad poraženima ili drugomislećima. Postaje odurno, pak, ako se iza pokušaja potrebitog i opravdano kritičkog govora o počinjenim zločinima u ime *"komunizma"*, kriju direktni ili implicitni pokušaji negiranja nacističkih zločina, odnosno rehabilitacije ustaštva kod Hrvata (i Bošnjaka) i četništva kod Srba.

S ovom se distinkcijom ne umanjuje, dakako, užas stradanja političkih neistomišljenika, ili onih koji su drugačiji od nas, počev od poraženih nakon Bleiburga ili ponižavanih i ubijanih tijekom *"Križnog puta"*, preko protjerivanja pola milijuna Nijemaca iz Vojvodine i Slavonije, do surove osude bez presude ili tzv. administrativne izolacije na Golom otoku i Svetom Grguru za one koji su izrazili *"vjernost Staljinu"*.

Lista zla je vrlo dugačka, proteže se sve do ovovremenih toponima zla, pa toj listi i nema kraja. Prosvijećenog čovjeka bi poslije svega morao obuzeti stid zbog užasa počinjenih u ime ove ili one nacije ili ideologije. Jer, stid je prapočetak ozdravljenja, uče njemačka poslijeratna iskustva osvješćenja o kojima je ovlas u pozdravnom govoru hrvatskoj predsjednici progovorio njemački predsjednik jučer u Berlinu hrabreći Hrvatsku da se konačno suoči sa svojom prošlošću. Zbog toga je rukopis fra Marijana Karaule *"Stradanje Bosne Srebrene u komunizmu"*, koliko god uvjerljivo svjedočanstvo o stradalnicima, isto toliko i naknadna optužba jedne od naših totalitarističkih praksi, de facto poslijeratne staljinističke presije nad političkim neistomišljenicima.

Pred nama je zbirka svjedočenja i dokumenata o počinjenim zločinima u ime naprednih ideja i ideologija, izravna osuda staljinističkog, ali implicite i svakog totalitarizma. A i bio je krajnji čas za utemeljeno svjedočenje o stradanjima katoličkih svećenika, obrazovanih ljudi koji su mahom postali žrtvom *"delikta mišljenja"*, jer je mišljenje u pravilu sankcionirano u svakom totalitarizmu. Ostaje neupitno, dakle, i da su ideja i prakticiranje tzv. poraženog i tzv. pobjedničkog totalitarizma u ratu i u prvim godinama nove Jugoslavije odredila naše živote i sudbine.

Ma koliko imale sličnosti među sobom, njihove su uloge u Drugom svjetskom ratu već povijesno čvrsto i posve opozitno kontekstuirane, za što ima više razloga. Nitko u svijetu ne optužuje za iste stvari *"sile osovine"* i njihove satelite i pripadnice i zemlje-slijednice *"velike koalicije"*. Kod nas se o tom teškom vremenu ne umije suditi, još uvijek.

S velikim žaljenjem se mora konstatirati, naime, kako su balkanski narodi, uključivo hrvatski i katolički puk u Hrvatskoj i BiH, još uvijek nesposobni misliti i svoje *"fašističke"* i *"komunističke"* zablude pa i zbog toga ostaju dijelom zarobljenici poraženih ideologija i privrženici neo-totalitarizama.

Odgovorno iščitavajući na stotine teških svećeničkih sudbina, surovo prekinutih u *"vremenu smrti"*, ili *"vremenu suđenja"*, ili u *"vrijeme uzurpacija"*, ne zaboravljamo, dakle, stradanja drugih od *"hrvatske ruke"*, ni sve žrtve koje mislimo ako pomislimo na *"Jasenovac"*, tu najstidniju hrvatsku riječ u povijesti. Ne radi se u ovom pristupu o vještačkoj *"simetriji zla"*, niti o bilo kakvoj poštedi bilo kojeg zločina i zločinca. Dapače.

Pročitavši vrlo odgovorno Karaulin rukopis, sve sam uvjereniji kako zli ljudi u *"vremenima smrti"* postupaju utoliko okrutnije ukoliko su njihove žrtve obrazovanije ili dostojanstvenije. Potom se neki drugi ljudi bave vraćanjem izgubljene časti nevinima. I to se zove kultura borbe protiv zaborava.

Želim vjerovati da vrijedna istraživanja fra Marijana Karaule imaju ovu humanu misiju, kao i misiju otklona od totalitarizama!

18. ožujka 2015.

7. Mostar Anno Domini 2015

Mostar je *"poraženi grad"*, veli u naslovu nove knjige povjesničar Dragan Markovina. I *"podijeljen"*, jer njime upravljaju *"podijeljeni osjećaji"*, dodajem. Drugu sintagmu o Mostaru sam posudio iz hamburškog tjednika *"Die Zeit"* i stavio je u naslov mojih predavanja *"Podijeljeni grad i podijeljeni osjećaji"* (Diskursi, No. 4/2013), koja sam proteklih godina držao skupini njemačkih socijaldemokrata, ili njemačkih i švicarskih studenta tijekom posjeta Mostaru. I stariji drugovi i gospoda iz njemačkog SPD-a, kao i studenti njemačkih i švicarskih sveučilišta razumjeli su priču o mostarskoj tragediji jer ona ima u sebi sve elemente univerzalne opomene. K tomu, Nijemci su i sami dugo živjeli u podijeljenom Berlinu i podijeljenoj zemlji, pa su i osposobljeni emotivno osjetiti mostarsku tragediju. Teže ide s razumijevanjem vlastite tragedije kod domaćih ljudi, zarobljenih u totalitarne ideologije i desne i lijeve provenijencije. Posebno ove potonje nije lako dekonstruirati. Rijetki, zapravo, uopće nešto na tomu rade.

Pa ipak, nazočio sam premijeri jednog takvog intelektualnog napora u Mostaru. U režiji Dragana Komadine, mojeg mladog susjeda i uspješnog kazališnog radnika izvedene su premijere njegove predstave *"Ajmo na fuka"*, prvo u Narodnom pozorištu u Mostaru, pa potom i u Hrvatskom narodnom kazalištu u ovom gradu. U Mostaru sve mora biti makar dvoje, ali ovo je kao jedno jer je zajednička produkcija NP-a i HNK, te *"više od igre"* – događaj o kojemu se govori.

Čestitam i ravnateljima i glumcima Robertu Peharu i Saši Oručeviću, dok redatelju Komadini objašnjavam kako se njegova predstava bavi i mojom opsesivnom temom – prokletstvom selektivnog sjećanja! Jer, prvo u rovu, pa potom i u raju, mladi Mostarci nastavljaju svoj prijepor tko je prvi započeo rat, tko je više, a tko manje kriv. I tako do u beskraj. Neće se dopasti samo zarobljenicima totalitarnih ideologija i politika, upravo zato što je doista prva općemostarska predstava. *"Ajmo na fuka"* znači inače *"hajdemo na kavu"*.

Uostalom, baš kako poručuje i ova mostarska predstava, mostarska tragedija je univerzalnog značenja. Mada u zadnjoj dekadi 20. stoljeća nije poražen samo Mostar nego su poraženi i svi oni gradovi u bivšoj Jugoslaviji u kojima je multikulturalnost bila danost a interkulturalnost način života. Takvi su bili i Mostar i Sarajevo i Vukovar, nema kraja nabrajanju, i više takvima nisu. U mom razumijevanju, u tim i svim se teško ratom pogođenim gradovima živi danas *"prokletstvo"* selektivnog sjećanja. A rijetko kada činjenice o *"poraženom gradu"* ili *"podijeljenim osjećajima"* dolaze tako nenašminkane do izražaja kao kad se obilježavaju važni datumi iz zajedničke povijesti posvađanih naroda, onesposobljenih za zajedničku institucionalnu memoriju.

Već prema očekivanju, i ovoga 14. veljače/februara u Mostaru se nije nitko od gradskih vlasti sjetio odati počast osloboditeljima i poginulima, nije pomoglo ni što se radilo o okrugloj, 70. obljetnici oslobođenja, pa su preživjeli borci NOB-a i njihovi potomci u vlastitoj režiji obilježili ovaj važan datum u zajedničkoj povijesti, ma koliko bio propraćen *"podijeljenim osjećajima"*. Bilo je i ružnih povika i ružnih gesti tijekom mimohoda na Partizanskom groblju u Mostaru. Mjesta poput ove devastirane Bogdanovićeve replike Mostaru kojeg više nema obilazim u pravilu sam, pa sam i bio sam samcat

17. veljače na ovom groblju. Otuda i mogu i moram posvjedočiti: vidio sam svojim očima devastiran spomenik i na četiri-pet mjesta, čak, umetnut križ unutar ustaškog znaka *"U"*, te sramotne i blasfemične *"bisere"* koji povezuju s vjerom najcrnju ideologiju i genocidnu praksu kod Hrvata. Vidio sam i razbijene i ispreturane nadgrobne ploče. Partizansko groblje je, naime, i groblje. Vidio sam i grafit: *"Vaše zločince i zločine veličajte negdje istočnije"!* Vidio sam mnogo toga zbog čega se i posramilo nekad bijelo bračko mramorje, postajući pepeljasto sivim!

Na jednom od gradskih *happeninga* upriličena je 14. veljače u Pozorištu lutaka u Mostaru i promocija knjige *"Tišina poraženog grada"* (Centra za kritičko mišljenje, Mostar, 2015.), nova knjiga eseja, priča i kolumni dr. Dragana Markovine, koja je upravo onakva kakav je ovaj buntovni sveučilišni nastavnik lijeve političke provenijencije, visokih moralnih zahtijeva i prema sebi i drugima. Ona je, naime, bolan vrisak protiv poniženja koja su doživjeli Mostarci, te prosvjed protiv tog što je u gradu uništen raniji način života.

Knjiga *"Tišina poraženog grada"* je, unatoč njezinim kontraproduktivnim ideološkim dioptrijama, u osnovi pošteno istočeni bol iz ranjene duše ovog čestitog mostarsko-splitskog mladića, te i posebno lijepa dok u eseju *"Grad kao utočište"* govori o svojoj mladosti i Mostaru kakvog više nema. Izniman raritet predstavlja u njoj intervju koji je autor vodio s ocem, prof. dr. Rokom Markovinom, opremljen i porukom: *"Vratite Mostar Mostarcima"!* Postoje kolumne u knjizi s kojima bi se moralo polemizirati, te jedna koja se nije smjela naći u knjizi *"Tišina poraženog grada"*. To je kolumna u kojoj dr. Markovina krivo razumije i interpretira ulogu književnika Ivana Lovrenovića u bh. zapuštenim političkim i kulturološkim ambijentima. Ovo sam mu sve u našim prepiskama i razgovorima već i rekao, uključujući da se ogriješio o Ivana Lovrenovića, koji je *par excellence* antinacionalista i privrženik Bosne (i BiH) koliko su i otac i sin Markovina Mostara (i BiH). Već sam u *"Motrištima"* pisao: Ivan Lovrenović je naš i Miroslav Krleža i Vlado Gotovac u jednoj osobi.

Dragom, mladom čovjeku koji se potvrdio i kao kompetentni recenzent moje nove knjige *"Prokletstvo kulture selektivnog sjećanja"* sam rekao, k tomu, da se ne slažem s njegovim ocjenama u njegovoj novoj knjizi koje dovode u pitanje prvo gostovanje bivšeg hrvatskog predsjednika dr. Ive Josipovića na mom Filozofskom fakultetu. Uzvratio mi je da su i njemu stavovi nekih koje ja kritiziram bliži nego moji, pa je ipak recenzirao knjigu. Pošteno!

Naš prijepor glede Josipovića tiče se njegova iznimno važnog posjeta – poslije Ahmića – i Sarajevu i Mostaru. Te, 2010. godine je bilo iznimno važno biti i u Mostaru. Uostalom, tijekom mandata bio je još par puta u BiH, a nedovoljno dobro je, ili nerijetko netočno, valorizirano što je na svoj tihi, gospodski način, uradio dobroga i za Hrvate i za sve narode i građane u BiH. Upravo što je riječ o neupitnomu doprinosu dr. Ive Josipovića procesima pomirenja u BiH, pa i suradnji Hrvatske i BiH, posve je od minorne važnosti što je – tijekom Josipovićeva prvog posjeta Sveučilištu u Mostaru – u amfiteatru sjedio i jedan notorni prevejanko kakav je za života bio Smiljko Šagolj, objasnio sam dr. Markovini. Bojim se, zapravo, neotpornosti dr. Markovine glede unitarističkih ujdurmi iz Sarajeva, koje su dr. Josipovića znale optužiti i za njegovanje *"paralelnih veza"* s Republikom Srpskom, o tempora, o mores!

No, vratimo se u Mostar anno Domini 2015, u veljaču, u mjesec paralelnih komemoracija. Jedni su obilježavali *"oslobođenje"* i *"operacije za oslobođenje Mostara"*, a drugi su se bavili stradanjima hercegovačkih fratara. U Kosači se 12. veljače uvečer prikazao dokumentarni film *"In odium fidei – Iz mržnje prema vjeri"*, u čijem je središtu ubojstvo 66 hercegovačkih franjevaca potkraj Drugog svjetskog rata. Ne mogu razumjeti *"antifašiste"*, kako nisu u stanju bili priznati ovu tragediju, ako već nisu u stanju priznati i *"kulturocid"*, sebe radi! Da je ikakve sreće, moglo se i moralo barem povodom 70. obljetnice raznih stradanja iz veljače 1945. s manje emocija i ideologije i poštenije odnositi prema svim stradalima.

Bilo bi vrijeme odati počast svim palima, uključujući i na pravdi Boga pobijena šezdeset i šestorica (66) hercegovačkih franjevaca, od kojih je 12 njih spaljeno u Širokom Brijegu, dok su sedmorica iz Samostana Sv. Petra i Pavla u Mostaru bestijalno ubijena i *"gurnuta u Neretvu"*. Među njima je bio i prvi svećenik-doktor znanosti u Hercegovini, dr. Leon Petrović, medijevalist svjetskog glasa. Ma gdje komu bio otac, djed, stric ili ujak ne smiju se, dakle, više blokirati empatije za patnje drugih, što uključuje i pijetet za pale partizane, ali i jasan otklon spram zločina nad svećenicima i profesorima i u Mostaru (14. veljače) i tjedan dana ranije ispred Franjevačkog samostana na Širokom Brijegu, ili tijekom 1945. A *"Franjevačka gimnazija"* nije nikad bila jednodimenzionalna priča. U vrijeme kad sam ju pohađao (1973-1977) zvala se meni dragim imenom *"Ivan Goran Kovačić"*, ali je bila tek sjena one koja je u školskoj godini 1938/1939. imala među profesorima devetoricu doktora znanosti. *"Franjevačku gimnaziju"* tog vremena je *"bio glas"* najbolje gimnazije u Kraljevoj Jugoslaviji. Ma što o tomu pričali ideologijski opterećeni, zarobljeni i bornirani umovi, ona nije bila ni ustaška ni proustaška. Među pobijenim svećenicima je bilo samo nekolicina proustaških profesora (četvorica, svjedoče još živi učenici ove gimnazije), dok su većina bili protivnici ustaških vlasti. Među svećenicima-profesorima u *"Fratarskoj gimnaziji"* bilo je i *"anglofila"* i projugoslavenskih nastrojenih poput dr. fra Dominika Mandića. On je tijekom cijelog Drugog svjetskog rata slao izvješća Kraljevskoj vladi u London iz Rima o zločinima ustaškog režima, koje je dobijao od subraće i istomišljenika iz Hercegovine. Sve su ovo gole činjenice koje su i koje će biti ignorirane ili omalovažene *"na drugoj strani"*. Neukusno je bilo, primjerice, slušati u Pozorištu lutaka u Mostaru kako se vlastiti sugrađani tretiraju i 70 godina poslije – *"nacistima"*, kako pojedinci s mukom uspijevaju nabrojati čak četvoricu mostarskih Hrvata koji nisu *"ustaše"*. Ja sam, pak, uvjeren u solidan broj pristojnih ljudi u oba dijela grada. Moguće je da jedni imaju manje iluzija o fašizmu, a više o boljševizmu, i obrnuto. Svima treba sintetičko, obzirno mišljenje i otklon spram totalitarizma.

Nažalost, u Mostaru se i dalje organizirano njeguje kultura selektivnog sjećanja. Krivnja nije na jednima, kako se uprošćeno sugerira iz obavještajnih krugova, ali će i jedni i drugi snositi posljedice ove vrste inaćenja, koja priječe de-provincijalizaciju grada. Bojim se da ćemo još zadugo i u Mostaru i u cijeloj BiH živjeti prokletstvo *"selektivnog sjećanja"*. Možda i poslije smrti, u *"raju"*, kao u predstavi *"Ajmo na fuka"*!

25. ožujka 2015.

8. Mi smo gubitnici

U prošloj kolumni o Mostaru anno Domini 2015, spomenuo sam sintagme *"podijeljeni grad"* i *"podijeljeni osjećaji"*, koje sam prije pet godina preuzeo iz reportaže hamburškog tjednika *"Die Zeit"* o Mostaru, pa ih ugradio u naslov mojih predavanja *"Podijeljeni grad i podijeljeni osjećaji"* za njemačke socijaldemokrate, kao i njemačke i švicarske studente tijekom njihovih posjeta Mostaru. Mnoštvo je razloga zašto sada skrećem pažnju na moj osvrt *"Mostar anno Domini 2011"*, a osnovni je što je prvi put preveden na b-h-s-cg jezik(e) i što se našao u knjizi *"Prokletstvo kulture selektivnog sjećanja"*. Preveli su ga prijatelji iz Friedrich Ebert Stiftung, koji su mi javili da je moja knjiga u FES-ovoj nakladi izašla iz tiska i da će uskoro biti upriličena promocija u Banja Luci.

Nadam se da će čitatelji koji su čitali moj osvrt na Mostar 2015., s istim zanimanjem proći i kroz sažetak mojeg predavanja iz 2011. godine o poslijeratnom Mostaru. Ono se temeljilo i na osobnom doživljaju Mostara, po povratku u BiH, i na njemačkim preciznim dijagnozama. *"Tek je rat Mostar podijelio na dva dijela. Od tada u toj, od sunca i politike usijanoj dolini sve postoji dvostruko. Dvije mobilne mreže, dvije autobusne stanice, dva školska sustava, dvije bolnice, dva odvoza smeća, dva nogometna kluba i dvije tv-postaje, a postoje i dva sveučilišta u Mostaru. Zapravo je tek posljednji rat u ex-Jugoslaviji rascijepio mostarsko sveučilište, pa od tada postoji jedno za Bošnjake, a jedno za Hrvate"*, ocijenio je prije pet godina vodeći njemački tjednik za kulturu *"Die Zeit"*.

Dakako, ponešto se u poslijeratnom Mostaru već bilo promijenilo nabolje. O *"društvenom događaju godine"* neću reći ni riječi, ne idem na takve priredbe ni kad me "*nominiraju*", a jesu dva puta. Elementi normalnosti se ogledaju, naime, u nizu pravih kulturnih manifestacija regionalnog značenja (*"Dani Matice hrvatske – Mostarsko proljeće"* u Kosači, teatarski festival komedije *"Mostarska liska"* u Narodnom pozorištu), suradnji gradskih pozorišta/kazališta (NP i HNK), ili u izradi Enciklopedije BiH u izvedbi Hrvatskog leksikografskog instituta u Mostaru (drugi tom Enciklopedije je pred izlaskom iz tiska), dakako i u postojanju i razvoju i univerziteta i sveučilišta, s 25.000 studenata, čime je Mostar postao *par excellence "sveučilišni grad"*.

Nažalost, stvaranje ove vrste *"ljudskog kapitala"* jedina je proizvodnja u Mostaru i skoro je sva namijenjena izvozu. Upravo sam saslušao na konferenciji mladih znanstvenika na mom fakultetu rezultate istraživanja mojih studenata politologije koji su anketirali 1.350 njihovih kolega diljem BiH. I dok u Sarajevu skoro svaki drugi (44%), u Banja Luci svaki treći (33%), u Mostaru tek svaki peti (20%) student planira poslije svršetka studija ostati u BiH.

Opet će se pisati u Šantićevom rodoljubivom stilu (*"Ostajte ovdje"*), ali bit će kasno. To što se u Mostaru (i drugdje) u glavama i dušama mladih ljudi vrzmaju misli i planovi o odlasku nisu oni krivi, nego krivnju za bezizlaz snose domaće političke elite. No vratimo se ocjenama u tjedniku *"Die Zeit"*. Jedno sveučilište, ono na istoku grada, ima otprilike 7.000 studenata, sebe shvaća kao jedino *"bosansko sveučilište"* u Hercegovini i nosi ime *"Džemal Bijedić"*, dok ono u zapadom dijelu grada ima 16.000 studenata i sebe razumije kao jedino hrvatsko sveučilište u Bosni i Hercegovini. Jedno je sveučilište osnovano 1977., drugo 1992. godine. Ali se svađa oko toga koje je od njih starije, što bi značilo i pravo sveučilište u Mostaru. Naravno da svako smije studirati tamo gdje želi, ali realnost je drugačija. Gotovo da ne postoji nikakva razmjena, iako postoji veliki manjak profesora: na *"Džemalu Bijediću"* predaju profesori iz Bosne, iz Sarajeva ili Tuzle, dok na hrvatsko sveučilište često dolaze profesori iz Hrvatske, iz Zadra i Zagreba. *"Ne treba se miješati"*, kaže se još uvijek i prečesto i pri tom se prije svega misli na obrazovanje djece i sklapanje brakova. Ono što je apsurdno u tome jeste to što je prije rata u Mostaru bilo više miješanih brakova nego bilo gdje drugo na Balkanu. Statistike kažu: Prije rata je svaki peti brak bio takozvani miješani brak; u samom ratu i neposredno nakon rata nije ih bilo nikako. A danas se tek 1,7% brakova sklapa među partnerima koji su iz različitih nacionalnosti. Prije rata su u Mostaru jedni sa drugima mirno živjeli kršćani i muslimani, Hrvati i Bošnjaci. Tko je odgovoran za rat, naročito za rat između Bošnjaka i Hrvata, oko tog pitanja se također svađa, ocijenio je *"Die Zeit"*. U svakom slučaju ta podjela i nakon Daytonskog mirovnog sporazuma u studenom 1995. godine još uvijek traje, a granice iščezavaju veoma sporo.

Ni koji jezik netko govori prije nije igralo veliku ulogu; danas ovdje gotovo svi vode računa o tome da li netko u kafiću naručuje *"kavu"* ili *"kafu"*, iako su hrvatski i bosanski jezik, kao uostalom i srpski, tako slični da se lingvisti svađaju da li se uopće može govoriti o dva ili tri jezika. Po čitavoj zemlji sada niču katoličke i pravoslavne crkve i islamske džamije, samo fabrike nestaju. Strah rata zamijenilo je nepovjerenje mira. Na površini se čini da je opet sve u redu, ali se ispod nje osjeti napetost, a ponekad ta napetost izbije i na površinu. Grad je, dakle, poput sijamskih blizanaca koji dijele jedno srce, ali imaju odvojene ruke, noge i glave. Glave, to su dva sveučilišta, dok je srce ostalo samo u obliku omladinskog centra *"Abrašević"*, gdje se mladi ljudi bez nacionalnog predznaka susreću sve češće, primijećeno je u ovoj i na omladinskim forumima mnogo diskutiranoj uspjeloj reportaži u tjedniku *"Die Zeit"*.

Sophie Rebmann, mlada reporterka iz Njemačke je i sa mnom napravila prije pet godina intervju za njezinu reportažu o BiH pod naslovom *"Zemlja šutnje"* u magazinu za mlade Noir. (*Das Land des Schweigens*, Noir Magazin, No. 19.) Ona je u Mostaru osim OKC Abrašević otkrila i UWC – United World College Mostar, te još neke kavane u kojima se sastaju studenti i omladina iz oba dijela grada i svejedno im je da li su Srbi, Hrvati ili Bošnjaci. Današnje ponašanje ljudi u Mostaru je zapravo pragmatično, potvrdila je Sophie Rebmann i njemačka lektorica u Mostaru Dorothee Baumann. Kada je u jednom gradu sve dvostruko, onda se radi neke usluge ne ide na drugu obalu Neretve ili na drugi kraj grada. Škole, sveučilišta i stambene četvrti nisu oficijelno podijeljeni, ali ih razdvaja nevidljiva linija sjećanja.

Stariji ljudi su na svojoj koži doživjeli užase rata i ne mogu ih zaboraviti, a današnji učenici od samog početka odrastaju odvojeni jedni od drugih, objašnjavaju sociolozi: *"Oni nemaju nikakvih prijatelja sa druge strane iz vremena prije rata i nemaju nikakvu mogućnost da upoznaju nove"*. Mi smo gubitnici, dominantni je osjećaj cijele generacije, koja je dvostruko prevarena, za djetinjstvo i za budućnost.

Stari most iz perioda osmanske vladavine od ogromne je simboličke snage, ocijenila je za njemačku mrežu N-Ost i Franziska Heidenreich u reportaži *"Mostar – podijeljeni grad na Neretvi"*. Stari Most je oduvijek važio kao most između Orijenta i Okcidenta i kao simbol Mostara i cijele zemlje. Tijekom rata, srpsko-jugoslavenska armija prvo je uništila 11 od 12 mostova u Mostaru, a Stari Most je oštećen. Nakon toga su upravo taj preostali most uništili Hrvati. Bio je to namjeran rušilački čin koji je ostavio duboku ranu – ranu u slici grada i ranu u srcu stanovnika Mostara. Novcem Svjetske banke most je rekonstruiran 2004., ne bez otpora s obje strane. Svečano otvaranje novog Starog Mosta slavljeno je kao pomirenje između Bošnjaka i Hrvata. Ali, u njegovoj blizini stoji opomena: *Don't forget 1993!*

Ovdje i danas, u Mostaru na jednoj strani stoje džamije, na drugoj katoličke crkve, ponegdje se mogu vidjeti i uništene srpsko-pravoslavne crkve. Poput nevidljivog zida, podjela se proteže kroz Mostar i ide dalje; prožima svakodnevnicu i misli ljudi u zemlji. Stari Most i drugi mostovi, dakle, povezuju istok i zapad Mostara kao i prije rata, međutim, suživot je daleko od prijeratnog stanja, kada su Srbi, Hrvati i tadašnji Muslimani (današnji Bošnjaci) dijelili grad na po jednu trećinu, bolje rečeno, kada su u miru živjeli zajedno.

Rane zarastaju, ali ostaju ožiljci. I mnogi političari se i dalje brinu da te rane ne zarastu. Oni provociraju, simplificiraju i polariziraju, pa se u zemlji njeguju razlike i u njoj ne postoji zajedničko sjećanje i kultura sjećanja! Zato i jeste onaj grafit u blizini Starog Mosta *"Don't forget 1993"* više od opomene. U glavama i u srcima preplašenih ljudi, naime, i dalje živi podjela grada. Ali to je upozorenje i za Europljane: ovaj grad i cijela zemlja su još uvijek bure baruta…

01. travnja 2015.

9. Pohvala Ivanu Lovrenoviću

Zahvaljujući sretnim koincidencijama na mojemu je kolegiju Interkulturalno razumijevanje gostovao na Filozofskom fakultetu Sveučilišta u Mostaru (17. ožujka 2015.) književnik Ivan Lovrenović. Njegovo predavanje o kulturnim identitetima u BiH, njihovim razlikama, kao i bliskostima i prožetostima pretvorilo se iz kulturalnih i antropoloških nijansiranja u vispreni dijalog sa studentima, u Lovrenovićevu *"agoru"* u Mostaru.

Lovrenovićevo ovogodišnje gostovanje na Filozofskom fakultetu je koincidiralo sa stidljivim podsjećanjem u BiH na 40. obljetnicu smrti Ive Andrića, jer to je usud prešućenog ili krivo interpretiranog jedinog literarnog nobelovca iz BiH. S obzirom na silne redukcije Andrića i među Hrvatima veoma sam mu zahvalan što je pripremio izbor iz svoje nove knjige *"Isus u Ahmićima"* (u tisku) pod naslovom *"Andrićev paradoks o šutnji"*, te mi dozvolio da taj njegov odabir postavim na moju web stranicu. Razumijevanjem *"Andrićeva paradoksa..."*, naime, dade se naslutiti i otkud vrije krivotvorenje samog Ivana Lovrenovića, što je došlo do izražaja i povodom dodjele mu *"Mešine nagrade"* za čudesni roman-rijeku *"Nestali u stoljeću"*. Takvo što je okrutna realnost u zemlji koja pati od *"neznanja o sebi"*, od *"sindroma jednosti"* i *"sindroma separatnosti"*. Otuda se i odbacuju njezini najumniji ljudi. *"Krivi su"* jer govore gorke istine, upozoravaju.

Razumijevanje Lovrenoviće kovanice *"paradoks o šutnji"* je važno za razumijevanje prešućivanja Ive Andrića i u BiH i u regiji, ili krivotvorenja njegova lika i djela i u BiH i u regiji. Posebno su apsurdna i okrutna stiliziranja Ive Andrića u *"neprijatelja islama"* ili u zagovornika ideologeme *"Bosna – zemlja mržnje"*. Korektnosti radi je nužno precizirati da je esej *"Ivo Andrić, paradoks o šutnji"* prvotno napisan kao predgovor izdanju Izabranih djela Ive Andrića u četiri knjige koje je objavila Matica hrvatska u Sarajevu 2007., pa potom i časopis Novi izraz, kako bi 2009. godine Ivan Lovrenović dobio prvu bijenalnu nagradu *"Midhat Begić"*, koju zajednički dodjeljuju Novi izraz i PEN centar Bosne i Hercegovine, upravo za taj esej.

Usuđujem se kao profesor politologije tek zaključiti da je Lovrenovićeva interpretacija *"paradoksa o šutnji"* iznimno koristan uvod i u Andrićeva i Lovrenovićeva promišljanja Bosne (BiH). Uostalom, njih dvojicu povezuje i najdublje pronicanje u bit njihove teške zemlje i sveopća ravnodušnost prema teškim istinama o njoj. Dakako, o njima dvojici se i ne može suditi izvan simbiotičke veze s BiH i njih i njihove literature. Lovrenovićevo gostovanje na Filozofskom fakultetu Sveučilišta u Mostaru odvijalo se u punom amfiteatru studenata, profesora i asistenata pod sloganom *"Neznanje o drugima – slabo znanje o sebi"*, što je na video-zidu praćeno s dva *"slajda"* i po dvije poruke u njima. Prve su poruke rumunjsko-francusko-američkog znanstvenika, osnivača etnopsihoanalize, **Georges Devereuxa:**

"Normalni i stvarno odrasli ljudi ne pridaju prekomjerno značenje svojemu etničkom identitetu. Svrha pretjeranog isticanja etničkog identiteta je nastojanje da se spriječi rušenje napuklog Ja i nesigurne i povodljive svijesti o vlastitom osobnom identitetu... Česta sklonost ljudi da se pozivaju na svoj etnički identitet, upotrebljavajući ga kao poštapalicu, neosporan je pokazatelj skorog raspada jedinog valjanog značenja identiteta: činjenice da je čovjek različit. Ako čovjek nije ništa drugo do Spartanac, kapitalist, proleter,

budist, vrlo je blizu toga da bude posve nitko i ništa, da ga dakle uopće ne bude."

Druge dvije poruke su sukus razumijevanja Ivana Lovrenovića kompozitne integralnosti identiteta u BiH:

"Kulturni identitet Hrvata u Bosni i Hercegovini potvrđuje se istovremeno u dva modusa: kao integralan dio sociokulturnoga konteksta Bosne i Hercegovine, koji Hrvati dijele i suoblikuju s Bošnjacima i Srbima, i kao dio cjelovite hrvatske nacionalne kulture s njezinim policentričnim i pluralnim karakterom kroz pripadanje trima povijesno-civilizacijskim krugovima: srednjoevropsko-panonskome, mediteransko-romanskom i balkansko-orijentalnom. Kulturni identitet bh. Hrvata unutar obaju ovih modusa ima karakter varijeteta. Unutar bosansko-hercegovačkoga konteksta varijetetan je po specifično hrvatskim elementima koji čine razliku prema drugim nacionalnim kulturama u Bosni i Hercegovini, a unutar hrvatske nacionalne kulture varijetetan je po elementima koji su mu, kao bosanskohercegovački, zajednički s drugim nacionalnim kulturama u Bosni i Hercegovini."

U Lovrenovićevoj sintagmi *"kompozitne integralnosti"* sadržana je sva dinamika i dijalektika između bosansko-hercegovačke višestrukosti, različitosti, dakle složenosti, na jednoj, i načina na koji jesmo i integralni, na drugoj strani. Za Lovrenovića je BiH, dakle, složena cjelovitost, ili kompozitna integralnost, koja ne podnosi apsolutiziranje plurimorfnosti, jer vodi u manjinski nacionalizam, kao što i njezino zanemarivanje može odvesti u većinski unitarizam. Meni su oba *"izma"* strana, ali čitatelja radi bilo je nužno pokazati o kakvoj se osjetljivosti radi u BiH.

"Svi koji danas uzdišu za političkom jednosti, tražeći uzore u 'normalnim evropskim državama', mogli bi znati da Bosna i Hercegovina po povijesnoj formaciji (s vrlo živim današnjim

refleksima) spada u drukčiji kontekst, u krug onakvih višereligijskih i višekulturnih zemalja – poput Libanona – koje su se na političkoj mapi ukazale nakon epohalne civilizacijske i političke oseke, po propasti posljednjih velikih imperija, otomanske i habsburške (te u našemu slučaju – i jugo-federacije, kao manje pseudoimperije), i da je u takvim zemljama nametanje bilo kakve političke jednosti loš, opasan i u krajnjoj liniji kontraproduktivan posao", tako prosuđuje o BiH Ivan Lovrenović.

U nizu mojih eseja i polemika pisao sam kako BiH prosto ne trpi nasilje nad identitetima, pa je potrebno umjesto njihova ništenja težiti ka njihovoj jednakopravnosti u šansama, ma koji da jesu.

Pri tomu sam ovo malo što znam s mukom naučio upravo od Ivana Lovrenovića, književnika, etnologa i kulturalnog antropologa, kojega se smije nazvati i nekom vrstom *"interdisciplinarnog analitičara"*, kako je to učinio prof. dr. sc. Enver Kazaz u razgovoru s Ivanom Lovrenovićem za Sarajevske sveske (broj 23-24).

08. travnja 2015.

10. Hijene Ga nisu dirale

Tijekom boravka u SR Njemačkoj u vrijeme posljednjih božićno-novogodišnjih praznika, dao sam se nagovoriti da budem recenzent rukopisa fra Dalibora Milasa *"Hijene Ga nisu dirale"*. U međuvremenu mi je drago zbog toga jer je riječ o lijepo oblikovanoj i važnoj knjizi (MC TERRA Mostar & Minores Mostar, 2015., str. 155). Utoliko je logično što sam prvijenac – knjigu fra Dade, kako ga zovu oni koji ga vole, i promovirao u Mostaru i Ljubuškom 19. i 21. ožujka o. g. Uostalom, sredinom travnja bit će upriličena i njezina promocija u Zagrebu.

Mostarska promocija fra Dadinog prvijenca *"Hijene Ga nisu dirale"* bila je jedna od najposjećenijih, a možda i najljepših ikada održanih u ovom gradu. Veliku dvoranu hotela Mepas zaposjelo je više od 700 mladih, mahom studenata, koji i daju privid normalnosti u ovom dijelu svijeta, jer na dva mostarska sveučilišta studiraju mladići i djevojke iz svih krajeva BiH i južnih dijelova Hrvatske. Studenti koji su pohodili fra Dadine *"duhovne okrepe"* su mi svojedobno i skrenuli pažnju na buntovnog franjevca, tek malčice starijeg od njih, samo mu je 28 godina. Postao je poznat po bespoštednoj kritici sprege crkvenih i svjetovnih vlasti u medijima. I dok mu je među mladima rasla popularnost, raslo je i nezadovoljstvo u vrhovima franjevačkog reda i Katoličke crkve u Hercegovini njegovim ponašanjem. Govorkalo se kako je poslije objavljenih kolumni u kojima se doticao sprege svjetovnih i crkvenih vlasti, od pojedine subraće optuživan, čak za izdajstvo i vjere i nacije.

Fra Dalibor Milas nije javno odgovarao na spekulacije, ali je poslije jednog teško razumljivog priopćenja vrha franjevačke provincije kazao ljetos u intervjuu da su mu objede ove vrste dobrano dodijale, te da odlazi na doktorske studije u Graz. Mediji su potom, po običaju, piskarali i o njegovoj suspenziji i progonu iz Hercegovine, pa čak i o inkardaciji (prijelazu iz jednog crkvenog reda u drugi, ili iz jedne franjevačke provincije u drugu, ili iz reda u dijecezanski kler ili obratno) i o emigraciji. *"I fratri odlaze"*, poručio je u naslovu svoje kolumne iznimno oprezni Gojko Berić, bard političkog žurnalizma u BiH, pri čemu je vrijedilo zapamtiti Gojkovu poruku: *„teško zemlji iz koje fratri odlaze"*!

Fra Dado tek neizravno govori o svim ovim neprijatnostima u knjizi *"Hijene Ga nisu dirale"*. Nije rekao ni riječ ni na dvije promocije kojima sam nazočio kao promotor, ali je u intervjuu jednom lokalnom listu priznao da je napustio Mostar zbog nekih ljudi unutar franjevačkog reda, kao i da je s mnogima od braće i ostao u dobrim odnosima, te da trenutačno obnaša dužnost voditelja pastorala mladih na području cijele biskupije u austrijskom Grazu, u kojemu sprema i doktorat iz područja pastoralne teologije. Glede franjevačkog reda, fra Dado je precizirao: *"Franjevački red je moja karizma i moje određenje. Ipak, ne mogu prihvatiti stav da unutar reda svi moramo isto misliti i govoriti... Ja nisam bio neposlušan svojim nadređenim. No nisam mogao biti poslušan nečemu iza čega nije bilo dobrih namjera. U tome je bit. Mazohizam nikada nije bio odlika franjevačkog života i neće nikada niti biti. Želim naglasiti da ja nemam nikakvih problema sa svojom subraćom. S nekim pojedincima da, ali općenito sa svojim redom nemam. Zbog jedne moje izjave o aktualnoj politici i jednoga objavljenog članka se krenulo s lavinama protiv mene i tu je zapravo sve počelo... Imam dobre odnose s gvardijanom i fratrima koji su me zvali da navratim u samostan. To je ono što mi je bitno."* Iako sam u početku iz mnoštva obzira oklijevao recenzirati knjigu, drago mi je što sam postao dijelom autorovog trijumfalnog povratka u Mostar, među mlade ljude koji ga obožavaju. Jer, riječ je u fra Dadinoj knjizi o izvrsnim filozofsko-teološkim esejima, vješto posredovanoj ispovjednoj prozi, pa i o esejima s visokim politološkim dosezima, ma koliko neki od njih bili podložni kritikama. Najvažnije mi je kao recenzentu bilo što je autoru uspjelo povezati modernu teologiju (onu koja propituje, uključivo i vlastitu sumnju) i modernu političko-filozofsku misao, na sličan način kako je to učinio dr. o. Frane Prcela u *"Bogozaboravu"*. Iz niza zanimljivih eseja izdvojiti se mora esej *"O vjeri i vjerovanju"*, jer u njemu Milas čitateljima nudi verziju *"Vjerovanja"* afričkoga plemena Masai i objašnjenje naslova njegove knjige: *"Vjerujem da je Bog ispunio svoje obećanje poslavši nam svog sina, Isusa Krista, čovjeka od krvi i mesa, iz plemena Židova, koji je rođen u siromaštvu u malom selu; Isusa koji je napustio svoj dom i na svom je safariju činio dobro ozdravljajući ljude Božjom snagom, te učeći ljude o Bogu i o čovjeku pokazivao da je pravi smisao religije – ljubav. Bio je odbačen od ljudi, mučen, prikovan na križ i umro. Ležao je u svom grobu, ali ga hijene nisu dirale…"*

Znale su, dakle, i hijene da u grobu leži netko veoma važan, vjeruju Masai, a posredovao nam je dvosmisleno fra Dado. I u ovomu i u eseju *"I stvori Bog"* naš će autor potom demonstrirati smionije razumijevanje Boga Stvoritelja kada izrijekom ističe *"stvaranje se neprestano odvija"*, ili kada veli da je *"naš Bog u kojega imamo povjerenja i u kojega se ponekad bojimo imati povjerenja 'beskonačno inteligentno biće s perfektnom sviješću' (…) Bog, kako mi danas razumijemo, nije čovjek, nije osoba kao što smo mi osobe, nego nešto više od toga"*, prosuđuje Milas, Bog je, *"čisti duh"*, ili *"more koje ne presušuje, horizont koji se ne može izbrisati, Sunce od kojeg se Zemlja i čovjek ne mogu odmaknuti"*. Očaravajuća je Milasova nedogmatičnost i uvažavanje *"kulturalnog pluralizma"*, što se dade iščitati i kada poručuje kako *"mi trebamo osloboditi Boga naših ljudskih okova i dopustiti Bogu u apsolutnoj slobodi bude ono što on zapravo – jest"*. Pri tomu je intrigantnije što Bog nije, kako veli fra Dado: *"a. (samo) muškarac; b. (samo) bijelac; c. zli tiranin i okrutni sadist; d. (samo) Hrvat; e. (samo) kršćanin"*.

Tako nas je mladi autor preveo iz prvog dijela knjige (o Bogu) u drugi dio knjige (o ljudima). I ovdje se uočavaju neortodoksni iskoraci fra Dade kada na elegantan način povezuje ljudska prava s paradigmom nenasilja i uvažavanja svih identiteta. Primjerice, kada u eseju *"Sinn happens"* nudi netipično razmišljanje: *"...Svi su ljudi prah, neovisno o tome kojoj kulturi pripadaju ili u kojem vremenskom razdoblju žive. Svi smo mi jednaki. Crni – bijeli – žuti – narančasti... Na izvan smo različiti, ali smo u dubini svi isti. Muškarci i žene. Srbi, Hrvati, Bošnjaci, Španjolci, Kinezi... Homoseksualci, heteroseksualci i sl. Ljevičari – desničari... Svi smo mi u biti isti, jer proizlazimo iz istog izvora."* A kako se rukopis sve više dotiče u dijelu *"o ljudima"* profanih fenomena, autor postaje sve više politolog, ne zaboravljajući da je teolog: *"Kod nas je mnogo onih koji se prema zajedničkom dobru ponašaju ne kao savjesni i odgovorni upravitelji nego kao silnici i lopovi. Čitave tvrtke, zajednice pa i cijela država počivaju velikim dijelom na pljački i nepoštenom upravljanju dobrima, na mafijaškim principima i krađi zajedničkoga dobra... Ni vjernici nisu na to imuni. I religijske zajednice sudjeluju u otimačini tuđega..."* Iz kulturološki i politološki važnoga eseja *"Oproštaj s prošlošću"* izdvajaju se ocjene koje implicite svjedoče i o autorovoj građanskoj hrabrosti, primjerice kada tvrdi da je *"početak navodne demokracije na našim prostorima bio je svojevrsni oportunistički savez između komunista i nacionalista... Kratko rečeno, mnogo je bivših komunista u*

sutonu komunističke ere pristupilo strankama za koje se mislilo da će na prvim demokratskim izborima steći potporu naroda. Zanimljive su statistike koje sugeriraju da se zapravo HDZ može smatrati legitimnom nasljednicom komunističke stranke. Ukupno je, naime, 97.000 članova bivšeg Saveza komunista Hrvatske prešlo u HDZ-ov tabor, dok je samo njih 46.000 odlučilo ostati u stranci koja će kasnije postati SDP...“
Posebne bi reakcije mogao izazvati Milasov esej *“Hercegovački duh“*, u kojemu izravno poručuje: *“Ne želim da mi se sa sarajevskog gumna forsiraju i nameću ideje o kojekakvom izmišljenom državnom i nacionalnom identitetu znanom još i kao 'bosanski identitet'... Poštujem stvaranje jednog identiteta ili, u krajnjem slučaju, naziva identiteta, ali rado bih ih zamolio da ga drže za sebe. Jer, ne bi čovjek vjerovao, postoje ljudi koji već imaju svoj identitet. I koji, kao takvi, mogu, hoće i žele živjeti u Bosni i Hercegovini... Ako se netko suprotstavi 'svebosanskoj ideji', onda se dotičnog okarakterizira kao ustašu, fašista ili šta-li-već, te mu 'prosvijetljeni' Bosanac sugerira kako mu je zapravo mjesto u Hrvatskoj, a ne u 'njegovoj' Bosni ...“.* „*Jer Hercegovina nikad nije bila Bosna*“, veli fra Dado,“ *niti će to ikad biti*“. Hercegovina geografski zauzima područje od Livna do Trebinja, od Neuma do Konjica: *“Poslužit ćemo se jednim od najvrjednijih povijesnih izvora za naše krajeve, djelom bizantskog cara Konstantina Porfirogeneta 'De administrando imperio', koji već u 10. stoljeću spominje Hercegovinu kao Humsku zemlju ili Zahumlje. Spomenimo samo kako se Zahumlje spominje čak 16 puta, a Bosna ('horion') samo jednom. Pojedinci zaboravljaju da Hercegovina nije samo regija koju se može tako lako pokoriti. Hercegovina je način života. Preživjeli smo mi i veće i efikasnije i gadnije ideologije. Preživjet ćemo i ovu...“*

U eseju *“O fašistima i revoluciji“*, povodom prosvjeda iz veljače 2014., fra Dado veli: *“Revolucija nam je itekako potrebna ne zato što nemamo posla, ne zato što su zdravstveni i obrazovni sustav promašeni, ne zato što su nam političari korumpirani i (previše) sebični, nego zato što više ovako ne može... Umjesto (r)evolucije, dobili smo bezobrazluk, brbljariju i nedoučenost. Svi se pozivaju na 'građanstvo' te svoju anarhiju nazivaju 'građanskom revolucijom', a ponašaju se kao horda pijanih Čečena usred Moskve. Bosni i Hercegovini je potrebna građanska, a ne kvazi-građanska revolucija...".* "Kratki vodič za pravu revoluciju" originalni je Milasov *"memento u osam točaka"* za one koji će znati za što se bore: *"1. Znati svoj cilj: to je srce svake revolucije... 2. Okupiti ljude, imati podršku i konsenzus... 3. Obrazovanje. Revolucija se diže knjigom i znanjem, a ne kamenom i molotovljevim koktelom. 4. Znati konstruktivno usmjeriti bijes i očaj ljudi koji se upuštaju u revoluciju, a ne ga zloupotrijebiti. 5. Preuzeti odgovornost, a ne se skrivati iza maskirnih kapa ili šalova. 6. Borba za slobodu i prava svih ljudi, a ne samo pojedinih grupacija. 7. Pojedinac nikad ne može biti središte revolucije nego uvijek ideja... 8. Konačni produkt svake revolucije mora biti sloboda".*

Fra Dado je bez ikakvih velikih kalkulacija tijekom trijumfalnih promocija njegova prvijenca u Mostaru, Ljubuškom i Posušju poručivao: *"Ja sam uvijek govorio odlazim da bih se vratio..."* U već spomenutom intervjuu, uoči povratka u Graz, precizirao je: *"Meni je uzor dominikanac padre Pedro Meca koji je kazao da je Boga našao na ulici... Mladima uvijek govorim: 'Pozvan si, ali nisi prisiljen, možeš, ali ne moraš'... San mi je vratiti se u Mostar i raditi na ulici, s beskućnicima. Nakon doktorata u Austriji vratit ću se u Hercegovinu i nastaviti sa svojim poslanjem ovdje."*

Moja recenzija „Anateme govore samo o njihovim autorima" je inače uključena u fra Dadinu knjigu. Na njezinom kraju sam se pozvao na anatemu koja je Baruchu de

Spinozi upućena iz Židovske općine u Amsterdamu 1656. godine: *"Neka je proklet danju i neka je proklet noću. Neka je proklet kad liježe i neka je proklet kad ustaje. Neka je proklet kad polazi i neka je proklet kad se vraća... Naređujemo vam da nitko s njime ne progovori ni usmeno ni pismeno, da nitko ne boravi s njime pod istim krovom ili četiri lakta bliže od njega, da nitko ne čita spis koji je sastavio..."* Sapienti sat!

Ponovit ću na samom kraju kako mi je milo što sam bio dijelom fra Dadinog privremenog povratka u Mostar. Pri čemu mi je još milije da se vratio u Graz doktorskim studijama i pastoralnom radu s 300 mladih pomoćnika koji su u njegovoj ingerenciji. Još mi je draže što ima znakova detanta između fra Dade i vrha Crkve u nas, te što on neće – posve je izvjesno – koračati ni putom karizmatičnog vođe, ni putovima inkardinacije i/ili emigracije.

Rekao mi je na rastanku da se vraća u miru u Graz. Poželio sam mu da se takav vrati poslije doktorata i u Hercegovinu, kao i da nam podari niz novih rukopisa antidogmatskog i kritičkog naboja kakav mu je i prvijenac *"Hijene Ga nisu dirale"*.

15. travnja 2015.

11. Hrvatski ratovi sjećanja

Premda se u osnovi slažem s uredništvom portala *Autograf.hr* u ocjeni pisma predsjednika Obiteljske stranke Mate Knezovića, objavio sam u studiji slučaja na mojoj web stranici o (anti)fašizmu u Hrvata i Knezovićevo pismo i odgovor veleposlanika Kraljevine Norveške u Republici Hrvatskoj, NJ. E. Henrika Ofstada, kao i izvješće s Osnivačke skupštine Antifašističke lige Republike Hrvatske (od 26. ožujka 2015. godine), Povelju AFL-a, (usvojenu 9. svibnja 2014.) te intervju Slavka Goldsteina *Jutarnjem listu*, jer se radi o jednom od suosnivača AFL-a i autoru iznimne knjige-opomene *"1941. godina koja se vraća"*. Na Knezovićevo pismo ću se ovdje referirati samo zato što je zahtijevati od veleposlanika da se *"ispriča hrvatskom narodu"*, jer je nazočio osnivanju Antifašističke lige (a u drugom pismu i da *"napusti RH"*!) diplomatski, politički i kulturni skandal prvog reda. Kao bivši diplomat siguran sam da se tomu zahtjevu u diplomatskom koru u Zagrebu smijalo grohotom, dok su se u zemljama pošiljateljicama pitali: Kakva li je to zemlja prijema, kakvi su ti Hrvati ljudi, rekti, da prostiš?

No, već je odavno vrag odnio šalu; aktualni *"građanski rat sjećanja"* među Hrvatima i nas i hrvatske prijatelje u svijetu sili na pitanje zašto se u Hrvatskoj ne želi praviti razlika između fašističkih i antifašističkih pokreta u Drugom svjetskom ratu, onih koji su svoju sudbinu vezali za sile Osovine i onih koji su pripadali silama antifašističke koalicije? O civilizacijskoj razlici među njima se vodi strogo računa čak i u zemljama poraženim u Drugom svjetskom ratu, dok u Hrvatskoj i među Hrvatima bukti *"građanski rat sjećanja"* (T. Kuljić). *"Nešto se ružno i opasno događa ne samo u HDZ-u, nego i u širim krugovima"*, upozorio je Slavko Goldstein, *"nevjerojatno je da nova predsjednica Republike, koja je iz grobničkog partizanskog kraja, a usto je svjetska žena, ne shvaća da je ukloniti Tita s Pantovčaka isto kao maknuti generala De Gaullea iz neke francuske institucije"*.

Case study o (anti)fašizmu kod Hrvata sam izložio inače i u nastavi, i na web-stranici i na Facebooku, ali nije naišao na *"lajkanja"*, što je siguran znak da su *pro et contra* argumenti ušli tek u fazu inkubacije, to jest da izazivaju unutarnje otpore i neslaganja. Pretpostavljam da su se moji čitatelji posebice mučili s ocjenom Slavka Goldsteina: *"Ne smijemo zaboraviti da je NDH teško obilježila Hrvatsku"*, jer *"u svijetu je zapamćeno da je Jasenovac bio jedini konclogor smrti kojim su upravljali domaći ljudi, a ne Nijemci"*.

Apsurd je time savršen, jer Hrvatska nije poražena zemlja u Drugom svjetskom ratu samo zbog toga što je, uz endehazijske, imala i antifašistički pokret (u sastavu NOVJ, dakako). Još je apsurdnije što se i 70 godina poslije Drugog svjetskog rata mora ponavljati kako NDH nije bila ni nezavisna, ni država, pa ni hrvatska, nego tek puki satelit talijanskog fašizma i njemačkog nacionalsocijalizma. Upravo zbog toga i velika prevara za velike dijelove hrvatskog (i bošnjačkog) naroda u BiH. K tomu, Republika Hrvatska je samo zahvaljujući svom antifašističkom pokretu, koji je oformio ZAVNOH, stekla pravo sudjelovati na I. i II. zasjedanju AVNOJ-a u Bihaću i Jajcu pri formiranju buduće DFJ/FNRJ/SFRJ. Tako je kao jedna od šest jugoslavenskih republika i sudjelovala u anti-Hitlerovoj koaliciji, pa je mogla vratiti i Istru, i Dalmacije i otočje u svoje okrilje.

Već zbog toga nitko u Hrvatskoj ne bi smio podcjenjivati doprinose njezinih antifašista-partizana (hrvatskih, srpskih i inih, bili ili ne bili komunisti) uspostavi Hrvatske unutar Jugoslavije. Ma kako je sve ružno završilo tijekom krvavog rasapa SFRJ, bez subjektiviteta RH unutar SFRJ Republika Hrvatska ne bi mogla 22. svibnja 1992. godine postati članicom Ujedinjenih naroda. U svakom slučaju, ne bi mogla biti priznata unutar njezinih međunarodno priznatih granica bez poštivanja položaja bivših republika u Ustava SFRJ iz 1974. godine, što je bio i temelj za *"deset mišljenja"* Badinterove komisije. Zbog svega toga je sramotno i opasno što su se važne institucije u suvremenoj Hrvatskoj upustile u falsificiranje povijesti i u vođenje *"građanskog rata sjećanja"*. O tomu uvjerljivo svjedoče brojni politički prijepori ili pak knjige o *"ustaškoj vojsci"* i ustaškoj emigraciji. Ilustracije radi ovdje će biti dotaknuta *"knjiga"* pod nazivom *"Pisma Vjekoslava Maksa Luburića 1952.-1969."* (Despot Infinitus d.o.o., Zagreb, 2014., str. 1050). Nju je pripremio Luburićev politički intimus Mile Boban Otporaš, koji za sebe kaže: *"Rođen sam kao Hrvat u ponedjeljak 14. kolovoza 1939. godine..."*

Knjiga od 1050 stranica počinje Predgovorom nakladnika Zvonimira Despota koji priznaje *"kako je hrvatsko društvo ponovno ideološki jako podijeljeno"*, te tek stidljivo dodaje da se Luburić ne može izdvojiti iz NDH-konteksta: *"Od onoga što se zbivalo ratnih godina u NDH, a posebno u Jasenovcu, za koji se Luburić najviše veže..."*

I taman kad čitatelj pomisli da će dobiti obrazloženje zašto je u Hrvatskoj moguće tiskati pisma ozloglašenog ratnog zločinca bez znanstvenih komentara, slijedi poruka da *"o tomu ovdje nema smisla uopće išta pisati, jer je to zasebna tema..."* (!?). Luburićeva pisma se objavljuju, veli Despot, jer su važna za istraživanje emigracije i za našu sadašnjost... (!!!) Luburićeva pisma su skenirana i kronološki poredana, objasnio je potom Mile Boban Otporaš, te najviše pisama potječe od sljedećih osoba: Ratko Gagro, Miljenko Dabo Peranić, Pero Tutavac, Ante Kršinić, Dane Jolić, Ivan Stier, Štef Crnički, Rudi Erić, Igor Buljan i Mile Boban. Vrijedni Otporaš je inače siguran da je Luburić pisao i ljudima kakvi su: Srećko Rover, Stipe Brbić, Enver Mehmedagić, Mirko Meheš, Mirko Bušić, Vilim Cecelja, Stipe Šego, Mile Markić, Ivan Džeba, Dinko Šakić, i mnogi drugi, ali ta pisma nije uspio uvrstiti u knjigu za Despotovu seriju *"Hrvatska povijest"*, za sada...

Cijeli *case study* nam govori kako se u Hrvatskoj Hrvati ni 70 godina poslije Drugoga svjetskog rata nisu u stanju ophoditi s tamnim mrljama u vlastitoj povijesti, te se ne žele razlikovati fašizam i antifašizam kao pokreti u Drugom svjetskom ratu, a potom se nije u stanju objektivno progovoriti ni o zloćudnim pojavama unutar antifašizma pri kraju rata i u poraću, kada se sunovratio u državni teror u obračunima s političkim protivnicima.
Jedina korist od aktualnog *"građanskog rata sjećanja"* je, zapravo, u tomu što je sada i posljednjem političkom slijepcu jasno da je krajnje vrijeme da i Hrvati propitaju vlastite *"duge sjenke prošlosti"* (Aleide Assmann), sjenke obaju totalitarizama, kako bi se konačno okončao i među njima Drugi svjetski rat.

Hrvatima je, naime, žurno potreban iskorak u kritičkom nadvladavanju prošlosti, što podrazumijeva ozbiljan diskurs i o sramotnim fašističkim zločinima, ali i o zločinima tzv. antifašističkih pobjednika u ratu i poraću (presudama bez suđenja, ubijanju stvarnih i izmišljenih političkih protivnika na tzv. križnim putovima), uključivo i u tzv. antistaljinističkim obračunima.

Nije vrijeme za povijesne revizije, nego za povijesne istine, za dezideologizacije i konačno kritičko nadvladavanje prošlosti. Takvo što uključuje i neisplakane suze i pobjednika i poraženih u Drugom svjetskom ratu. Vrijeme je za empatije prema političkim protivnicima, za deviktimizaciju i pomirenje.

22.04.2015.

12. Grassov poučak: sram i suze

U ponedjeljak 13. travnja o. g. umro je u jednoj klinici u Lübecku, u 88. godini života, Günter Grass, jedan od najznačajnijih autora njemačkog jezika. Pripadao je umjetničkoj skupini (Gruppe 47) koja je uspjela u dva desetljeća svoga postojanja (1947.-1967.) vratiti dostojanstvo njemačkoj literaturi i kulturi. Günteru Grassu pripadaju posebne zasluge unutar te skupine zato što je upravo on uveo u njemačku literaturu teme tzv. nacističke Njemačke.

Ovdje ću se pozvati na točnu ocjenu Miljenka Jergovića kako je Grass svoje nijemstvo razumio na vrlo odgovaran način. *"Dva samo naizgled suprotna stava i uvjerenja Grass je svojim fikcionalnim i nefikcionalnim tekstovima pokušavao usaditi Nijemcima"*, veli Jergović, *"najprije ih je uvjeravao da moraju biti odgovorni i da se moraju sramiti zbog onoga što su činili, ili što je činjeno u njihovo ime, za vrijeme Drugoga svjetskog rata i Hitlerove vladavine"*, pa ih je *"devedesetih i dvijetisućitih, uvjeravao da imaju pravo na svoja sjećanja, da se moraju sjećati i da i oni imaju pravo na svoje patnje iz Drugoga svjetskog rata"*. Tome mogu samo dodati da je Grass umjetničkim sredstvima prisilio Nijemce da propitaju vlastitu opijenost nacionalsocijalizmom kako bi kritički nadvladali prošlost, dekonstruirali je, govoreći Derridinim jezikom. I u tomu je uspio. Njegovom, i ne samo njegovom zaslugom, Nijemci su prvo počeli propitkivati vlastitu odgovornost za stradanja i razaranja počinjena u njihovo ime, kako bi potom oplakivali i vlastite žrtve, ma kako i gdje pale.

Poslijeratni Nijemci su, dakle, prvo učili od Grassa deviktimizaciju da bi stekli pravo i na viktimologiju. Kod nas je, nažalost, još uvijek i posvuda obrnut slučaj: umjesto kritičkog nadvladavanja prošlosti putem viktimologije (dostojanstvenog žrtvoslovlja) provodimo ostrašćene *"viktimo transagresije"* u funkciji "građanskih ratova sjećanja"! Zbog toga su kod nas žurno potrebne dekonstrukcije tih narativa i takvih politika, pa o tomu i govorim i pišem kad mogu i tamo gdje mogu. A mogu, primjerice, kada panele organiziraju njemačke zaklade, kako je to učinila nedavno Friedrich Ebert Stiftung (FES) u Banja Luci. Bio sam tom prilikom privilegiran i činjenicom da mi je FES upravo objavio još jednu knjigu iz domene kritičke kulture sjećanja (*"Prokletstvo kulture selektivnog sjećanja"*).

Mladim ljudima iz cijele BiH sam pokušao u Banja Luci prvo predočiti kako se u bilo kojim razgovorima o njemačkim iskustvima ozdravljenja ne može preskočiti Grassov roman-međaš u njemačkoj literaturi *"Limeni bubanj"* (Die Blechtrommel), koji je objavljen 1959. godine, da bi ga dva desetljeća potom (1979.) redatelj Volker Schlöndorff pretvorio pod istim imenom u filmsku senzaciju. Doduše, Grass jeste primio Nobelovu nagradu za literaturu tek 1999., povodom zbirke stotinu novela *"Moje stoljeće"* (jedan broj njih sam preveo), ali je *"Nobel"* bio rezultat njegova četrdesetogodišnjeg *"bubnjanja"*.

Objasnio sam im, također, da je za naše neprilike važno i razumijevanje Grassova *"javnog pokajanja"* u autobiografiji *"Pri ljuštenju luka"* (Beim Häuten der Zwiebel, Steidl Verlag, Goettingen, 2006., str. 480). I dijelove te Grassove proze, koja se pojavila u formi feljtona u kolovozu 2006. prvo u listu Frankfurter Allgemeine Zeitung, hitno sam prevodio i komentirao za medije u Srbiji i u BiH. Razlog tomu je bio što su se notorni srpski fašisti poput Dobrice Ćosića i Vasilija Krestića licemjerno zgražali nad Grassovim *"zakašnjelim priznanjem"* zahtijevajući da mu se oduzme Nobelova nagrada.

Dok sam živio u Njemačkoj bio sam svjedokom koliko je Grass bio ogorčen moraliziranjem o njegovoj navodnoj dvoličnosti unatoč tomu što je desetljećima u kontinuitetu ponavljao da je u mladosti bio zaslijepljeni nacista, te da je još i uoči sloma Hitlerove strahovlade vjerovao u *"konačnu pobjedu"* (Endsieg). Grassova povrijeđenost je utoliko razumljivija što je, kao nitko drugi, uvijek bio na strani manjinaca svih boja, poniženih i uvrijeđenih. Uostalom, Grass se i samorazumijevao na veoma kompleksan način: Nijemcem kroz jezik i sudbinu, a Europljaninom i građaninom svijeta životom i djelom. Volio je za sebe reći da je *"neudobni građanin"* SR Njemačke, što je *de facto* i bio. Uostalom, bio je Nijemcem po ocu, a rođenjem 1927. godine u tadašnjem njemačkom Danzingu (današnjem poljskom Gdanjsku) i majčinom linijom i Poljak i pripadnik poljske manjine (*Kaschuben*).

Utoliko je stilizirati Grassa u *"nacistu"* bila budalaština prvog reda, jer nije posrnuo Grass, nego svi koji su moralizirali o njegovom navodnom nemoralu, bilo da su to radili njemački ili notorni srpski i ini šovinisti. Za čitatelje koji nisu čitali Grassovu autobiografiju slijedi nekoliko Grassovih izravnih priznanja da je kao *"Hitlerov omladinac bio mladi nacista, vjeran do kraja"*.

Za razumijevanje škripca s kojim je živio važni su i iskazi: *"Ja čak ne mogu kazati – nas su zaveli! Ne, istina je da smo mi dozvolili da nas se zavede. Ja sam dopustio da me se zavede… Moja je majka bila umjereno pobožna. Iako me je rijetko opominjala da idem u crkvu, ja sam odrastao u rimokatoličkom duhu. Ali u što sam vjerovao prije nego što sam počeo da vjerujem samo u Führera?"* Još relevantniji je pasus: *"Ono što sam s glupim ponosom mojih mladih godina prihvatio, htio sam poslije rata zbog rastućeg srama prešutjeti, no, teret je ostao i nitko me nije mogao njega osloboditi. Istina, tijekom obuke za tenkistu nisam ništa čuo o onim ratnim zločinima koji će kasnije izaći na vidjelo. Tvrdnja, međutim, da ništa nisam znao o njima nije mogla da – gledano iz poslijeratne perspektive – zamagli moj razum da sam pripadao jednom sustavu koji je planirao, organizirao i izvršio uništenje nekoliko milijuna ljudi. Čak i kada uvjerim sebe da nisam aktivno sudjelovao u tomu, da ne snosim krivicu, ostaje ono što se zove suodgovornost. Izvjesno je da ću s tim osjećanjem morati živjeti do kraja života."*

O Grasu sam ispisao velik broj stranica živeći u njemačkoj kulturi, slabašno se nadajući da će njegov postupak posramljivanja, odnosno samoosvješćivanja i sebe i Nijemaca postati vremenom i naš pristup, a njegova deviktimologija i naša metodologija u procesu kritičkog nadvladavanja prošlosti. Ali, takvo što je blokirano ili odloženo jer su kod nas instrumenti akademske i političke moći i dalje u funkciji viktimizacijskih narativa i politika. Veliki umjetnik i čovjek Günter Grass se, prije dva tjedna definitivno preselio u literaturu, oduživši se prije toga jeziku i kulturi kojoj je pripadao kao malo tko prije njega. Igrom slučaja na kolegiju Interkulturalno razumijevanje, za koji sam nadležan na Sveučilištu u Mostaru, gostovao je dan poslije Grassove smrti ravnatelj Konrad Adenauer Stiftunga u BiH dr. sc. Karsten Dümmel. S obzirom na to da je bio i glasnogovornik njemačkog PEN-a, sugerirao sam da kaže mojim mostarskim studentima nekoliko riječi i o Grassu. Dr. Dümmel je književnik, i k tomu bivši zatočenik savjesti u bivšem DDR-u, pa ima težinu njegovo svjedočenje da je Grass principijelno pomagao političke zatvorenike u DDR-u potpisujući brojne peticije za njihovo oslobađanje, ali nije smogao snage osuditi DDR-režim kao *"lijevu diktaturu"* i izrijekom. S tim je povezana i njegova pogrešna procjena ujedinjenja Njemačke. Glede Grassovog *"političkog sljepila"* nije, po Dümmelovom mišljenju, bilo od male važnosti što se upravo u vrijeme sloma DDR-diktature Grass oženio po treći put osobom koja je zauzimala važno mjesto u DDR-nomenklaturi. Unatoč tomu dr. Dümmel smatra Grassa jednim od najvećih autora njemačkog jezika.

Nisu, dakako, *"zakašnjelo priznanje"* ili izostanak izravne osude DDR-a bile jedine pogreške *"moralnog apostola"* u kojega je Grass bio (samo)stiliziran, ali nećemo ga pamtiti po slabostima. Uostalom, one nam samo govore da su i *"moralni apostoli"* ljudi s manama i vrlinama. Važnije je zapamtiti da je mladi Grass napisao *"Limeni bubanj"* da bi se Nijemci učili stidu i posramili se, a da je stari Grass napisao i *"Ljuštenje luka"* i *"Rakov hod"* kako bi se i Nijemcima omogućilo oplakivanje vlastitih sudbina i žrtava.

Drugog puta i nema u kompleksnom kritičkom nadvladavanju prošlosti. Zato i jest pred nama pitanje: ne bismo li konačno morali početi kritički propitkivati prošlost da bismo se posramili svih zločina počinjenih u naše ime, pa tim putom i tako i stekli pravo na vlastite suze?

29. travnja 2015.

13. BiH u klinču licemjera

Pola godine poslije općih parlamentarnih izbora od 12. listopada prošle godine konačno su posljednjeg dana ožujka o.g. potvrđena imenovanja novih saziva Vlade Federacije BiH i Vijeća ministara BiH. Vlast u Republici Srpskoj je formirana puno brže, ali praćena sumnjom u kupovinu mandata *("afera papak")*.

U normalnim zemljama bi se, dakle, već odavno ocjenjivao rad vlada svih razina u njihovih prvih 100 dana ili nakon pola godine rada, ali BiH nije normalna, nego je zemlja *"nedovršena rata"* i *"zamrznuta konflikta"*. K tomu, BiH je školski primjer obrnutih tranzicija u kojoj je vlast samoj sebi svrha. U ambijentu izvitoperenja formalno-demokracijskih pravila, koji zovem *"demokraturom"*, političke stranke i nisu drugo do karteli pod kontrolom stranačkih vođa, kako misli i profesor Đorđe Vuković s FPN-a u Banja Luci. Njemu je znalački uspjelo formulirati i o čemu se radilo u BiH u proteklih šest mjeseci: *"Tragikomični proces formiranja vlasti u BiH ili, bolje reći, još jedna epizoda pseudopolitičkog i kvazidemokratskog života u najzaostalijoj i najluđoj zemlji Balkana je konačno završena, ali posljedice svega što može stati u pejzaž nacionalne, stranačke i klanovske otimačine za položajima i funkcijama tek ćemo snositi u mjesecima koji slijede"*.

Prema njegovom razumijevanju, dakle, ne radi se o drugomu doli o tome da su skupine nezasitnih, bezobzirnih i kratkovidih osoba, koje su uzurpirale simbolički kapital, identitetske i ideološke izrasline konstitutivnih naroda manipulirajući političkim i medijskim stimulansima, u konačnici raspodijelile preostale državne i entitetske resurse ne prestrojavajući se po idejama, vizijama i paktovima na odgovornosti, već po nuždi, ucjeni i lukavstvu.

"U takvom ambijentu očekivati odlučno i umjesno bavljenje socijalnim pitanjima, borbom protiv kriminala, nezaposlenosti i besperspektivnosti, premošćivanju etničkih konflikata i klasne raslojenosti, modernizacijom i harmonizacijom institucija i slično, ravno je bajkama za djecu i odrasle", poručuje kolega Vuković, koji zato i očekuje *"nove potrese na političkoj sceni, nove poplave nasilja i nemorala, nove očajnike pred kontejnerima i stranim veleposlanstvima"*. Do identičnih nalaza je došla i Inicijativa za bolju i humaniju inkluziju (IBHI), nevladina udruga iz Sarajeva, na čijem je čelu dr. sc. Žarko Papić. Upravo u njegovom uvodu u novi *policy brief* pod naslovom *"Socio – ekonomska i politička situacija u BiH 2015. i EU integracije: šest teza o ponavljanju istog – kriza kao sudbina"* poručuje se: *"U zemlji u kojoj je preko milion stanovnika ispod apsolutne granice siromaštva sa tendencijom da siromaštvo, nezaposlenost, socijalna isključenost stabilno i dinamično rastu, gubi se 1/8 dužine mandata da bi se 'šibicarski' raspodijelile ministarske fotelje, koji su alati za moć nad javnim resursima".*

Pozvat ću se ovdje pristrano i na poraznu konstataciju u prošlogodišnjem IBHI- jevom *policy briefu* da se procent onih koji žive ispod granice socijalne bijede povisio s 23% u 2011. na čak 27% u 2014. godini. Ovdje sam dužan reći da sam sastavni dio IBHI-jevog tima. U IBHI-jevoj analizi dominira i skepsa glede budućnosti BiH u EU unatoč konačnom stupanju na snagu Sporazuma o stabilizaciji i pridruživanju između BiH i EU. Po mišljenju Ivana Lovrenovića, koji je također u našem timu, dobronamjerna očekivanja i želje da bi se umjesto *"jakih"* ideoloških tema novoizabrane vlasti mogle fokusirati na konkretne, a gorući poslovi i zadatci, bi *"lako mogli biti iznevjereni"*, jer će ideološki diskurs i dalje *"dominirati u političkim raspravama"*. Lovrenović inače pledira za otklon od dominantnih pseudograđanskih i etno-nacionalističkih diskursa, te za izgradnju alternativnog diskursa u BiH i o BiH. IBHI-jeva analiza je urađena prije terorističkog akta u Zvorniku, za koji nije kriv samo nesretni mladić, Bošnjak, koji je ubio drugog mladića, Srbina, u policijskoj uniformi Republike Srpske (RS). Krivi su i svi oni koji olako govore o Srbima kao *"genocidnom narodu"* i o RS-u kao *"genocidnoj tvorevini"*, upozorio je na svom blogu prof. Vuković. Inače, više je od simbolike što je oca zvorničkog ubojice ubila u ratu Vojska RS-a, a oca poginulog policajca Armija BiH. Ima li, dakle, u BiH uopće života izvan kruga smrti? U mojemu doprinosu IBHI-jevoj analizi pozabavio sam se odgovorom na pitanje: Je li u aktualnim odnosima između EU i BiH uistinu u pitanju novi pristup ili tek tzv. pojačana medijacija EU? Zastupam ovo drugo, priličito usamljeno. Zapravo, zgađen sam dominantnim licemjernim diskursom akademskih, medijskih i političkih kvazielita koje bi da njihova četvrtstoljetna antieuropska ponašanja ostanu ista, a da BiH ipak uđe u EU. Neće moći! Ključno je, naime, pitanje: može li unutarnje nepriznata zemlja poduzeti prijeko potrebne reforme koje vode do europskog konstitucionalnog redizajna ili ne može? Može li se, dakle, bez temeljite promjene u ponašanju političkih kasta na vlasti u BiH iz *"postdaytonske"* uopće prijeći u tzv. briselsku fazu u životu BiH? Moj i odgovor drugih članova IBHI-jevog tima je da se u zemlji u kojoj plamte ideološko-politički ratovi nema čemu dobromu nadati.

U BiH i nema značajnije proeuropske političke skupine. Pseudograđanske stranke su još licemjernije i u biti antieuropskije od etnonacionalnih. S druge strane, istinski proeuropljani se stide za one koji ne umiju da se stide i povlače se na margine društva, pa javnom scenom dominiraju politički licemjeri. Njihove se ambicije prema EU svode na *"euizaciju"*, to jest privezivanje na fondove EU, dok se protive svim silama *"europeizaciji"*, to jest dubinskim pravnim i ekonomsko-socijalnim reformama.

I zato je BiH tu gdje jeste. I tako će i ostati. Jer, u odnosima između BiH i EU ne može ni biti napretka sve dok se u zemlji u kojoj žive oformljene konstitutivne nacije (ko-nacije) ne dogodi tzv. unutarnje priznanje putem prijeko potrebne konsenzusne političke kulture. Ovo će, dakako, uskoro biti jasno i Europskoj uniji, jer se u BiH neće lako izgraditi funkcionalni mehanizam koordinacije kako bi se s EU (i svijetom) govorilo *"jednim glasom"*. Uostalom, i prije terorističkog čina u Zvorniku, paralelno s odmrzavanjem SSP-a u odnosima EU i BiH, predsjednik RS-a Milorad Dodik je najavio referendum o neovisnosti Republike Srpske za 2018. Ne treba ni reći kako ovaj politički diskurs odgovara i pseudograđanskim i etnonacionalnim bošnjačkim i hrvatskim kastama na vlasti u Federaciji, koje će se, kao i one u RS-u, radije baviti ideološkim besmislenim nadbijanjem nego reformama. Otuda i jeste smislenije govoriti o tzv. pojačanoj medijaciji EU ili o posve neizvjesnoj operaciji *"Spašavanja vojnika Ryana"*, nego o *"novom pristupu"* EU prema BiH. Pri tomu je skoro izvjesno da će sve ići beskrajno kilavo, jer su se domaće političke klase već odlučile za spin-politike (politike ubleha – utvara i privida) umjesto za dubinske reforme i ozbiljne proeuropske, reformske politike.

Europska unija je, doista, posljednja šansa za civilizirane rasplete u BiH te za mirna rješenja sva tri nacionalna pitanja i ostalih državnih pitanja BiH, pa je nedavna odluka Vijeća za vanjske poslove EU o stupanju na snagu SSP-a prijeloma ako se razumije kao mogućnost za sljedeće korake u politici EU zvanoj *step by step*. Nije, međutim, ni ovaj akt milosti EU garancija za sljedeće korake, primjerice za podnošenja aplikacije za dobivanje statusa kandidata za prijem u EU. Do nje se stiže samo preko dubinskih reformi.

Europska unija je, zapravo, ponudila BiH posljednju šansu u formi *quid pro quo* pristupa, što znači: Krenite u reforme po nešto izmijenjenom *"redu vožnje"*, ali se ne smijete nadati da će EU zbog BiH snižavati kriterije ili ugrožavati vlastita pravila privođenja nove članice u EU. Zato bi za europsku budućnost BiH bilo od velike važnosti razumjeti da se BiH prema EU može kretati samo putem nenasilja i uvažavanja svih identiteta, počev od tzv. ko-identiteta (konstitutivne nacije koje u osnovi i tvore BiH) do tzv. novih identiteta, kako bi se putem novog društvenog dogovora i dospjelo jednog dana u Europsku uniju.

U slučaju ostanka izvan EU, u BiH bi neminovno snažile proturske iluzije o panosmanskim / panislamskim alternativama ili proruske o članstvu u Euroazijskoj uniji. Takvo što bi za BiH u konačnici značilo vječiti ostanak u njezinoj predmodernoj političkoj fazi, kao *failure state* i opomena drugima, što ne isključuje ni krvavu disoluciju. Obje perspektive su užasne!

06. svibnja 2015.

14. O Mikuliću: BiH može ozdraviti

HKD Napredak je 6. svibnja, neposredno uoči Dana pobjede nad fašizmom i Dana Europe (9. svibnja), upriličio u Galeriji *"Gabrijel Jurkić"* u Kamernom teatru 55 u Sarajevu promociju moje knjige *"U sjenci Branka Mikulića"*. Moram odmah reći, zahvalan sam prvom čovjeku Napretka prof. dr. sc. monsinjoru Franji Topiću i za objavljivanje mojih sjećanja i promociju.

U izjavama za medije uoči promocije i na samoj promociji objašnjavao sam kako je ova knjiga mojih sjećanja na šest godina provedenih s Mikulićem tek metodološki naputak budućim ozbiljnim istraživanjima onog isječka povijesti u Bosni i Hercegovini kojega je pokojni hrvatski akademik Dušan Bilandžić nazvao *"zlatnim godinama"* u životu BiH. Što se tiče sadržaja knjige, mnoštvo je negativnih, ali ima i krasnih reakcija. Najdraža mi je ona koju sam već uoči promocije dobio od mojega studenta Augustina Zonjića iz Opuzena, koji trenutno studira ljudska prava: *"Progutao sam je u dahu, čita se kao proza. Odužili ste se pošteno Mikuliću…"*

Nisam mu ni bio dužan u uobičajenom smislu riječi, ali jesam u ljudskoj obvezi podsjetiti kako se *"drug Branko"* i na vrhuncu moći u Sarajevu i (ne)moći u Beogradu razlikovao od tadašnje sarajevske i beogradske političke nomenklature gospodstvenim držanjem i odgovornim odnosom prema SR BiH i SFRJ, jer je inzistirao na reformama (*"Majski program"* SIV-a), koje nisu htjeli oni koji su se već bili odlučili za disoluciju SFRJ i ratove za teritorije.

U sjećanjima sam se mogao pozabaviti tek nekim važnim činjenicama iz Brankova života i političkog rada, primjerice kako se u njegovo vrijeme u BiH izgradilo tisuću kilometara putova, tisuću škola, osnovale se važne institucije: RTV Sarajevo, Akademija nauka i umjetnosti BiH, pored postojećeg sarajevskog (od 1949.) i univerziteti/sveučilišta u Mostaru, Banja Luci i Tuzli, da bi ovaj streloviti preporod vrhunio organizacijom XIV. ZOI Sarajevo '84.

U mojemu razumijevanju u Brankovo vrijeme se dogodilo i gospodarsko i političko-kulturološko čudo u BiH, i to tako što se nenadmašna, čarobna formula ZAVNOBiH-a, po kojoj je BiH *"i srpska i hrvatska i muslimanska"* (bošnjačka), konačno pretvarala u političku i kulturološku praksu. U Brankovo vrijeme se dogodila, dakle, tek druga uspješna modernizacija u povijesti BiH, kojoj nije bilo suđeno da potraje, kao ni onoj u vremenima austrougarske uprave.

Radilo se o dva desetljeća preporoda koji se s pravom vežu uz ime ovog tragičnog junaka našeg doba. Na Bilandžićevom tragu govorim i o *"Periklovom dobu"* u životu BiH, mada dobro znam kako nitko nije mogao biti Perikle u uvjetima tadašnjeg demokratski insuficijentnog sustava. Ali je unatoč tomu Mikulić kao političar s vizijom jednakopravnosti svih njezinih naroda i jednakopravne BiH unutar SFRJ ostavio neizbrisiv trag i u povijesti BiH i SFRJ.

U Brankovoj viziji jednakopravnosti u BiH i jednakopravne BiH u Jugoslaviji radilo se i o političkoj subjektivnosti BiH unutar SFRJ i o ravnopravnosti u kadrovskom i razvojnom aspektu. Zbog toga sam ovu viziju i politiku i nazvao na sarajevskoj promociji *"komunističkom konsocijacijom"*, ma koliko *"drug Branko"* o konsocijaciji nije ništa znao, kao što se i danas o njoj malo znade ili ne želi znati, iako je to metoda kojom bi BiH mogla postati normalnom zemljom.

Konsocijacija nije, naime, nikakav idealan oblik demokracije, nego tek nužna metoda upravljanja razlikama u podijeljenim društvima, kojom se može iz nestabilnosti dospjeti u stabilnost i demokratske ambijente, tako veli njezin tvorac Arendt Lijphart. Tomu mogu tek dometnuti kako nije izbor u BiH između parlamentarne i konsocijativne demokracije, nego između odgovorne politike konsocijacije i neodgovorne *"javašluk konsocijacije"*, kako zovem ono što živimo već 20 godina u postdaytonskoj BiH.

No, vratimo se knjizi i njezinom glavnom liku. Samo zahvaljujući činjenici da se uz ime Branka Mikulića povezuje i sjajna organizacija XIV. ZOI Sarajevo '84 on nije potpuno ignoriran u bosansko-hercegovačkoj javnosti. Dakako, jedni ignoriraju, a drugi zlorabe ovaj iznimni događaj u povijesti BiH. Kao njezin izravni akter pokušao sam objasniti koliko je Olimpijada bila važna i za potonje međunarodno priznanje BiH (primljena 22. 5. 1992., zajedno s Hrvatskom i Slovenijom, u Ujedinjene narode). Nažalost, uzlet u nebo zvan sarajevska zimska idila iz 1984. godine bio je labuđi pjev i SR BiH i SFRJ.

O liku i djelu Branka Mikulića je u Kamernom teatru 55 u Sarajevu govorio prof. dr. sc. monsinjor Franjo Topić u ime nakladnika (HKD Napredak, Sarajevo i Napredak Futura d.o.o., Zagreb), korektno poručivši da Mikuliću pripada iznimno mjesto u povijesti BiH, zbog čega se Napredak i odlučio uvesti bivšeg *"komunističkog prvaka"* u institucionalnu memoriju. Mogu zamisliti da je unutar Katoličke crkve bilo gunđanja zbog te Topićeve geste. Gorka je istina da je bivši komunistički prvak Branko

Mikulić mogao ući u hrvatsku i bh. institucionalnu memoriju samo uz pomoć monsinjora Franje Topića, predsjednika HKD Napredak. U njegovoj režiji bit će upriličene i promocije u Brankovom rodnom Uskoplju / Gornjem Vakufu, te u Kosači u Mostaru, 10. lipnja, na dan kad se Branko Mikulić rodio prije 87 godina.

Dekan Fakulteta političkih nauka Univerziteta u Sarajevu prof. dr. sc. Šaćir Filandra je s pravom podsjetio na sličnosti Brankove sudbine i sudbine tragično preminulog Džemala Bijedića. Mikulića i Bijedića ne povezuje samo činjenica da su obojica bili predsjednici SIV-a (jugoslavenskih vlada njihova vremena) nego i prijateljstvo i rad na važnim projektima u BiH. Riječ je o narodnosnoj konačnoj afirmaciji Muslimana/Bošnjaka, ali i o političkoj rehabilitaciji Hrvata iz Zapadne Hercegovine, disperziji Sokolovih pogona u sve hercegovačke općine, itd.

Prof. Filandra je ponovio na promociji ono što mi je javio ranije: *"Hvala ti na knjizi o Mikuliću... Dirnula me duboko, intelektualno i ljudski"*. Profesor emeritus Univerziteta u Sarajevu Mirko Pejanović, prvi politolog koji je postao dopisni član ANU BiH, izveo je politološku ekspertizu Brankova vremena upravo temeljem Bilandžićevog naputka o *"zlatnim godinama"* u BiH. Od iznimnog značenja je Pejanovićeva ocjena da je Branko Mikulić bio najvažniji državnik Bosne i Hercegovine u 20. stoljeću!

Ja sam na promociji pokušao objasniti da je Branko Mikulić postao onim što je bio uslijed spleta povijesnih okolnosti, ali i zahvaljujući iznimnim radnim, obrazovnim i ljudskim osobinama. Nije u odnosu sa suradnicima nikada bio autoritaran, kako ga je bio glas, dapače, bio je iznimnog gospodstvenog držanja.

Zagrcnula se dok sam o njezinom djedu govorio biranim riječima i jedina preživjela iz obitelji sarajevskih Mikulića, Brankova unuka Nastja.

Reakcije u Mostaru na knjigu su iznenađujuće pozitivne. Studenti *"lajkaju"*, a zaustavljaju me i poznanici i kolege profesori, pitaju za knjigu. Pitam se nije li – ma koliko bilo ideološki bornirano doba u kojemu živimo – došlo vrijeme da se nadiđu ideološke podjele i jednostavno prihvati činjenica da je upravo bivši komunistički prvak Branko Mikulić, sin narodnog heroja Jure Mikulića iz Potkraja (Kočerin, Široki Brijeg), najvažnija politička figura koju je ikad rodila majka Hrvatica iz BiH?

Pri čemu se *"druga Branka"* ne smije *"pohrvatiti"* suviše, kazao sam i na promociji, jer on jeste bio Hrvat, ali nije nikad bio samo Hrvat, nego i Bosanac, i Hercegovac, i Jugoslaven dok nisu počele padati granate s okolnih brda po Sarajevu upravo iz arsenala nekada njegove i naše JNA, koja se u tzv. jugoslavenskim ratovima, koje je vodila, strmoglavila u zločin velikog formata. Možda i ima nekog spasa za BiH ako se u Brankovom rodnom mjestu upravo ona ulica koja je u ratu bila linija razdvajanja i krvava bojišnica Bošnjaka i Hrvata odnedavna zove Ulica Branka Mikulića. O tomu mi je tijekom promocije govorio moj uvaženi kolega prof. dr. Nerzuk Ćurak, dirnut promjenom odnosa u rodnom mjestu Branka Mikulića.

Još radosnije saznanje tijekom sarajevske promocije bilo je da nije izgorio legat Branka Mikulića u onim insceniranim paljevinama od 7. veljače 2014. godine. Brankov legat je pohranjen u Arhivu smještenom u zgradi Predsjedništva BiH, ali sve je sačuvano, posvjedočili su mi i prof. dr. sc. Husnija Kamberović i

Dženana Rujanac, koja priprema disertaciju o životu i djelu Branka Mikulića.

Kao profesor i znanstvenik sam, dakako, potpuno svjestan da u ovakvim vrstama memorijskih zapisa i narativa postoji i rizik nekritičkih interpretacija, pa čak i otkliznuća u nekrofilski kontekst. Pa ipak, morao sam skrenuti pažnja na ovog nepravedno zaboravljenog čovjeka i državnika, po kojemu su aktualni vlastodršci imenovali jedan mali sokak na periferiji Sarajeva.

Ukoliko je Branko Mikulić, doista, najvažnija politička figura 20. stoljeća u BiH, te ukoliko Mikulićeva politička praksa može ukazati na to kako da BiH postane zdrava zemlja, kako su posvjedočila i sva trojica promotora, on zaslužuje trgove ne samo u glavnom gradu, ali u njemu prije svega, poručio sam aktualnim vlastodršcima na promociji u Kamernom teatru 55, pa mu onaj sokak oduzmite čim prije!

13. svibnja 2015.

15. Glupost je opasan neprijatelj

U četvrtak, 14. svibnja o. g., Institut za društveno-političlka istraživanja (IDPI) iz Mostara i Friedrich Ebert Stiftung (FES) organizirali su znanstvenu konferenciju *"Identitet i karakter Bosne i Hercegovine kao europske države – pluralna demokratska zajednica naroda i građana – faktičko stanje, normativni okvir i komparativna perspektiva"*. Nije za podcjenjivanje što su se na toj konferenciji okupili javni djelatnici iz Mostara, Sarajeva i Banja Luke da bi razgovarali o pluralnom karakteru njihove zemlje i mogućnostima izlaska iz krize. Međutim, da bi takvi razgovori imali smisla, potrebni su i volja za detabuizacijom i kompetencija. I jednog i drugog je nedostajalo.

Najtabuiziranija tema je bila *"konsocijacijska situacija"* u BiH unatoč tomu što je BiH pravo konsocijacijsko *"remek-djelo"* zahvaljujući i Okvirnom mirovnom sporazumu iz Daytona, kojemu je uskoro 20 godina, i dodatno Anexu 4, koji je još uvijek jedini važeći Ustav BiH. BiH je, dakako, bila i prije Daytona konsocijacija temeljem vlastita povijesnog razvoja, pa ničim nije zaslužila da se to previđa ili da se o tomu ne umije razgovarati.

Brojniji su, nažalost, i to uvjerljivo, oni koji govore o BiH u kategorijama nacionalne i kulturološke jednosti, mada je BiH oličenje pluralnosti. Oni, pak, koji je razumiju griješe konsocijacijom kad previđaju međusobne umreženosti njezinih kulturoloških i političkih identiteta ili kad ne žele priznati kako i ne živimo drugo do javašluk konsocijaciju, tj. izvitoperenja konzusne političke kulture. Tako i znanstvenici i političari u BiH žive *"zamrznuti konflikt"* kao temeljno obilježje postdaytonske BiH. Prof. dr. sc. Ugo Vlaisavljević je s tim u vezi primijetio kako znanstvenici govore glasovima dominantnih politika i u Sarajevu, i u Mostaru i u Banja Luci. Problem je što tako prestaju biti politički filozofi, pravnici, sociolozi i politolozi, a postaju ideolozi. Ipak su uvjerljivo kulturološki i politički najružniji oni koji žele političkim i pravnim nasiljem postići *"građansku Federaciju"* niječući ko-nacije, tj. nacionalne identitete, posebice hrvatski. S obzirom na to da ne mogu napraviti *"građansku BiH"*, jer se Republika Srpska opire, omalovažavaju do uvredljivosti Hrvate u Federaciji više i ne skrivajući da žele njihovu de-konstituciju. To je, opet, za sve nas koji nismo samo Hrvati, ili smo mali Hrvati, neprihvatljivo. Profesor Filozofskog fakulteta i prorektor Univerziteta u Sarajevu dr. sc. Ugo Vlaisavljević je vjerojatno najkompetentniji sugovornik na temu konsocijacijske situacije u BiH. Bio je među onima koji su na stranicama mostarskog časopisa za političku kulturu Status otvorili pitanje konsocijacije u BiH. Za njegovo ime se veže i sintagma *"konstitutivne manjine"*, koja objašnjava nezavidnu situaciju za konstitutivne narode kad su u okruženju većinskih naroda. U polušali mi je rekao da bih ga po neomiljenosti uskoro mogao dostići u njegovom i mojemu Sarajevu.

I doista, u političkom Sarajevu me stiliziraju u *"čovićevca"*, pa čak i u *"turbo-ustašu u jagnjećoj koži"*, ma koliko svi znali da sam neovisan. Problem je što ne pristajem šutjeti ili govoriti tzv. poželjnim glasom, što sam za očuvanje višenacionalne BiH kao zalog njezine budućnosti, što toliko iskustva dugujem i radu s pokojnim Mikulićem. Pseudograđani me, dakle, glupo i drsko stigmatiziraju kao *"nacionalistu"* i neprijatelja *"ljevice"* jer zagovaram uvažavanje oformljenih identiteta, premda znaju da sam za kozmopolitizaciju i ambijenata i identiteta. Smetaju im moji prijedlozi za *"krovno uvezivanje"* svih političkih identiteta sličnih opcija. To bi moglo značiti da se boje svojih nesposobnosti i uvezivanja u alternativu, te provjeru na izborima, pa se odlučuju za političko nasilje. U BiH se, nažalost, tvrdoglavo forsiraju nerazvijene forme političke kulture poput metoda majorizacije i tzv. konstitutivnih manjina. Ponajbolji politološko-kulturološki pojam za sav taj jad i bijedu je *"javašluk konsocijacija"*. Na ovu sintagmu polažem pravo autorstva uz obrazloženje da ona podrazumijeva izigravanje postignutih dogovora i da je u službi održavanja međusobnih neprijateljstava i zamrznutog konflikta kako bismo ostali što duže u demokraturi.

Sad sam dužan objasniti kako pod pojmom demokrature mislim na formalno demokracijski ambijent u kojemu ne vrijede demokracijska pravila, koja su suspendirana do daljnjega. Alternativa javašluku u demokraturi je odgovorna konsocijacija, ali je ne želi nitko, jer podrazumijeva odustajanje od kartelskih monopola i nadilaženje demokraturskog ambijenta putem pravnih, gospodarskih i socijalnih reformi. One vode u EU, ali i u gubljenje kartelskih privilegija. K tomu, ja se doista zalažem i za očuvanje položaja ko-nacija i načela federalizacije, ali ne samo zbog Hrvata nego zbog građana svih nacija u BiH. Protiv sam, pak, političkih inženjeringa i majorizacija svih vrsta, a ne samo kada Bošnjaci i Srbi biraju Hrvatima tzv. političke predstavnike (slučajevi Komšić i Vlajki, a zamalo da se ponovi i s Martinom Ragužom).

Will Kymlicka je u studiji Multikulturalno građanstvo ustvrdio da Maori na Novom Zelandu imaju pravo birati bijelca za svog političkog predstavnika ako baš hoće, ali bijelci nemaju pravo nametati Maorima onoga koga oni smatraju dobrim. Nasuprot tomu se i na ovoj mostarskoj konferenciji čula *"šuplja priča"* o tzv. dvostrukom legitimitetu, o tomu kako bi bilo dobro da političari uživaju povjerenje svih. Da, ali u praksi samo Bošnjaci i Srbi mogu birati Hrvatima političke predstavnike, dok Hrvati to njima ne mogu zbog svoje majušnosti. Drugim riječima, u Predsjedništvu BiH i u domovima naroda moraju biti predstavnici, a ne samo pripadnici određenih nacija.

Doživio sam zbog tih teorija i stavova brojne hajke i *"linčovanja"*, i s lijeva i s desna. Najsuroviji su, ipak, aktualni protagonisti protuustavne transformacije Federacije BiH u bošnjački entitet, te time i cijele BiH u (kon)federaciju srpskog i bošnjačkog entiteta. Kada se usudite dekonstruirati njihove narative i politike, kada ih uhvatite u *"lopovluku"*, jer više i ne kriju što rade, onda zagalame u vašem pravcu: *"Drž'te lopova"*! Najnoviji je primjer koji je *"zaurlao"* dr. Emir Suljagić u obraćanju svojim sljedbenicima 10. svibnja o. g.: *"Kad me pljuju provincijske ustaše, veseli me činjenica da je lažni naučnik Mile Lasić karijeru započeo u Marksističkom centru CKSKBiH"*.

Ne zna se koji su suroviji protagonisti političke nekulture: pseudograđani ili etnonacionalisti. I prvima i drugima sam već odgovarao pozivajući se na esej *"Sila gluposti"* Dietricha Bonhoeffera (luteranski teolog, umoren u konc. logoru). *"Glupost je opasniji neprijatelj dobroga nego zloba..."*, piše Bonhoeffer, *"protiv gluposti smo bespomoćni. Tu se ni protestom ni silom ne može ništa učiniti; razlozi ne vrijede; dosta je da se činjenicama koje protuslove vlastitim predrasudama jednostavno ne vjeruje... Kod toga je glupan za razliku od zla čovjeka do kraja sa sobom zadovoljan; on postaje dapače opasan, jer se lako razdraži te prelazi u napad."* (Bonhoeffer, D., Wiederstand und Ergebung, München und Hamburg, 1951.)

Dakako, i na mostarskoj konferenciji ismijao sam ove Suljagićeve twiteraške gluposti kazavši da takav kakav jest u civiliziranom svijetu ne bi mogao obnašati bilo koju javnu funkciju, a ne biti dominjstar obrane u Vladi BiH (Vijeću ministara). *"Lijevo"*, naime, mora biti kozmopolitsko, inače je samo ideološko-dogmatska prijevara. U ovoj dioptriji su dr. Suljagić i drugovi mu samo politički likovi iz galerije *"zarobljenog uma"*, ublehaši velikog formata, kao i stranka u kojoj su trenutno ili ona iz koje su se iznjedrili. Čast izuzecima!

Kao profesor postmodernih senzibilnih teorija transnacionalnih socijalizacija, kozmopolitskih i složenih identiteta, kao poznavatelj teorija *"multikulturalnog građanstva"* i *"multikulturalnog federalizma"*, te privrženik *"svjetskog ethosa"* Hansa Künga i ustavnog patriotizma Jürgena Habermasa morao sam se i moram se suprotstaviti svim *"suljagićima"* u sarajevskoj pravnoj i politološkoj školi unitarističke orijentacije. Dakako, i secesionistima. Ali, njih ne treba tražiti među ustavobraniteljima položaja ko-nacija. Ta obrana je zadnja linija obrane višenacionalne BiH i utoliko obveza svih *"ustavnih patriota"* u BiH.

Dakako, mogu se razumjeti strahovi u Sarajevu od disolucije BiH, ali bi se u tom istom Sarajevu prosvijećeni i razumni morali početi pitati: rade li upravo unitaristi protiv dugoročnih interesa BiH kada forsiraju izmicanje *"trećeg potpornja"* u bosanskohercegovačkom tronošcu, kad ne vide da se potom na tom tronošcu ne može više sjediti. Takva ne-pamet ne može pojmiti da se i u

Mostaru može biti i Hrvatom, i Bosancem, i Hercegovcem i Europljaninom upravo uvažavanjem sviju identiteta u BiH i BiH u njezinoj *"kompozitnoj integralnosti"* (Ivan Lovrenović) ili da se i od *"prijestolnice"* može načiniti *"palanka"* ako i kada u njoj pobijedi *"palanački duh"* (R. Konstantinović).

A što se tiče optužbi da sam braneći položaj ko-nacija u BiH *"čovićevac"* (u pristojnijoj interpretaciji) ili *"provincijski ustaša"* (u krugovima političkih batinaša), odgovorit ću kako mi u liberalnim krugovima u Mostaru o Draganu Čoviću mislimo jednako loše kao i o bilo kojemu političaru etnonacionalističke ili pseudograđanske provenijencije u BiH. On je, čak, još veći i savršeniji makijavelista od drugih.

Što reći, primjerice, o njegovoj rečenici u subotu 16. svibnja o. g. na komemoraciji u Bleiburgu, u kojoj spominje 50 godina represije u bivšoj SFRJ? Nju je, naime, izgovorio bivši direktor vojne tvornice Sokol u Mostaru, pa mu nikako ne priliči. Njome je, dakako, dokazao da je idealan političar ovoga vremena. Ali zbog toga mu se mora reći: onaj tko ne razlikuje neusporedive periode u povijesti BiH, onu u kojoj se provodio državni teror nad političkim protivnicima pri kraju Drugog svjetskog rata i u poraću od one koju je oličavao Branko Mikulić, sam se samodefinirao idealnim makijavelistom.

Zašto je opasno ignorirati *"hrvatsko pitanje"* objasnio je u Mostaru prof. Vlaisavljević: *"Ako postoji još neko uistinu nacionalno pitanje u postdaytonskoj Bosni i Hercegovini, onda je to hrvatsko pitanje. Već s Daytonskim sporazumom je takvo pitanje kod Bošnjaka i Srba pretvoreno u državno pitanje... Ako se postavlja kao nacionalno, hrvatsko pitanje je onda pitanje o konstitutivnosti, suverenosti jednog naroda, o njegovim kolektivnim pravima. Motivirano je činjenicom da*

Hrvati nisu konstitutivni u Federaciji, a kamoli u RS-u. Stoga se hrvatska nacionalna politika fokusira na ustavne promjene, ali time dolazi u direktnu konfrontaciju sa bošnjačkom nacionalnom politikom..."

Zapravo bi se mi u BiH morali stalno prisjećati upozorenja Arendta Lijpharta, kako za mnoga pluralna društva ne-zapadnog svijeta izbor ne leži između angloameričkog normativnog modela demokracije i konsocijacijskog modela, već između konsocijacije i nikakve demokracije. Ne njihovim ništenjem, nego upravljanjem oformljenim identitetima ko-nacija, dakle, kao i njihovom kozmopolitizacijom, BiH bi jednog dana mogla od sebe napraviti europsku zemlju s ustavom i *"političku zajednicu"*. Do tog pak neće stići uz zloćudne secesionističke politike ili uz unitarističke redukcije: *"ili građanska BiH ili građanski rat"*.

Do političke zajednice u BiH se može stići samo mukotrpnom modernizacijom, kozmpolitizacijom i ambijenata i identiteta kako bi se u konačnici mogao ostvariti i Millov imperativ o pretvaranju nužnosti zajedničkog života u vrlinu!

20.05.2015.

16. Stižemo li na europski after party?

Ovogodišnji Dan Europe, 9. svibanj, ostao je u zemljama bivše Jugoslavije u sjenci revizionističkih procesa povodom 70. obljetnice *"pobjede nad fašizmom"*, to jest kraja Drugog svjetskog rata u Europi. Uostalom, nema konačne pobjede nad bilo kojim totalitarizmom, ni tobož' desnim ni tobož' lijevim. Oni i nisu korektne političke doktrine, nego ustroji za potiranje razlika, ili *"sile gluposti"* (D. Bonhoeffer). Nizozemski intelektualac Rob Riemen govori uvjerljivo o *"vječitom povratku fašizma"* (vidjeti *"Vječiti povratak fašizma"*, TIM PRESS, Zagreb, 2011.). Pokojni Ralph Dahrendorf upozorava na velike sličnosti totalitarizma, uz izvjesne razlike među njima. A otac *"otvorenog društva"* K. Popper ih zove *"neprijateljima otvorenog društva"*!

Iz ovih razloga sam na mojoj web stranici (milelasic.com) čitateljima i nudio niz otrežnjavajućih provokacija, počev od dekonstrukcije mita o Bleiburgu iz pera Drage Pilsela i Ivana Lovrenovića do brandtovske geste na Bleiburgu pokojnog Račana, 15. svibnja 2002., i Bonhoefferova eseja *"O gluposti"* / *"Von der Dummheit"*. Pilselova stajališta su na ovom portalu i izložena, pa zato i slijedi samo uvodna rečenica iz Lovrenovićeve nenadmašne dekonstrukcije: *"Kardinal Bozanić, general Stanko Baja Sopta, Dragan Čović, izaslanica Kolinde Grabar Kitarović u subotu 16. svibnja 2015. godine na polju kod Bleiburga govore, a sve što govore urnebesna je ideološka i etička shizofrenija. Zamorno i porazno, porazno i zamorno"* (vidjeti ivanlovrenovic.com).

Iz Račanove izjave od prije 13 godina, nakon što je položio vijenac nastradalima i kleknuo, izdvajam: *"…Odavde želim uputiti iskrenu ispriku i sućut svima onima čiji su životi na bilo koji način obilježeni tragedijom Bleiburga, koji su na bilo koji način zbog Bleiburga patili... Nedavno sam se poklonio žrtvama Jasenovca. Danas ovdje izražavam sućut i žaljenje zbog Bleiburga... Prošlost ne možemo mijenjati, ne možemo ni miriti sve one koji su sudjelovali u prošlim krvavim sukobima. Ali vrlo je važno da jučerašnji sukobi ne potiču nove i aktualne, vrlo je važno da se jučerašnja mržnja ne prenosi na nove generacije želimo li čuvati i očuvati demokratsku Hrvatsku..."*

Ovakvi pristupi ne pripadaju *mainstream* varijanti u Hrvatskoj, pa su i dani sjećanja na žrtve proteklih ratova i u Hrvatskoj i u BiH prosto zlorabljeni, a Dan Europe dospio u zapećak. Taj praznik je, inače, uveden u institucionalnu memoriju EU tek 1985. na summitu tadašnje Europske zajednice u Milanu, jer se iz inicijative Roberta Schumana iz 1950. godine nazirao siguran put ka miru i ujedinjenju Europe. Danas u takvo što ne možemo više biti sigurni. Tadašnji francuski ministar vanjskih poslova Robert Schuman je u Kay d' Orsayu, palači francuskog MIP-a, tog davnog 9. svibnja 1950. u biti obrazložio projekt ujedinjenja šest europskih zemalja (Francuske, SR Njemačke, Italije i tri zemlje Beneluxa) u dvije važne industrijske grane, ali je i nagovijestio projekt mira i ujedinjenja Europe, pa se danas o njemu govori i u redovima europskih crkvi kao o prvom *"sekularnom svecu"* (on je bio katolički laik). Htio sam reći kako su svim zemljama bivše Jugoslavije neophodne temeljne europeizacije narativa i javnih politika, što prosto podrazumijeva i kulturu *"kritičkog nadvladavanja prošlosti"*, za koju se u ovim zemljama ne želi znati. A ako se prilagodbene zadaće ne izvrše kako valja tijekom preuzimanja *acquisa* (pravne stečevine EU), što je vidljivo u slučaju Hrvatske, onda je neophodno govoriti i o nužnosti retrospektivne europeizacije i narativa i javnih politika.

Hrvatska je, doista, ušla u EU *"iza ponoći"*, kako je to slikovito formulirao u predavanju u Zagrebu, uoči hrvatskog *"Day D"*, 1. srpnja 2013., britanski povjesničar Niall Ferguson, kad su svi gosti pijani, a hrane je ponestalo, kad je prostor uneređen, dok mnogi spavaju, a neki su već uzeli kapute i pripremaju se za odlazak. Ovu opasku sam preuzeo iz knjige Srećka Horvata i Slavoja Žižeka *"Šta Evropa želi?"* (Laguna, Beograd, 2013.), jer mi je bila potrebna za predavanje studentima iz cijele BiH na *"Simuliranom parlamentu 2015"*.

Predavanje sam skeptično naslovio *"Spašavanje vojnika Rayana"* kako bih naglasio potpuno neizvjesni ishod pojačanih EU medijacija u BiH. Ostajem pri skepsi, unatoč činjenici da 1. lipnja o. g. stupa na snagu Sporazum o stabilizaciji i pridruživanju između EU i BiH. Ostajem pri skepsi i nakon što drugačije sugeriraju upravo objavljeni rezultati istraživanja javnog mnijenja, po kojima bi 78% građana BiH odgovorilo na referendumu pozitivno na pitanje: *"Podržavate li ulazak BiH u EU"*. Jer, i ne ovisi put ka EU o građanima BiH.

Najžalosnije je što i u akademskim i u političkim narativima u BiH dominiraju naduti, neznalački i licemjerni govori o sebi i EU. Kako očekivati, primjerice, od unitarista i secesionista ili demokraturskih specijalista u vladama svih razina upravljanja da razumiju EU ako ne razumiju BiH kao *"EU u malom"* ili, *sui generis*, višenacionalnu zajednicu? Zbog toga i cijenim da je broj istinskih Europljana u BiH vrlo malen, a broj licemjera i lažnih Europljana sve veći. Uzaludno je i što se od 20. svibnja o. g. ispred zgrade Vijeća Europe vijori na počasnom jarbolu baš zastava BiH, jer je BiH došla na red da bude prva među 47 zemalja – članica Vijeća Europe u narednih šest mjeseci. Bojim se da zemlja koja zamalo nije suspendirana u Vijeću Europe nije sposobna kao predsjedatelj davati impulse drugima u oblastima klasične kulture i političke kulture.

No, vratimo se knjizi-zbirci eseja Srećka Horvata i Slavoja Žižeka *"Šta Evropa želi?"* Ne hvaleći im svaku, kako stariji ljudi u BiH kažu za ljude drugačijih vjerozakona, ovomu autorskom dvojcu je uspjelo napisati provokativnu knjigu poslije koje niste pametniji, ali jeste zabrinutiji. Unutar korica knjige je i esej Aleksisa Tsiprasa, lidera grčke *"ljevice"*, koji se već u naslovu pita: *"Uništenje Grčke kao model za celu Evropu. Je li to budućnost koju je Evropa zaslužila?"* Meni se posebice dopao Horvatov predgovor srpskom izdanju *"Stiže li Srbija na after-party?"* Ako se ulazak Hrvatske u EU dogodio u momentu i na način kako je opisao Niall Ferguson, kako onda opisati ulazak Srbije pita se Horvat, pa odgovara: *"Pa nikako drugačije nego kao dolazak na after-party"*! Ako je tako, dodajem, nije li neizvjesni *"dolazak na after-party"* za Srbiju još neizvjesniiji za druge zemlje *"zapadnog Balkana"*, posebice za BiH?

"Zapadni Balkan" je, inače, *terminus tehnicus* iz *"Solunske agende"* (2003.), još uvijek ključnog dokumenta za sve zemlje u procesu privođenja EU. Pa ipak, uvijek će se naći netko tko se ne umije ophoditi s ovim pojmom, jer želi negirati *"regiju"* u političkom smislu ili ustvrditi da postoji samo u gospodarskom pogledu. Mi *"eurolozi"* znamo, pak, da putovi ka EU iz zemalja *"zapadnog Balkana"* vode preko umreženja sa susjednim zemljama. Za infrastrukturna umreženja cestovnih, željezničkih i energetskih transverzala, uostalom, EU predviđa Višedržavnim strateškim dokumentom (2014. – 2020.) 14,7 mlrd. eura.

Uostalom, i EU još uvijek liže rane od užasnih posljedica koje je neoliberalni *"tsunami"* ostavio u financijama, socijalnim, školskim i drugim sustavima poslije svjetske financijske i gospodarske krize iz 2008. godine. O tome na svoj način govori i manjak solidarnosti unutar EU glede svojevrsnog dužničkog ropstva u tzv. PIIGS-zemljama (Portugal, Italija, Irska, Grčka i Španjolska).

Ili, možda što je ova ružna kratica (engl. pigs znači svinje), kako upozoravaju Žižek i Horvat, u žargonu već transformirana u sintagmu *"GYPSI-states"*. EU je, ipak, s njezinim brojnim problemima, za zemlje *"zapadnog Balkana"* moguće *"svjetlo na kraju tunela"*. Pri čemu, upozorava razložno Horvat: *"Svjetlo na kraju tunela nije uvijek spas, već je najčešće vlak koji nam juri u susret"*.

I na kraju, ukoliko bi se EU i definitivno prepustila njezinim (i američkim) bankarima, od nje bi odustali i *"posljednji Mohikanci"*, oni Europljani kojima su ideje mira i ujedinjenja daleko vrjednije od svih banaka i bankomata ovoga svijeta. U takvoj EU bilo bi pitanje dana kada bi se države-članice ponovo survale u *"sacro egoizme"*, u zloćudne nacionalizme, u svoju lošu prošlost! U takvoj EU i ne bi, naravno, bilo više mjesta za siromašne rođake s Balkana. No, dok još nije baš sve tako crno, preporučujem kao profesor europskih integracija hoditi ka EU sebe radi, europeizirati narative i javne politike, pa taman i stigli u EU tek na *"after-party"*!

27.05.2015.

17. BiH uoči dolaska papa Franje

Je li papa Franjo dolazi 6. lipnja o. g. u pastoralni ili u državni posjet Bosni i Hercegovini u svojstvu dvostrukog suverena (prvog čovjeka Svete Stolice i grada – države Vatikan) razjašnjeno je protokolarno pitanje. Kardinal Vinko Puljić, nadbiskup vrhbosanski i predsjednik Crkvenog odbora za pripremu pohoda pape Franje BiH, precizirao je početkom veljače o. g. da papa Franjo dolazi prvo kao poglavar Katoličke crkve (KC), a onda i kao državnik, te da će se susresti i s predstavnicima KC, biskupima i državnicima BiH.

Nisam siguran da se političare u BiH smije zvati *"državnicima"*, no onaj među njima koji je predsjednik Organizacijskog odbora za doček poglavara Vatikana Njegove svetosti pape Franje je već izračunao kako BiH *"profitira"* od dolaska pape Franje u Sarajevo i prije nego što je Papa stigao u BiH. *"Sa svim što je do sada urađeno na organizaciji posjete Svetog Oca, a što je trebalo pokriti kroz državnički protokol, možemo biti zadovoljni"*, kazao je ponizno i umilno Dragan Čović, član Predsjedništva BiH, *"i informacije koje dobivamo u suradnji s crkvenim odborom daju mi za pravo tvrditi kako su pripreme u završnoj fazi"*.

Hrvatski član Predsjedništva BiH Dragan Čović je *"makijavelista"* velikog formata i vrlo *"praktičan um"*, pa je izračunao kako je prvi *"profit"* od posjeta Svetog Oca već evidentan, jer od trenutka objave njegovog dolaska BiH se konstantno pozitivno spominje u svjetskim medijima. Drugi je *"profit"* u tomu što su u organizaciju posjeta pape Franje uključeni pripadnici svih naroda i to rade s velikim zanimanjem, a treći *"profit"* od Papina posjeta je, po Čoviću, što navodno relaksira odnose među narodima u BiH, što je i dugoročna dobit. Sve mi se nešto čini da bi o *"profitima"* od posjeta pape Franje bilo umjesnije govoriti nakon Papina posjeta BiH. *"Profitirat"* će, već je izvjesno, svi političari, a ne samo hrvatski, jer će iskoristiti njegov dolazak da se s njime slikaju za sutrašnje izborne plakate i da zabašure svoj višedecenijski politički nerad, tj. neetičan rad u vlastitu korist. Svi licemjeri u BiH, a ne samo licemjerni hrvatski političari, kako se sugerira u nekim ne malo nadmenim dobrodošlicama papi Franji, željeli bi iskoristiti Papin planetarni ugled za svoje poglede i koncepte.

Nikakve potrebe nema dovoditi u sumnju, pak, iskrenost koju je poglavar Islamske zajednice u BiH, reisu-l-ulema Husein Kavazović predočio u susretu s vrhbosanskim nadbiskupom kardinalom Vinkom Puljićem odmah po pristizanju osobne najave pape Franje da će 6. lipnja o. g. posjetiti BiH. Kako je s njihovog susreta priopćila KTA, reisu-l-ulema je prenio kardinalu da se raduje posjeti pape Franje, dodavši: *"Tako je bilo kada nas je posjetio veliki prijatelj BiH papa Ivan Pavao II., a isto vrijedi i za papu Franju. To je ne samo moje stajalište, nego stajalište cijele Islamske zajednice u BiH"*.

S tiskovne konferencije kardinala Puljića, u svojstvu predsjednika Crkvenog odbora za pripremu pohoda pape Franje BiH, održane u Sarajevu 13. svibnja o. g., vrijedi izdvojiti, pak, zahvalu novinarima što prenošenjem informacija u javnosti pridonose izgradnji *"benevolentne klime"*, te poruku da je *"BiH jedna zemlja, a Sarajevo njezin glavni grad"*. Tim riječima je kardinal vješto otklonio pitanja o odnosu pape Franje prema Međugorju. Mic po mic, ali svima je postalo jasno da 266. poglavar Katoličke crkve ne dolazi u obilazak prepolovljenom katoličkom puku u BiH (banjolučka je biskupija pak pred iščežnućem!), nego i u posjet svim ljudima dobre volje svih vjerozakona i svjetonazora i u međunarodnu priznatu i unutarnje nepriznatu državu BiH, onu koju je tobož *"posljednja bosanska kraljica"* Katarina, kći humskog silnika Stjepana Kosače, ostavila u amanet baš Svetoj stolici u trenutku pada Kraljevine Bosne pod osmanlijsku upravu 1463./1482. Dakako, svim dobronamjernima je jasno da papa Franjo dolazi u BiH da pomogne, ako je uopće moguće pomoći unutarnje nepriznatoj zemlji.

Među kulturološki upućenijima kad se spomene kraljica Katarina, lik enormnog simboličkog značenja, ožive bez napora scene i iz romana-prvijenca Ivana Lovrenovića *"Putovanje Ivana Frane Jukića"* (Prva književna komuna, Mostar, 1975.), jer se ovaj roman izdvojio ozbiljnošću rekonstrukcije duhovne situacije u BiH sredinom 19. stoljeća. Listao sam u pripremi ovog teksta i monografiju o Jukiću iz pera T. Alaupovića (iz 1907.), ali baš Lovrenovićevim posredstvom čitateljima u duši dugo odzvanja Jukićev izljev gnjeva zbog tužne sudbine posljednje bosanske kraljice, sužnja u Rimu. Iako se u potonjim stilizacijama tragični lik kraljice Katarine sveo na odanost Svetoj Stolici, usud ove žene i majke je velika metafora i za njezine obje zemlje Bosnu i Hum, to jest BiH.

"Kakva li odanost 'Svetoj stolici' i 'potvrda stoljetnih neraskidivih veza između napaćenog bosanskog puka i Svetog oca'", urla gnjevni Ivan Frane Jukić u Lovrenovićevoj obradi, *"tu ženu su u samrtnom strahu protjerali; uostalom, ne tako brzo te ne bi stigla ponijeti sa sobom svoje kraljevske dragocjenosti i svoju kraljevsku blagajnu. Toj ženi su i djecu oteli i odveli ih u Stambol, i nikad ih više nije vidjela, rođenu djecu... Ta žena je, čim je došla, morala potpisati, čujete li, potpisati, da sve svoje, i ovdje i tamo u Bosni – i blago i*

političke nasljedne vladarske kompetencije – ostavlja svojim 'zaštitnicima', da bi je, zauzvrat, pustili da živi, uostalom, kao emigrant, kao politička valuta..."

I dok se u Vatikanu mnogo toga promijenilo, pa je bilo moguće da netko kao papa Franjo dođe na čelo Svete Stolice probudivši nadu, u BiH je vrijeme stalo u predmodernom dobu ili se BiH u njega sunovratila neuspješnim tranzicijama, koje su završile u demokraturi. Ako uzmete u ruke baš Jukićev spis *"Želje i molbe kristjanah u Bosni i Hercegovini"*, uvidjet ćete bez napora u njemu prvog *par excellence* prosvjetitelja u BiH i pledoaje za prvi ustav u BiH. U prvoj od čuvenih 28 točaka njegovih *"želja i molbi"* Jukić veli: *"Da se više ne zovemo raja, već građani i državljani!"* Nažalost, BiH nema ni danas voljom njezinih građana prihvaćeni, moderni proeuropski ustav. Jednako kako od tobožnjeg amaneta kraljice Katarine Svetoj Stolici nije bilo vajde ni za koga, tako je i s tobožnjim amanetom rahmetli Alije Izetbegovića u bolesničkoj postelji u Sarajevu, kad je tobož prepustio skrb o BiH tadašnjem turskom predsjedniku Recepu Tayyipu Erdoganu. Ovo bi bilo neukusno spominjati da se Erdogan nije pojavio u Sarajevu baš uoči dolaska pape Franje u BiH kako bi podgrijao iluzije o turskoj važnosti u BiH. Takvo što njeguju i turkofili u BiH i ideolozi neoosmanske *"strategijske dubine"* na Bosporu, dok se zbog tog nerviraju bošnjački sekularni intelektualci. Dakako, vjerojatniji su bili prozaičniji motivi ovog Erdoganova dolaska: podržati Bakira Izetbegovića uoči kongresa u SDA (Stranka demokratske akcije) kako bi se konačno riješilo pitanje obiteljskog političkog nasljeđa među Bošnjacima. I, doista, Alijin sin Bakir je 26. svibnja o. g. uvjerljivom većinom izabran na čelo stranke koju je osnovao njegov otac Alija, kao njezin treći predsjednik od osnutka. Ali, nije to jedini srednjovjekovni element u političkom životu BiH; ne podsjećaju li na poluprotektoratsku situaciju i predmoderna vremena u BiH i povlaštene protektorske pozicije PIC-a (Vijeće za implementaciju mira) i OHR-a (Ured visokog predstavnika)?

No, vratimo se Papinom posjetu. Zavladala je *"papa-manija"*: u svim medijima se pojavljuje lik pape Franje i bilježi sve što je vezano uz njegovo ime. U ovoj su funkciji i web stranica www.papa.ba, muzički i video spotovi, popularni jinglovi, video linkovi i specijalne radio i tv emisije. Dakako, sve u svojim rukama čvrsto drži Crkveni odbor, uključivo i agitaciju tijekom misa u crkvama i na grobljima *("blagoslov polja")* za odlazak u Sarajevo na misno slavlje na stadionu Koševo, na kojemu se očekuje preko 65.000 vjernika i gostiju.

Izvještava se i o pikanterijama, primjerice da su otac i sin iz Zavidovića, stolari Edin i Salem Hajderovac izradili stolac za papu Franju, da su zagrebačke obitelji Šafran i Tržec poklonili zvono, izrađeno u staroj zagrebačkoj zvonoljevaonici i teško preko 300 kg, koje trajno seli u Sarajevo kako bi uveličalo dolazak i podsjećalo na boravak pape Franje u BiH. Tu je i pričica o mjesnom poštaru i uzgajivaču golubova iz Mostara po imenu Marin Cvitanović koji je ukrižao baš golubove koji su pušteni u čast Ivanu Pavlu II. tijekom njegova posjeta Splitu, pa bi njihovi potomci, tri bijele golubice, trebali poletjeti i papi Franji u čast.

U Večernjem listu, izdanju za BiH, moglo se pročitati kako će papu Franju pjesmom dočekati najveći crkveni zbor u povijesti BiH. Oko 1650 pjevača će liturgijskocrkvenim pjesmama uveličati jednu od najvećih svečanosti u poslijeratnoj BiH. Najvećim crkvenim zborom dirigirat će velečasni Marko Stanušić, a na repertoaru bit će gregorijanski koral (izbor kanoniziranih napjeva), pučka popijevka i sveta orguljska glazba, dok će zbor u određenim pjesmama pratiti i Vojni orkestar Oružanih snaga BiH. Uz zborove iz BiH sudjelovat će i zborovi iz Zagrebačke, Đakovačko-osječke, te ponajviše iz Splitsko-makarske nadbiskupije, kao i Ekumenski muški zbor katedrale u Beogradu.

Papa Franjo je inače pozvan već prošle godine u posjet Sarajevu tijekom vrlo šlampavog obilježavanja stogodišnjice ubojstva Franja Ferdinanda, događaja koji je bio povod početku Prvoga svjetskog rata, ali je taj poziv mudro ignorirao. Inače, njegov prvi dolazak u BiH neće biti i njegovo prvo putovanje u jednu balkansku zemlju, s obzirom na to da je u rujnu prošle godine posjetio Albaniju. Bit će to i treći dolazak u BiH jednog pape, jer je Ivan Pavao II. boravio dva puta (1997. u Sarajevu i 2003. u Banjaluci u povodu beatifikacije vjernika laika Ivana Merza). Tijekom 2015. godine predviđeno je desetak putovanja pape Franje u zemlje Latinske i Sjeverne Amerike i Afrike. Znade se da je u siječnju o. g. posjetio Šri Lanku i Filipine, te da će već u srpnju posjetiti Ekvador, Boliviju i Paragvaj, a u rujnu SAD. Izrazio je želju da do kraja godine posjeti i Srednjoafričku Republiku i Ugandu. Iz svega se dade zaključiti da papa Franjo ide u posjete onim zemljama koje trebaju pomoć za rješavanje ozbiljnih političkih problema. Otuda i pitanje: hoće li ga u BiH umjeti saslušati i razumjeti?

Netko je po izboru pape Franje kazao kako je Vatikan ovaj put pohodio *"Duh sveti"*, jer su kardinali izabrali najboljeg među njima. I doista, ne mora se biti ni kršćanin, ni katolik, ni vjernik da biste cijenili ovog čovjeka zbog puno vrlina, posebice veoma dostojanstvene ophodnje sa siromašnima ili drugim osjetljivim skupinama i identitetima. Nije li papa Franjo progovorio prošle godine kao borac za ljudska prava, kazavši: *"Ako je netko gay i traži Gospodina i ima dobru volju, tko sam ja da mu sudim?"*

Papa Franjo je tijekom kratkog pontifikata već oduševio i liberalne kršćane i liberalne vjernike islamskog i židovskog vjerozakona, kao i agnostike i ateiste, zamjerivši se, pak, konzervativnim strukturama unutar Katoličke crkve, kao i silnicima i despotima, zbog čega se i treba bojati za njegov život. On je, doista, referentni *"kontrapunkt"* nesrećama u svijetu, pa je *"prisilio"* čak i nas skeptične intelektualce, profesore humanističkih znanosti diljem svijeta da *"molimo"* za njega.

I osobno nerijetko započinjem predavanja pozivajući se na njegova upozorenja o opasnostima WWIII, jer se u 80 zemalja vode ratovi, ili poticajna razmišljanja o potrebama novog detanta i svjetskog ethosa u svjetskoj politici. Izgleda kao da je papa Franjo među rijetkima koji je razumio Deklaraciju o svjetskoj etici Parlamenta svjetskih religija, od 4. rujna 1993. , u kojoj se izrijekom govori o potrebi novog svjetskog poretka utemeljenog na svjetskoj etici, na načelima koegzistencije, međusobnog uvažavanja i mira (deklaracija se upravo u rubrici Feljton prikazuje na ovome portalu).

Utoliko je i njegov posjet BiH *"misija mira"* i razlog za nadu. Ne reče li kardinal Puljić: *"Ovoj zemlji treba sunca! Dajte joj sunca"*!

03. lipnja 2015.

18. Papa u predmodernoj BiH

Sarajevo se 6. lipnja 2015. godine moglo ponovo voljeti bez zadrške, jer je i bilo na trenutak lijepo kao u vrijeme XIV. zimskih olimpijskih igara Sarajevo '84. Ta zimska čarolija od prije 30 godina se pokazala, nažalost, samo par godina potom kao *"labuđi pjev"* i Sarajeva i SR BiH i SFRJ, jer se tonulo u barbarizam velikog formata. Utoliko je posjet prvog *"postmodernog pape u povijesti Katoličke crkve"* (fra Ivo Marković) predmodernoj zemlji BiH uputno razumjeti kao jednodnevnu bajku u kojoj su se ljudi ponašali kao da su zamađijani, a političari kao licemjeri, što i inače jesu.

Sarajevo je tijekom Papina jednodnevnog posjeta bilo i drago i lijepo i izbliza i iz zraka. Nama koji u njemu ne živimo više zasuzile su oči. Nije teško zamisliti da je i mnogim rasijanima po svijetu 6. lipnja potekla koja suza. Najdojmljiviji su u njihovoj autentičnoj naivi bili stariji ljudi, ali ništa manje nisu bili dragi mladi ljudi koji su i u napisane uloge za susret s papom Franjom unosili nevinu osobnost, poput prelijepe plave djevojke iz Istočnog Sarajeva Nadežde Mojsilović, koja je posvjedočila u obraćanju Papi kako kao pravoslavna hrišćanka Papu cijeni, a voli Boga i svoju domovinu BiH, te živi ekumenu u radu s mladim katolicima u Nadbiskupijskom centru za mlade *"Ivan Pavao II."* u sarajevskom naselju Otoka. Impresivan je uostalom i naziv tog projekta – *"Koračajmo zajedno"*, jer drugog puta i nema ni ka Bogu ni ka miru sukus je Papinih sarajevskih poruka. U ovom bih osvrtu najradije isključio sve vjerske i političke licemjere, ali ne mogu predsjednika Organizacijskog odbora dr. Dragana Čovića, jer je po završetku posjeta pape Franje progovorio jezikom pape Franje, koji mu iz poznatih razloga ne priliči, pa je u izjavi za BHT1 prebrzo ocijenio da se u slučaju Papina posjeta radi o najznačajnijem projektu u BiH u zadnjih 100 godina. Da, bilo je očekivati da će političari pripisati sebi u zasluge što je BiH bila prvi put nakon mnogo godina tzv. pozitivna vijest u svjetskim medijima, ali je i suviše cinično što su ničim zasluženi pozitivni publicitet pokušali preuzeti čak na štetu Sarajevske olimpijade.

Njima, dakako, izravno pripada *"zasluga"* za dolazak pape Franje u BiH, ali zbog njihova višegodišnjeg negativnog učinka. Više zasluga za *"pozitivnu vijest"* iz BiH imaju od njih, dakako, svi hodočasnici ponaosob, ili mala djeca iz Srebrenice koja su pjevala papi Franji na susretu mladih, ili djeca iz brdskog naselja Rakitno u Hercegovini koja su zapjevala papi Franji na ispraćaju, pa i oni Hercegovci koji su Papi otpjevali gangu, ili žene iz Srednje Bosne u Napretkovim narodnim nošnjama koje kao da su izronile iz tmine Bosanskog Kraljevstva. I izrijekom, to što je BiH bila jedan dan *"pozitivna vijest"* rezultat je prije svega Papine karizme, pa potom i potrebe za normalnošću običnih ljudi u BiH, dok su političari *"zaslužni"* doista samo za to što je BiH egzemplarna *"failure state"*, pa ju je i posjetio papa Franjo kako bi joj pomogao spasiti se.

Apostolsko putovanje pape Franje u BiH je započelo polijetanjem zrakoplova u Rimu, 6. lipnja, u 7:30 i službenim dočekom u sarajevskoj zračnoj luci u 9:00 sati (gdje su ga po protokolu dočekali član Predsjedništva BiH Dragan Čović, nadbiskup vrhbosanski kardinal Vinko Puljić i apostolski nuncij u BiH Luigi Pezzuto). Uslijedio je Papin susret s članovima Predsjedništva BiH (Mladenom Ivanićem, Bakirom Izetbegovićem i

Draganom Čovićem), koji su mu priredili svečani doček uz vojne počasti, intoniranje himni i puštanje golubova mira.

Po obavljenim razgovorima u Predsjedništvu BiH papa Franjo se obratio javnosti, zajedno s predsjedavajućim Predsjedništva BiH Mladenom Ivanićem, riječima:

"Došao sam kao hodočasnik mira i dijaloga... Radostan sam što sam došao u ovaj grad koji je mnogo propatio u krvavim sukobima u prošlom stoljeću... Sarajevo je grad koji je prešao iz kulture rata u kulturu susreta. Sarajevo i BiH ima poseban značaj za Europu i cijeli svijet. Čak i sama arhitektura Sarajeva govori tome u prilog, jer se u svome urbanističkom spletu u neposrednoj blizini uzdižu sinagoge, crkve i džamije, te je grad s pravom dobio naziv 'europskog Jeruzalema'. On zapravo predstavlja jedno veliko raskrižje kultura, naroda i vjera; takva uloga zahtijeva da se uvijek i iznova grade novi mostovi te da se postojeći istovremeno obnavljaju i čuvaju kako bi se osigurali učinkoviti, sigurni i civilizirani odnosi."

U Papinom razumijevanju BiH je bogatstvo Europe upravo zato što ima svoje različite zajednice i sve to dugo vremena nije predstavljalo poteškoću. Zato je naglasio da treba graditi to što je BiH već imala. *"Političari su pozvani na plemenitu zadaću da budu prvi koji će služiti plemenito narodu i na posebno mjesto stavljati međureligijsku slobodu, a kako bi se ispunilo to potrebna je jednakopravnost zakona prema svima kako bi se svi osjećali jednako vrijednim"*, poentirao je papa Franjo, *"nakon hladne zime procvjeta proljeće; molim se za Sarajevo i cijelu BiH..."* (Sve govore u Sarajevu je papa Franjo u pravilu završavao pozdravom na b-h-s jeziku *"Mir vama!"* U BiH se jezik službeno zove s tri različita imena, ali se svi fantastično razumiju mada nisu poliglote.) Oko 11:00 započelo je euharistijsko slavlje, kako se crkvenim jezikom zove misa, na olimpijskom stadionu *"Asim Ferhatović Hase"*, pred oko 70.000 nazočnih. Prekrasne slike sa stadiona na kojemu se i moli i pjeva otišle su u svijet (bilo je akreditirano oko 1000 novinara), pa se starijima nije bilo teško prisjetiti ceremonije otvaranja XIV. ZOI kada je Sandra Dubravčić palila olimpijsku vatru. (Opet suze u očima i bol u grudima ...).

Neću interpretirati pastoralni dio Papine propovijed tijekom misnog slavlja, jer je na portalu Autograf.hr to već znalački učinjeno (Jadranka Brnčić), ali ne mogu propustiti izdvojiti iz Papinog obraćanja vjernicima nekoliko mirovnih poruka: *"Mir je jedini put koji nas čini sretnima... Vi to vrlo dobro znate kolika razaranja, koliku patnju i bol nose ratovi. Iz ovoga grada uzdiže se vapaj naroda Božjeg 'Nikada više rata' ... Danas se vodi 'treći svjetski rat u dijelovima' ... Postoje neki koji izazivaju tu klimu, koji izazivaju sukobe među kulturama i civilizacijama i koji smišljaju ratove da bi prodavali oružje..."*

Poslije misnog slavlja na Koševu su kao na pokretnoj traci uslijedili sljedeći Papini susreti: u 13:15 ručak s biskupima BiH u Apostolskoj nuncijaturi, u 16:20 u Katedrali susret sa svećenicima, redovnicima i redovnicama, bogoslovima i sjemeništarcima (dirljive scene iz Katedrale o Papinom susretu s dva stradalnika – svećenika i časnom sestrom-stradalnicom je već opisao Drago Pilsel), u 17: 30 je započeo ekumenski i međureligijski susret u Franjevačkom međunarodnom centru (uz papu Franju su sudjelovali kardinal Vinko Puljić, reisu-l-ulema Husein ef. Kavazović, mitropolit zahumsko-hercegovački i primorski Grigorije i gosp. Jakob Finci). Na ovomu i suviše uljuđenom susretu se istodobno vidjelo kako bi se u BiH i mudrost pape Franje ubrzo istopila u Međureligijskom vijeću u BiH.

Već doticani Papin susret u Nadbiskupijskom centru za mlade bio je i najljepši dio Papina posjeta , ne samo zbog Nadežde Mojsilović i djece iz Srebrenice nego i drugih dirljivih obraćanja mladih ljudi Papi i/ili njega njima. Potom je uslijedila ceremonija svečanog ispraćaja na Međunarodnom aerodromu Sarajevo, s pola sata zakašnjenja, oko 20:30 sati. Tih pola sata produženog boravka *"skrivio"* je sam Papa, jer se rukovao na ispraćaju sa svima koje je HKD Napredak obukao u narodne nošnje, te sa svim radnicima na aerodromu.

Divan je to bio dan u životu BiH, u znaku mira, praštanja i izmirenja, iznimno naporan, ali ga je 78-godišnji papa Franjo podnio kao mladić. Papa je, dakle, sve svoje pastoralne i svjetovne zadaće obavio u velikom stilu, pa bi smio reći: *"Dođoh, vidjeh i osvojih sve ljude čistog srca!"* Dakako, on to neće reći, jer životom svjedoči skromnost, pogotovu ne može reći *"pobijedih"*, jer mu mora biti jasno da su svi problemi u BiH ostali neriješeni. Oni i jesu naši, rezultat nerazumijevanja BiH u njezinoj složenosti domaćih ljudi (treba zapamtiti da je Papa govorio o *mixum kompositumu* u BiH kategorijom vjerskih pravaca, ali i nacionalnih imena), iz čega i proističe nesposobnost vođenja dijaloga i izmirenje, na čemu je papa Franjo inzistirao.

I iz sekularno-politološkog kuta gledan, Papin posjet BiH odvijao se unutar izvorno biblijskih koordinata (uostalom, nije li i slogan *"Mir vama"* Isusov biblijski pozdrav?) ili sukladno dokumentima Drugog vatikanskog koncila. U jednom od njih (*"Gaudium et Spes"*) poručilo se da Crkva ostvaruje svoj smisao tek kada se ponaša kao univerzalna *"služiteljica"* svijetu i svakom čovjeku ili se *"ne navezuje isključivo i nerazrješivo ni na koju rasu ili narod, ni uz koji poseban način života i ni uz bilo koji stari ili novi običaj"* (GS, 58). Termin *"rasa"* se u međuvremenu smatra politički nekorektnim, ali sve druge poruke iz *"Gaudium et spes"* su relevantnije danas nego kad su napisane.

Samo je pitanje hoće li KC u BiH, *"koja dobrim dijelom još uvijek počiva na pretkoncilskoj zastarjeloj teologiji duhovne izolacije, nepovjerenja i osude', razumjeti Papin dolazak te hoće li imati sluha čuti 'šapat Duha"',* smisleno se zapitao, primjerice, fra Dalibor Milas *("Hijene Ga nisu dirale").* I to jeste ključno i politološko pitanje: može li BiH pomoći čak i papa Franjo ako poslijeratna i traumatizirana BiH uopće nije u stanju razumjeti suptilni *"šapat Duha"?*

Moj odgovor je da nitko ne može pomoći BiH sve dok ona nije u stanju priznati samoj sebi da je višenacionalna zemlja, višenacionalna država čvrsto oformljenih nacionalnih identiteta, putem kojih tek treba nastati politička višenacionalna zajednica. Iz takvog razumijevanja proističe i obveza ostvarenja institucionalne jednakopravnosti putem instrumenata i većinske i konsocijacijske (suglasne) demokracije. Daljnje federalizacije (regionalizacije) ne smiju, dakako, biti u funkciji razbijanja BiH, nego njezinog spašavanja.

Utoliko je Papin posjet bio u prvom redu poziv na razum i, vjerojatno, uzaludan apel i političarima i vjerskim prvacima na razumno ponašanje. I već spomenuti fra Ivo Marković se razložno upitao: *"Može li i jedan tako plemenit čovjek kakav je papa Franjo utjecati na političke strukture"* u BiH, i ne samo političke nego i religijske. Ovaj bosanski franjevac misli da *"politike i religije u BiH, koje su sudjelovale u ratu i poslijeratnim zbivanjima, ne mogu biti faktor pomirenja",* niti mogu uopće *"razumjeti Papu".*

U osnovi tako poručuje i dekan Katoličkog Bogoslovnog fakulteta u Zagrebu Tonči Matulić u posljednjem Obzoru (subotnjem prilogu Večernjeg lista), kada procjenjuje da papa Franjo ide na periferije, među ranjene, isključene i marginalizirane, te da je u tom kontekstu i njegov put u BiH. *"Ako ćemo papu Franju shvatiti kao nekoga ili kao nešto što bi samo trebalo potvrditi naše davno zabarikadirane stavove i društveno-politička uvjerenja, pošteno ćemo se zeznuti"*, upozorio je s pravom već spomenuti fra Dado Milas u Oslobođenju. A ako je riječ o tomu da je Papa zabrinut za položaj KC u BiH, o čemu je govorio kardinal Puljić, prilično je kasno i dobro se smračilo nad njihovom budućnošću, jer katoličkom (i hrvatskom) puku u BiH i definitivno prijeti iščeznuće, o čemu je vrlo uzbuđeno govorio ovih dana u Sarajevu i banjalučki biskup Franjo Komarica.

Tome su puno pridonijele hrvatske vođe, ali nisu jedini krivci, kako se obično mantra *"poželjnim glasom"* u Sarajevu. I po riječima mr. sc. Frane Piplovića, voditelja Europske akademije Banjalučke biskupije, više je nego alarmantno stanje na području Banjolučke biskupije: *"Na području biskupije u odnosu na broj prije rata nedostaje 92,62% Hrvata"*. Ali je, zapravo, dramatična situacija po katolike i u cijeloj BiH, ustvrdio je i monsinjor Ivo Tomašević, generalni tajnik Biskupske konferencije BiH, jer je u BiH *"1991. živjelo 835.170 katolika, a krajem 2014. ih prema crkvenim statistikama ima 420.294 u 280 župa"*. Pa ipak, veli on, Papin posjet je poziv da nadvladamo logiku vladavine jakih i logiku brojki, kao i logiku prema kojoj ima smisla živjeti samo tamo gdje je netko većina, pa je Papin dolazak i poziv svim ljudima da vole svoju zemlju BiH i poziv na dijalog na svim razinama.

I Gojko Berić u Oslobođenju primjećuje da danas samo *"sićušni dio"* Papinog stada živi u BiH, u kojoj se *"broj katolika, u odnosu na predratno stanje, prepolovio, pa ih danas ima nešto više od 420 hiljada"*.

No, još su važnije njegove ocjene: *"Smiješno je i pomisliti da će Papina misija, ne duža od nekoliko sati, promijeniti ćud tog istog Čovića. Ili Dodika i Bakira Izetbegovića... Misli li Papa da će stvarno uspjeti da potakne ekumenski dijalog u Međureligijskom vijeću, koje već dvadeset godina drijema dok vozovi istorije prolaze? A mi ostajemo sami sa sobom, u jednoj od najbjednijih zemalja na svijetu, u kojoj će bogati biti sve bogatiji, a siromašni sve siromašniji."*

10. lipnja 2015.

19. Traži se "treći modus" u BiH

Uoči listopadskih izbora prošle godine upozorio sam (u intervju za Press RS) da bi u Federaciji BiH mogla biti oformljena *"gnjavež koalicija"*, u kojoj su oni koji se ne podnose, ali da je i to bolje od *"smrdež koalicije"*, one koja se zasniva na nelegalitetu i nelegimitetu, pa i ideološko-političkim isključivostima. Zar nije upravo takva bila prošla vlast u FBiH, koju su činile SDP BiH i SDA s dvije minorne hrvatske stranke za podsmijeh i manipulaciju – novoustaškom HSP i tajkunskom NSRzB? Bila je, uz blagoslov tzv. međunarodne zajednice i podršku tzv. pseudograđanskog sektora u BiH!

Poslije prošlogodišnjih listopadskih izbora i 180 dana *"naduravanja"* u Federaciji BiH su ovaj put s mukom uspostavili *"davež koaliciju"*. Činili su je vodeća bošnjačka stranka SDA i Demokratska fronta "Željko Komšić" (oboružane uglavnom bošnjačkim legitimitetom), te HDZ BiH, oboružana isključivo hrvatskim legitimitetom. Izgledalo je na moment da je *"davež"* uistinu za zeru bolja nego *"smrdež"* u prošloj legislaturi, ako ni zbog čega drugog, tad zbog poštovanja izbornih političkih volja bošnjačkih i hrvatskih, ali i srpskih i inih građana. Ali je iz nužde skrpljena *"davež idila"* kratko trajala, jer su DF-ministri prošli tjedan podnijeli ostavke.

Pri tomu je još uvijek nejasno jesu li DF-ministri to uradili zato što su htjeli sami upravljati energetskim i drugim poduzećima u javnom vlasništvu, pa im partneri u Vladi FBiH (SDA i HDZ) takvo što nisu dozvolili donijevši uredbu po kojoj je upravljanje javnim poduzećima vraćeno u Vladino okrilje ili se radi o DF-ovoj namjeri izazvati krizu velikog formata i izvanredne izbore?

Izvanredni izbori prema Izbornom zakonu nisu mogući, ali je u poluprotektoratu zvanom BiH sve moguće uz pomoć OHR-a (Ureda visokog predstavnika), pa čak i izvanredno stanje ili ponovna *"smrdež koalicija"* (bez većinske izborne volje hrvatskih građana) u funkciji definitivne dekonstitucije već prepolovljenih Hrvata, koji se sve otvorenije u izvjesnim domaćim i međunarodnim krugovima tretiraju kao neugodni kamenčić u cipeli, a ne kao konstitutivna ko- nacija u Bosni i Hercegovini! Dakako, za već bivšom *"davež koalicijom"* u Federaciji BiH ne treba žaliti, ali se mora strahovati za budućnošću BiH, jer je vlast u krizi i u Federaciji, i u Republici Srpskoj i na državnoj razini. Predsjednik RS-a Milorad Dodik se odbio suglasiti s tzv. reformskom agendom Vijeća ministara, pa je realno očekivati totalno zaustavljanje tek započetog europskog puta BiH.

O tomu je ovih dana progovorio bivši visoki predstavnik u BiH Christian Schwarz Schilling, preciziravši da je *"britansko-njemačka inicijativa za BiH propala"*. S tim je povezano i to što je povjerenik Europske komisije za proširenje Johannes Hahn otkazao posjet BiH (11. lipnja) i šuškanje da će BiH zaobići i njemačka kancelarka Angela Merkel, koja dolazi u regiju Zapadnog Balkana (9. srpnja). Jedan od rijetkih u BiH kojemu je beskrajno jasno što je sve u igri u BiH je i prof. dr. sc. Ugo Vlaisavljević. On je na međunarodnoj znanstvenoj konferenciji *"Identiteti, kulture, jezici"* (održanoj 5. lipnja o. g. u organizaciji Filozofskog fakulteta Sveučilišta u Mostaru i Instituta "Ivo Pilar", Područni odjel u Osijeku, te uz podršku Konrad Adenauer Stiftunga) podnio uvodni referat pod naslovom *"Zašto je toliko teško prihvatiti da je BiH tronacionalna država, a još teže o kakvim nacijama je riječ?"* U njemu je ustvrdio da je za stvaranje političke zajednice u BiH nužan konsenzus, odnosno puno razumniji odnos većine prema bilo kojoj manjini, uključivo *"konstitutivnim manjinama"* u većinskim okruženjima.

Od posebne je važnosti što je prof. Vlaisavljević objasnio da klasične liberalne teorije (građanski liberalizam) zamjeraju konsocijaciji (koju je najbolje razumjeti kao konsenzualnu metodu upravljanja razlikama u podijeljenim društvima) što upisuje vlastita (nacionalna) imena u ustav, zbog čega je građanski liberalizam i tretira retrogradnom ili nemodernom.

Još je važnije što je prof. Vlaisavljević ustvrdio da u višenacionalnoj zemlji kakva je BiH čista liberalna formula ne može biti rješenje za izlazak iz krize. Za njega nema sumnje da bi za tzv. građansko nadvladavanje etnopolitičkih i pseudograđanskih koncepata bilo nužno uvažiti nacionalne identitete kako bi se uopće imala šansa izgraditi političku zajednicu u BiH i od BiH. I time se – u mojem razumijevanju – i on i svi koji priznaju te notorne polazne točke potvrđuju kao *"ustavni patrioti"* i dio alternativnog *"trećeg modusa"* koji podrazumijeva i suptilne teorije kozmpolitizacije i transnacionalizacije te europeizirane narative i politike.

Ovdje ću pozvati u pomoć i autora sintagme *"treći modus"* – književnika Ivana Lovrenovića – jer je prije tri godine u referatu na međunarodnom znanstvenom skupu u Sarajevu, u organizaciji Franjevačkog instituta za kulturu mira iz Splita, objasnio: *"Nužan je 'treći modus' hrvatske politike, koji bi na konzistentan i principijelan, a u isti mah prospektivan način umio u cjelinu povezati svoje partikularne, hrvatske, i opće, bosanskohercegovačke motive i ciljeve; takav modus koji neće biti podložan ničijemu dnevno-političkom diktatu ni bilo kakvim kalkulantskim obzirima."*

Sukladno tome, hrvatsko pitanje u Bosni i Hercegovini moguće je u svim njegovim aspektima vjerodostojno postavljati i pozitivno rješavati ne kao separatno etnonacionalno, za koje su zainteresirani samo Hrvati, nego kao strukturalno pitanje Bosne i Hercegovine, za koje su zainteresirani svi, veli Ivan Lovrenović. Tek na taj način i s takvom političkom uvjerljivošću postavljeno, ono može postati obvezujuće i za sve relevantne političke subjekte u državi i za međunarodnu zajednicu, i tek tako se ono od problema može preokrenuti u jedno od ključnih rješenja bosanskohercegovačke krize.

Nažalost, kao da nitko više nema ni volje ni znanja za alternativom zvanom *"treći modus"* hrvatske ili bilo koje druge politike, onom koja bi se temeljila na konsenzusu kao vrhunskom umijeću u politici, to jest suptilnom odnosu većine i manjine, u konačnici na novoj paradigmi nenasilja i uvažavanja svih identiteta, uključivo tzv. konacija. Na redu su, vrlo vjerojatno, neke druge vrlo grube i opasne igre!

17. lipnja 2015.

20. Hrvatska enciklopedija BiH

Posljednje gostovanje na izbornom kolegiju *"Interkulturalno razumijevanje"* preddiplomskog studija politologije na Filozofskom fakultetu (FF) pripalo je s razlogom 9. lipnja o. g. Ivanu Anđeliću, ravnatelju Hrvatskog leksikografskog instituta (HLI) iz Mostara, kako bi iz aktualnog povoda govorio o HLI-u i izradi prva dva sveska Hrvatske enciklopedije Bosne i Hercegovine (HEBiH). Naime, osim što je počastio moje studente, upriličio je i svojevrsnu internu promociju drugog toma HEBiH, upravo izašlog iz tiska.

Prema mojim (pristranim) uvidima HLI s HEBiH je, uz Sveučilište u Mostaru (Sve-Mo) i Sveučilišnu kliničku bolnicu u Mostaru (SKB), treći stup ili potporanj opstojnosti Hrvata u BiH. (Misli se, dakle, na potporanj ukorijenjosti pa potom i opstojnosti.) Uz pomoć iz Hrvatske i BiH te su institucije dostigle već solidnu razinu, ali bez potpornja zvanog razvijeno gospodarstvo nemaju mladi i školovani ljudi perspektivu ostati ovdje. Izostanak zdravog gospodarstva mogao bi urušiti i prva tri potpornja u krhkoj građevini zvanoj hrvatski identitet u BiH, pa bi kratkovidnost političkih kasta i njihove surove političke konfrontacije mogle ugroziti i budućnost tih kapitalnih institucija i projekata.

Ipak, treba se radovati drugom svesku HEBiH-a ponajviše jer nije uobičajena improvizacija, nego solidan uradak, daleko bolji nego što mi u BiH obično jesmo. Ako je enciklopedija sveobuhvatno znanje, kako je ime za tu vrstu djela, nastala još u starogrčkoj kulturi u V. stoljeću prije Krista, onda i ova koju predstavljamo pokušava čitatelja uputiti u ta znanja o Hrvatima kao cjelini, te o državi BiH u kojoj su oni živjeli ili žive stvarajući sami, ali i s drugim narodima, specifičan kulturni i intelektualni milje, poručio je u uvodu interne promocije drugog sveska HLI-enciklopedije ravnatelj Ivan Anđelić.

"Jedna od temeljnih intencija projekta Hrvatske enciklopedije BiH je cjelina hrvatskoga nacionalnog života u Bosni i Hercegovini, obuhvaćena i opisana na način koji istinski odgovara povijesnoj i aktualnoj ukorijenjenosti Hrvata u ovoj zemlji kao svojoj domovini", kazao je Anđelić naglasivši kako se i BiH, i Hrvati u njoj, ovom enciklopedijom uvrštavaju u moderne europske zemlje i nacije. Ovdje treba kazati da je i prvi tom naišao na respekt objektivnih stručnjaka u kulturi i znanosti kako u Sarajevu i Banja Luci zbog naglašenog bosanskohercegovačkog pristupa. Drugi svezak je još manje kroatocentričan! Gostujući na Filozofskom fakultetu Sveučilišta u Mostaru, ravnatelj Anđelić je imao potrebe progovoriti i o samom HLI-u (osnovan 2004.) i o njegovom najvećom projektu: Hrvatskoj enciklopediji BiH u četiri sveska, od kojih su zasad objavljena dva: prvi 2009. godine (enciklopedijske natuknice od A – Đ) i drugi 2015. (natuknice od E – J). Nije, naravno, isključio ni peti (u uobičajenoj formi *supplementa*). Uz nakladnika HLI se, kao sunakladnik za Republiku Hrvatsku, pojavljuje Synopsis d.o.o. Zagreb (s neumornim Ivanom Pandžićem na čelu).

Prvi svezak ima 660 stranica uz 927 fotografija i 58 zemljopisnih i povijesnih karata, a drugi 712 stranica s 833 fotografije i 42 zemljopisne i povijesne karte. Prvi je svezak tiskan u Čakovcu, a drugi u Grudama (u sjajnoj tiskari Grafotisak d.o.o., u kojoj i neke susjedne zemlje tiskaju svoje službene dokumente). Kako je istaknuo Anđelić, drugi tom je u cijelosti plod i domaće pameti i domaćeg tiska, čime su Hrvati u BiH pokazali kako su subjekt sposoban artikulirati svoje interese i biti narod zajedno s ostalima u BiH. Posve logično, i prvi i drugi svezak HEBiH sadrže informacije o pojavama i procesima koji su kroz stoljeća oblikovali bosanskohercegovački državni prostor, kao i informacije koje se odnose na širi povijesni, politički, kulturni i etnički hrvatski kontekst i u BiH i u susjednim (Hrvatska, Srbija, Crna Gora) i u drugim zemljama, te na odnose s njima, uključujući i brojnu bh. hrvatsku dijasporu.

Predmet interesa HEBiH nisu, dakako, samo Hrvati iz BiH, ali jesu i oni, bez obzira na to žive li ili ne žive u BiH. Predmet interesa HEBiH su i pojedinci i ustanove izvan hrvatskog etnikuma, čija je djelatnost na bilo koji enciklopedijski relevantan način vezana uz život i kulturu Hrvata u BiH. Ma koliko takvo što bilo nenormalno, u ostrašćenim se političkim i akademskim ambijentima u BiH nerijetko uvode dvostruki standardi za ljude drugih nacija u BiH i izvan nje, pa se pri izradi socioloških leksikona, književnih antologija ili raznih *"Who is who"* izbora demonstriraju ideološko-političke dioptrije na provincijalan način. Nasuprot tomu, opće bosanskohercegovačkim i kozmopolitskim pristupom HEBiH je postala još dragocjenijim projektom. Zbog toga i kompliment odgovornima u HLI-u za njen drugi svezak.

Godinama pratim porođajne muke drugog toma Hrvatske enciklopedije BiH, pa sam u nizu navrata odgovornima i iznosio krupnije i sitnije primjedbe na prvi tom. U drugom svesku sam, doduše, i autor natuknice o Europskoj uniji. Nisam se polakomio za natuknice za koje su drugi kompetentniji.

Logikom slova su se iznimno važne natuknice našle upravo u ovomu svesku (o jugoslavenstvu i Jugoslaviji, o Hrvatima i njihovom jeziku i sl.). Premda su se autori i urednici s njima mučili, na kraju su one urađene na iznimno visokim stručnim razinama, oslobođene politike i ideologije, pa će se upravo o njima i govoriti s uvažavanjem i u BiH i u susjednim zemljama.

I da ne zaboravim navesti: na čelu projekta su prof. dr. sc. Jakov Pehar, glavni urednik, dok je njegov zamjenik i izvršni urednik prof. dr. sc. Marko Karamatić (s Franjevačke teologije u Sarajevu). Iznimno važna uloga koordinatora je pripala književniku i enciklopedistu Ivanu Lovrenoviću, zaštitnom znaku drugog sveska, dok su se u ulogama pomoćnika glavnog urednika okušali *spiritus movens* cijelog projekta Ivan Anđelić, mr.sc. Vladimir Šoljić, dr. sc. Krešimir Regan i prof.dr.sc. Zoran Tomić.

Možda će nekomu izgledati samohvalisavo ono što je na kraju interne promocije na FF-u ravnatelj Ivan Anđelić poručio javnosti: *"Hrvatska enciklopedija BiH je objektivno, vjerodostojno i na vrelima potvrđeno djelo. Zato bih, pozivajući se na riječi biskupa Tome Vukšića, vojnog ordinarija u BiH, smio ustvrditi kako je ovo najkvalitetnije djelo koje je izdano u BiH u 21. stoljeću"*. Temeljem ove ocjene upućujem čestitke i dobre želje za sretan put ka čitateljima drugom svesku Hrvatske enciklopedije BiH!

24. lipnja 2015.

21. Licemjerje i Srebrenica

Dvadeset je godina prošlo od užasnih srpanjskih događaja u Srebrenici 1995., koje jedni zovu genocidom, drugi strašnim zločinom, a treći o njemu šute. Kao da se cijeli svijet trudi pokazati kako je plemenit, pri čemu mu uspijeva tek posvjedočiti da je bio i ostao licemjeran. Najavljene su brojne rezolucije kojima njihovi predlagači umiruju nečistu savjest. Negatori genocida u Srebrenici se i dalje bave relativizacijom krivnje i odgovornosti. Jedva da netko, izuzev pape Franje, postavlja pitanje neetičnosti u unutarnjoj i svjetskoj politici.

O britanskom nacrtu rezolucije o Srebrenici bi se trebalo izjasniti Vijeće sigurnosti 7. srpnja, pri čemu se već znade da će usvajanje biti blokirano vetom barem jedne od pet stalnih članica Vijeća sigurnosti UN-a s pravom veta (SAD, Velika Britanija, Francuska, Ruska federacija i Kina). Vijeće sigurnosti je – temeljem Povelje UN-a – najvažnije radno tijelo UN-a o pitanjima svjetskog mira, ali je u praksi u samom vrhu licemjerstva u svjetskoj politici. UN u cijelosti, posebice Vijeće sigurnosti, i ne odražava drugo do prevaziđenu pobjedničku strukturu Drugog svjetskog rata, te novo-hladno-ratovske odnose i velikosilsku politiku međusobnih blokada Zapada i Istoka.

No, ma koliko u prošlosti i Velika Britanija bila upravo ono što su SAD danas, dakle protagonist licemjernih politika, njezin nacrt rezolucije ne treba podcijeniti, jer najoštrije osuđuje svaki genocid, te poimenice i onaj u Srebrenici u kojem su srpske snage prije 20 godina masakrirale više od 8000 Bošnjaka, od bespomoćne muške djece do staraca.

Deveta točka britanskog nacrta rezolucije poziva, naime, sve države u svijetu da *"razvijaju obrazovne programe koji će usaditi u buduće generacije lekcije koje su naučili iz prošlih genocida"*. Pri tomu se *"najoštrije osuđuje genocid u Srebrenici"* i *"svako negiranje genocida"*. Utoliko je logično što je britanski nacrt rezolucije uznemirio srpski politički i akademski *establishment*, probudivši ga iz odnjegovane licemjerne iluzije o svojoj nevinosti u krvavim disolucijskim ratovima zadnje decenije 20. stoljeća.

Aktualni ministar vanjskih poslova Srbije Ivica Dačić bio je u *"vremenu smrti"* tek *"mali od kužine"* patološkog bračnog para Slobe i Mire, ali je kao političar postao njihov savršeni sljedbenik, slijep kod očiju glede odgovornosti Beograda za užase u BiH i Hrvatskoj, za minimaliziranje srbijanske i srpske odgovornosti za zločine u Vukovaru i genocid u Srebrenici. U tom se svjetlu i može razumjeti *"zabrinutost"* ovog *"mirotvorca"* iz sps-julovskih retorti što se u britanskom nacrtu riječ genocid spominje 20 puta, a izmirenje jednom. Nije tako, nego tri puta!

I srbijanski premijer Vučić je teško opterećen ratnom prošlošću i po funkciji nužno politički licemjer, pa je ipak smogao snage poručiti da je spreman otići i odati počast srebreničkim žrtvama ukoliko to Bošnjaci žele: *"Spreman sam sagnuti glavu i odati počast nevinim žrtvama"*, jer se u Srebrenici dogodio *"težak i jeziv zločin"* (!) pa Srbi, kao narod koji je u povijesti iznimno stradao u ratovima, moraju pokazati da poštuju tuđu patnju i tuđu bol.

Predsjednika Republike Srbije Tomislava Nikolića se prosto ne može zaobići u podsjetniku o domaćem i svjetskom licemjerju glede Srebrenice, jer je posve vjeran licemjernoj Srbiji koja ga je i izabrala. K tomu su vrlo indikativne, ma koliko bile iritirajuće, Nikolićeve riječi: *"U Srebrenici nije bilo genocida. Jako je teško optužiti i dokazati na sudu da je nešto imalo oblik genocida."* Službeni Beograd igra na kartu nedokazivosti umiješanosti Srbije u rat protiv BiH, uključivši i u genocid u Srebrenici. Zato je i u aktualnom prijeporu sa svijetom animirao za ulogu *"đavoljeg odvjetnika"* ruskog ministra vanjskih poslova Lavrova te uputio pismo stalnim članicama Vijeća sigurnosti UN-a, u kojemu stoji da Srbija *"ne razumije ni smisao ni cilj te rezolucije"*, te da bi ona utjecala na destabiliziranje situacije u regiji i na političke odnose u Srbiji, što i nije posve netočno. Ali je još točnije da bez srpskog preuzimanja odgovornosti za Srebrenicu ne može nastupiti vrijeme za kritička sjećanja i aktivnosti u funkciji izmirenja i promicanja regionalne suradnje i dobrosusjedstva.

Uostalom, diplomacija i pravosuđe Republike Srbije provode aktivnu blokadu po Srbiju porazne istine o svim jugoslavenskim ratovima, a ne samo o srpskoj odgovornosti za genocid u Srebrenici. Istina je, doduše, da se o stradanju Srba u ratovima za teritorije u zadnjoj deceniji 20. stoljeća ne govori sa žalošću i pijetetom ni u BiH ni u Hrvatskoj. O ovomu svjedoči i aktualni "slučaj Orić", koji je destabilizirao odnose Srbije i BiH, pa je otkazan čak i posjet srbijanskog predsjednika Tomislava Nikolića Sarajevu zbog Orićeva hapšenja u Švicarskoj temeljem srpske tjeralice. Naser Orić je inače kontroverzna osoba: bivši Miloševićev tjelohranitelj prije rata, pa u ratu kao komandant Srebrenice gospodar života i smrti. U jednom dokumentarnom filmu, emitiranom na njemačko-francuskom tv kanalu Arte, čak se hvalio kako se ni on ni njegovi borci nisu baš pridržavali Ženevske konvencije o ratnim zarobljenicima kad su pravili izlete u okolicu Srebrenice. U Bratuncu postoje i vidljivi dokazi tomu na srpskim vojničkim grobljima. No, Orić je oslobođen u Den Haagu, tobože uslijed nedostatka dokaza.

U opasnost je dospjelo i održavanje ukopa novopronađenih ostataka tijela kao i komemoracije povodom 20. obljetnice genocida u Srebrenici, planirane za 11. srpanj ako Orić ne bude oslobođen iz švicarskog pritvora i vraćen u BiH. Taj je stav Organizacijskog odbora od 23. lipnja o. g. podržala i udruga *"Majke Srebrenice"*, kojom bošnjačke politike nerijetko manipuliraju. Mogućnost da se odgodi dženaza i obilježavanje 20. obljetnice genocida je strašna po sebi uzvratili su oni bošnjački intelektualci koji se bore protiv viktimoloških i viktimo-transgresijskih manipulacija nevinim ljudima u Srebrenici. Jedan od takvih je i Mirsad Tokača, direktor IDC-a (Istraživačko-dokumentacionog centra u Sarajevu), koji mi je prošle godine poklonio četverotomnu dokumentaciju o 95.940 ubijenih ljudi, s imenom i prezimenom i mjestom stradanja, diljem BiH, u projektu-knjizi *"Bosanska knjiga mrtvih"* (IDC, Sarajevo, 2012.). Tokačina knjiga bi morala biti respektirana u daljnjim istraživanjima i promišljanjima posljednjih ratova u BiH, ali, nažalost, nije. Prema Tokačinom razumijevanju genocid u Srebrenici je događaj koji je iznad svih, jer nadilazi etničke, nacionalne ili bilo kakve podjele. Bilo bi lijepo kad bi ova Tokačina tvrdnja bila neupitna, ali nije.

No u pravu je Mirsad Tokača kad veli: *"Ne postoji čovjek na bijelom svijetu, zvao se on Naser Orić ili nekako drugačije, zbog kojeg bi trebalo na bilo koji način ignorirati i ne odati pijetet više od 8.000 ljudi koji su svojom glavom platili ono što danas mnogi od njih uživaju. Kriti se iza, ja sam duboko uvjeren, lažnog zahtjeva majki, jer bi ih trebalo osam hiljada, dodatni je skandal i dokaz da neko, očigledno iz sjene, vuče konce."*

I u Kongresu SAD-a je sredinom lipnja 2015. republikanski kongresmen Christopher Smith iz New Jerseyja uveo prijedlog rezolucije kojim se osuđuje *"genocid koji su snage bosanskih Srba počinile nad Bošnjacima u Srebrenici".* Njega je odmah podržalo 29 Smithovih kolega i iz Republikanske i iz Demokratske stranke. U nacrtu se navodi da Predstavnički dom smatra da su snage Srba u BiH tijekom rata 1992. – 1995. počinile etničko čišćenje i genocid, te da u Kongresu *"osuđuju izjave koje negiraju ili dovode u pitanje to da je masakr u Srebrenici genocid".* Puno je, dakako, važnije što se u američkom nacrtu veli da se *"SAD ohrabruju da zadrže i reafirmiraju politiku podrške nezavisnosti i teritorijalni integritet Bosne i Hercegovine"!* Još je posve neizvjesno što će se dogoditi s rezolucijom o srebreničkom infernu u Europskom parlamentu. Izvjestitelj EP-a za BiH Christian Dan Preda izjavio je da je protiv usvajanja rezolucije o Srebrenici u EP-u, jer se jedino odavanjem počasti neće dati prilika za podizanje tenzija, te da umjesto velikih riječi i dugih tekstova trebamo jedni drugima uputiti tople riječi *"izvini"* i *"oprosti"*!

Profesor na Filozofskom fakultetu u Beogradu, psiholog dr. sc. Žarko Korać je licemjernu igru skrivalice u Beogradu objasnio sljedećim riječima: *"Politika Beograda, kada je reč o rezoluciji koju Velika Britanija predlaže o Srebrenici, je politika noja, znači zavlačenje glave u pesak i pravite se da se ništa ne događa. Politika Beograda prema Srebrenici je uvek bila da se pravi da taj događaj i ne postoji, da se nije dogodio."* I po mišljenju profesora međunarodnog prava u Nottinghamu Marka

Milanovića: *"Rezolucija bi vlastima i u Beogradu i u Banja Luci mogla praviti političke probleme"*, jer je *"u Republici Srpskoj ceo rat relativiziran. A to se posebno odnosi na genocid u Srebrenici: kao, loše stvari se, eto, događaju u svakom građanskom ratu, svi smo mi krivi i niko, zapravo, nije kriv. Taj revizionizam je sveobuhvatan. Slično je, mada ne u tom stepenu, i u Srbiji. I oni svaki put, kada se neki međunarodni autoritet suprotstavlja njihovom zvaničnom narativu, jednostavno dobivaju alergijsku reakciju na to."*

U bolesnim društvima poput naših gotovo jedina izvjesnost su krvave reprize ako se oficijelne kulture ne bave kritičkim nadvladavanjem prošlosti, nego pripremama revanša putem viktimoloških narativa i politika. O tomu je ovih dana smisleno govorio i sarajevski doktor tranzicijske pravde Goran Šimić: *"Mi odgajamo ljude koji imaju enorman potencijal za rat. Mi odgajamo generacije ljudi na lažima o tome da sam ja bio ekskluzivna žrtva, a vi ste bili ekskluzivni počinitelj. I tako na sve tri strane, tako u sve tri ove države."* Mogu se složiti i sa Šimićevom ocjenom da britanski nacrt rezolucije o genocidu govori o *"potrebi utvrđivanja stvarne istine o događajima i pretakanju te istine u historijske udžbenike, u društveni narativ, na kojem bi se onda dalje gradilo. A kad bi to onda stvarno bilo, kad bismo stvarno utvrdili tu istinu, svako od nas bi samo mogao pognuti glavu i tražiti oprost od onih drugih."* Drugog puta i nema!

01.srpnja 2015.

22. Srebrenica i kultura laži

I za okruglu tužnu obljetnicu genocida u Srebrenici obrukali su se gotovo svi koji bi morali imati svijest o vlastitoj moralnoj i političkoj odgovornosti za srebreničku tragediju, što se moglo, nažalost, i očekivati. Kultura političke laži je doživjela vrhunac, uz sporadične iznimke poput spomena srebreničkim žrtvama 1. srpnja o. g. u središtu Ujedinjenih nacija (UN) u New Yorku.

Ostat će upamćeno da je na ovom skupu u UN i generalni tajnik Ban Ki-moon govorio izrijekom o genocidu: *"Ovdje smo da se sjećamo tisuća onih koji su izgubili živote u genocidu u Srebrenici prije 20 godina"*, te da su to učinili i stalni predstavnici SAD-a i Velike Britanije u UN-u. *"Ne smijemo nikada zaboraviti genocid u Srebrenici"*, poručila je Amerikanka Samanta Power, dok je Britanac Matthew Rycroff ocijenio: *"Prihvatanje istine – da se genocid dogodio i da je dopušteno da se dogodi pet decenija nakon holokausta – je vitalan prvi korak prema pomirenju"!*

Vrijedi zapamtiti i da je generalni tajnik UN-a Ban Ki-moon na ovom skupu izrazio *"najdublju sućut obiteljima žrtava"* te javno priznao: *"Ujedinjene nacije su osnovane kako bi sprečile ponavljanje takvih zločina, ali nisu ispunile svoju odgovornost da zaštite živote nevinih civila, koji su tražili zaštitu od sukoba i nasilja oko njih"*. Utoliko i Tajništvo UN-a, i Vijeće sigurnosti i države članice dijele krivicu za srebreničku tragediju, ocijenio je Ban Ki-moon.

Ove bi riječi u središtu UN-a mogle biti i vrhunac satisfakcije srebreničkim žrtvama i njihovim obiteljima, jer se umnažaju sumnje da je Velika Britanija uzalud pravila i četvrtu kompromisnu verziju rezolucije o genocidu u Srebrenici. Ona je inače već i u treću verziju uključila elemente iz ruske kontrarezolucije, pa se osuđuje izrijekom genocid u Srebrenici uz priznanje da je i u cijeloj BiH bilo nevinih žrtava na svim stranama.

I u trećoj verziji piše, pak, da je u genocidu izgubljeno više od 8000 života, dok je na tisuće ljudi raseljeno, a obitelji i zajednice uništene, te se riječ *"genocid"* spominje 26 puta, umjesto prijašnjih 35, a pomirenje pet umjesto ranija tri puta. Sve to nije bilo prihvatljivo ni za Beograd, ni za Banja Luku ni za njihovu *"zastupnicu"* u Vijeću sigurnosti – Rusku Federaciju, pa se iza zatvorenih vrata radi i na *"četvrtom nacrtu"*.

Šef srbijanske diplomacije Ivica Dačić kalkulira s nekoliko mogućih ishoda: odustajanje od rezolucije, dogovor obje strane ili ne postizanje suglasnosti. U opiranju službenog Beograda da pogleda činjenicama u oči ima, dakako, i iracionalnosti i racionalnosti, jer Srbija još uvijek nije u stanju priznati da je sudjelovala u *"jugoslavenskim ratovima"*, a kamoli prihvatiti sramni biljeg nacije-države izvođača genocida. Nezahvalno je prognozirati ishod usuglašavanja. Navodno su se stalne članice usuglasile samo o tome da se 7. srpnja minutom šutnje oda posljednja počast svim žrtvama ratova od 1991. do 1995. na teritoriju bivše SFRJ.

A oni kojih se sve ovo ponajviše tiče su propustili i ovu šansu za zdravljenje svojih bolesnih društava. Slijedbom ocjena Helsinškog odbora za ljudska prava Srbije u Helsinškom biltenu broj 17, srebrenička tragedija zrcali u prvom redu političke laži u Srbiji. *"Negiranje genocida u Srebrenici, njegovo relativizovanje ili pokušaji opravdavanja zločinima prethodno počinjenih nad Srbima, Srbiju i srpski narod guraju u civilizacijski i moralni sunovrat i izolaciju"*, upozoravaju Sonja Biserko i suradnici, pa *"svi pokušaji međunarodne zajednice da navede Srbiju da prizna genocid, zavrašavaju se tezom da je reč o pokušaju rasturanja Republike Srpske i ugrožavanja interesa Srbije"* .

O tomu zorno svjedoči i priopćenje sa zajedničke sjednice Vlada Srbije i bh. entiteta Republike Srpske, održane u Beogradu 26. lipnja, u kojemu se cijeni da je *"prijedlog rezolucije o Srebrenici protiv interesa Srbije i Republike Srpske"*. Dakako, još je ciničniji komentar predsjednika Srbije Tomislava Nikolića: *"Ja poštujem srebreničke žrtve, ali to ne znači da sada treba uništiti srpski narod i da se pod pojmom genocid u svetu nametne reč Srebrenica"*. Potom je *"naložio"* srpskom članu Predsjedništva BiH Mladenu Ivaniću da *"zakaže sednicu tog tela kako bi donelo stav o rezoluciji o Srebrenici"* uz nediplomatski naputak da *"onaj ko predstavlja RS u Sarajevu mora da ima stav koji mu RS nalaže"*.

Predsjedavajući Predsjedništva BiH Ivanić je i sam *"tvrd Srbin"* po pitanju Republike Srpske, ali je i iskusan političar i civiliziran čovjek, pa je uzvratio da ne razumije što su htjeli predsjednici Srbije i RS-a Tomislav Nikolić i Milorad Dodik *"držeći mi nedavno lekcije u Beogradu"*, jer se on već ranije odredio prema rezoluciji o Srebrenici. Ivanić je, naime, kao srpski član Predsjedništva BiH uputio veleposlanicima zemalja članica Vijeća sigurnosti UN-a pismo u kojemu je zatražio da se ne usvoji rezolucija o Srebrenici obražlozivši da o rezoluciji nema konsenzusa u Predsjedništvu BiH.

Nitko sretniji od predsjednika RS-a Milorada Dodika, koji je i ovim povodom izjavio da *"nema dovoljno dokaza da je u Srebrenici počinjen genocid"*, te da *razumije* *"gospodina Nikolića koji želi dobro BiH, ali džaba željeti, to ne može uspjeti, ta zemlja je sastavljena i sklepana i ne može nikako da nađe zajednički kompromis oko bilo čega"*.

Posmrtni ostaci, njih 135, kreću prema Srebrenici već 9. srpnja, kad bi u Sarajevu trebala biti i njemačka kancelarka Angela Merkel, pa bi i ona simbolički sudjelovala u ovom tužnom ispraćaju. Potom bi 11. srpnja u Potočarima uslijedila i dženaza i komemoracija, jer su švicarske vlasti izručile Nasera Orića BiH, pa je Organizacijski odbor odustao od blokada.

U osvrtu na etiku i esejistiku pokojnog profesora Dušana Kecmanovića ugledni književnik Stevan Tontić se dotiče i eseja *"Sjaj i bijeda žrtve"*, u kojemu psihijatar Kecmanović veli: *"Svi se, čak i počinioci raznih nedjela, rado uživljavaju u ulogu žrtve ... A dokle god je žrtva samo žrtva, 'druga strana je krivac, vrijedan svake osude, prikladna meta omraze, svih mogućih negativnih emocija.' Kecmanović zaključuje da je 'temeljni uslov kakvog-takvog mira između etnonacionalnih grupa koje je slučaj i istorija odredila da žive jedni pored drugih, da prestanu da sebe posmatraju samo kao žrtvu'."*

Iz pijeteta prema žrtvama Srebrenice i svim žrtvama *"jugoslavenskih ratova"* kazat ću posve otvoreno: bojim se da je politička laž postala načinom života u zemljama bivše SFRJ. Utoliko je u pravu pokojni profesor Dušan Kecmanović: oformljena je zamamna lažljiva politička kultura samozavaravanja, shodno kojoj je *"nacionalista uvijek neko drugi"*, a mi smo uvijek samo žrtve. Utoliko je uzaludno i ovo moje podsjećanje kako je krajnje vrijeme prestati s njegovanjem viktimoloških laži, što uporno čine oficijelne kulture. Utoliko *"kontra kulture"* (E. Said) i nemaju druge do dekonstruirati političke laži i apelirati za deviktimološke narative i politike, koji su *conditio sine qua non* i za bilo kakve reforme; u konačnici – za ozdravljenja bolesnih postjugoslavenskih društava!

08. srpnja 2015.

23. Bošnjaci i Srbi kao Armenci i Turci

Pisati povodom 11. srpnja o Srebrenici podrazumijeva priznati da su riječi nemoćne opisati događaje od prije 20 godina, ali i ovovremeno licemjerje i kulturu laži i u BiH, i u Srbiji i u svijetu. Vrijedno spomena je, ipak, izdvojiti što je 11. srpanj 2015. godine proglašen Danom žalosti u BiH i što je tu odluku donijelo Vijeće ministara jednoglasno. Možda se uz pomoć takvih uvažavanja i odustane od poricanja neoborivih pokazatelja Instituta za nestale osobe BiH da se među 6.241 do sada ukopanih žrtava genocida u Srebrenici nalazi i 440 maloljetnika. U Memorijalnom centru u Potočarima je među sahranjenim žrtvama svaka 14. žrtva dijete. O zloćudnosti i bešćutnosti izvođača genocida u Srebrenici dodatno govori što su dijelovi tijela do sada sahranjenih žrtava prikupljeni sa 150 različitih lokacija, iz 76 tzv. sekundarnih masovnih grobnica. Tijela gotovo 7.000 žrtava genocida su ekshumirana, identificirana i ukopana, ali je izvlačenje i identifikacija oko 1.000 posmrtnih ostataka još u tijeku priopćio je i Amnesty International. Možda je najbolnija pri tomu činjenica da se vrlo često grobovi moraju ponovo otvarati kako bi se dopunili pronađenim kostima na drugim lokacijama te činjenica da su iskorijenjene i neke cijele obitelji, pa nitko od srodnika i nema dati krv na DNA analizu. Najbolje bi bilo zašutjeti pred tim strašnim činjenicama, ali se moramo pitati: Hoće li – uslijed ovog beskonačnog komemoriranja i okrutnih građanskih ratova sjećanja – uopće biti moguće okončati spiralu mržnje i u BiH i između BiH i Srbije? Ili se, ipak, približava moment kad bi se – uz respekt istine o zadnjem ratu u BiH, uključivo i o genocidu u Srebrenici – pokušala razumjeti i stradanja sviju, uključivo i Srba, i u ovomu ratu i u povijesti?

Memorijalni centar Potočari je u subotu 11. srpnja bio – i prije napada na Vučića – u središtu pozornosti domaće i svjetske javnosti, jer se na dženazi i komemoraciji okupilo više od 50.000 ljudi, među kojima i 80 izaslanstava iz cijelog svijeta (država i međunarodnih organizacija). Nazočili su i predsjednici Slovenije, Hrvatske i Crne Gore, dok je iz regije nedostajao samo predsjednik Srbije Tomislav Nikolić, koji se neprimjerenim izjavama samoeliminirao.

U Srebrenicu je došao srbijanski premijer Aleksandar Vučić poručivši uoči polaska iz Beograda za Srebrenicu vrlo pomirljivo: *"Dvadeset godina je prošlo od stravičnog zločina koji se dogodio u Srebrenici. Ne postoje reči kojima bilo ko može da izrazi žal i tugu za nastradalima, kao i bes i ogorčenje prema onima koji su taj monstruozni zločin počinili. Srbija, jasno i nedvosmisleno, osuđuje taj užasni zločin, gnuša se onih koji su u njemu učestvovali i nastaviće da ih privodi pravdi. Moja obaveza je da se poklonim žrtvama, to je čin kojim se određujemo prema budućnosti. A ta – naša zajednička budućnost, nikako ne može da bude žrtvovana zbog bilo čije, lične, ili nacionalne sebičnosti. Toga ne sme da bude među tolikim grobovima".* Nisu pomogli ovakvi tonovi, pa se dogodio napad na premijera susjedne zemlje koji će ostaviti teške posljedice i po odnose BiH i Srbije i Srba i Bošnjaka (no time se ne bavimo detaljnije). Inače, među onima koji su pridali veliki značaj Vučićevoj posjeti Srebrenici bio je i visoki predstavnik Valentin Inzko kazavši za RFE: *"Gospodin Vučić ima fantastičnu priliku da dolazi u Srebrenicu i oda počast žrtvama i da sa pozitivnim izjavama uđe u historiju".*

Bojim se da bi bilo bolje da nije dolazio u tako pregrijanoj atmosferi te da se samo pomirljivim izjavama ne može ući u historiju, ukoliko one nisu popraćene miroljubivim politikama. Uostalom, ništa ne bi značilo ni klečanje u varšavskom getu tadašnjeg njemačkog kancelara Willyja Brandta da nije bilo praćeno njegovim *"istočnim politikama"* i prema bivšima DDR-u, i SSSR-u i Poljskoj!

Utoliko je bila smislenija sugestija bivšeg srbijanskog predsjednika Borisa Tadića, koji je boravio u Srebrenici dok je bio predsjednik Srbije, da se Vučić treba ispričati Bošnjacima i u svoje ime zbog onoga što je govorio u prošlosti. *"To bi bio doprinos uvjerenju da se stvari mijenjaju kod premijera i ljudi koji su sad na vlasti"*, rekao je Boris Tadić na tribini njemačkog Drugog kanala (ZDF) i beogradskog tjednika Vreme povodom 20. obljetnice genocida u Srebrenici. Unutar 80 visokih izaslanstava iz svijeta bilo je mnogo licemjera, s ambicijom da poprave vlastiti i/ili imidž zemlje i organizacije iz koje dolaze. O tome je ovih dana govorila i bivša glasnogovornica Tribunala u Den Haagu publicistkinja Florence Hartmann, preciziravši u izjavi za HTV da je uvjerena kako za događaje u Srebrenici veliku odgovornost snose upravo Francuska, Velika Britanija i SAD.

"Bilo im je važno dobiti mir po svaku cijenu, a ta cijena je osam tisuća muškaraca i mladih dječaka iz Srebrenice", obrazložila je precizno Hartmann uvjerenje da su spomenute zemlje žrtvovale Srebrenicu kako bi Slobodan Milošević potpisao Daytonski sporazum, odnosno pristao na mir, a oni izvukli svoje vojnike iz tog dijela BiH. Nije spomenula odgovornost UN-a za olako žrtvovanje *"zaštićene zone"*; moralo bi se i to dodati iznijetoj ocjeni Florence Hartmann.

Među onima koji su došli na komemoraciju u Potočarima su predstavnici i zemalja i organizacija kojima se mora spočitnuti i licemjerje i žrtvovanje Srebrenice, ali i priznati da su se pokušale iskupiti za *"lošu prošlost"* principijelnom rezolucijom o genocidu u

Srebrenici. Nažalost, ni na raspravi u Vijeću sigurnosti 7. srpnja, ni na izjašnjavanju 8. srpnja Vijeće sigurnosti nije bilo u stanju usuglasiti prijedlog rezolucije o genocidu u Srebrenici. Ostat će zapamćeno da je deset članica Vijeća sigurnosti bilo za, dok su četiri bile suzdržane, te da je Ruska Federacija uložila veto.

Ako je za bilo kakvu utjehu, ono što nije bilo moguće u Vijeću sigurnosti UN-a bilo je moguće u Europskom parlamentu. Povodom 20. obljetnice genocida u Srebrenici održano je diljem svijeta čak 200 različitih *"happeninga"*, uključivo i komemoracije i izložbe u Westminsterskoj palači, rezolucije u Washingtonu, New Yorku i u Strasbourgu. No, kad prođu ove tužne svečanosti, u BiH se (i u susjedstvu) mora i dalje živjeti s kulturom licemjerja i laži, to jest s brižljivo njegovanim viktimoloških narativima i politikama na sve strane, posebice na srpskoj i bošnjačkoj. Poslije subotnje komemoracije u Srebrenici najvažnije se čini i dalje pitanje koje je vrlo razumno postavio Tonino Picula u EP-u: *"Hoće li Srbi i Bošnjaci ubuduće imati odnose kao Nijemci i Poljaci ili će odnos biti kao između Turaka i Armenaca?"*

Ne bih htio biti zloguki prorok, ali sumnjam da će se Srbi i Bošnjaci u skorije vrijeme umjeti ponašati kao ovovremeni Nijemci i Poljaci, jer je puno izglednije da će se Srbi još zadugo ponašali baš kao Turci glede genocida nad Armencima, pa Bošnjacima i ne bi preostalo ništa drugo do da budu *"Armenci"*.

I to će ići dalje sve dok ne stasaju srpski političari koji će kazati: Oprostite za Srebrenicu i za sve ratove i poniženja u prošlosti! A tad bi i svi drugi morali zatražiti oprost od Srba za brojna zla nanijeta njima!

15. srpnja 2015.

24. GREXIT – bolje prije, nego poslije?

U Europskoj uniji je ovog ljeta tzv. *grexit* (Grexit = Greece/Grčka + exit/izlaz) dominantna politička tema. Mnogi govore, nerijetko isključivo, o spašavanju Grčke, eura i Eurozone, pri čemu zaboravljaju da je u osnovi projekta Europske unije ideja mira i nenasilja, kao i uvažavanja sviju identiteta, što podrazumijeva i načela harmonizacije i solidarnosti. Doduše, da bi opstao podsustav kakav je Eurozona unutar EU, moraju se poštovati pravila, inače će skončati u kaosu.

Podsustav unutar EU zvan Eurozona je nastao temeljem Deloresova plana (1989.) i njegovom operacionalizacijom u Ugovoru o EU iz Maastrichta (stupio na snagu 1. studenog 1993.). Rađanje *"ekonomske i monetarne unije"* je trebalo stimulirati i preobrazbu EU u *"političku uniju"*, ali su takvi pokušaji propadali (sjetiti se sudbine Europskog ustava). Rezultat svega je da je EU i danas *sui generis* tvorevina, ni federacija ni konfederacija, *"nešto između"*, s podijeljenim nadležnostima između institucija EU i zemalja članica, razapeta između različitih interesa i modela upravljanja, što joj je vjerojatno i sudbina.

Eurozona je zamišljena kao autonoman podsustav unutar EU koji ima vlastita pravila, koliko god neminovno trpjela i proturječnosti unutar EU i onog što se događa u odnosima EU sa svijetom. Svjetska financijska i gospodarska kriza iz 2008. godine, primjerice, dijelom je utjecala na otkrivanje gorke istine da su sve zemlje Eurozone u dužničkoj krizi, pri čemu je situacija u nekima od njih već tada bila dramatična. Te 2009. godine su talijanska državna zaduženja iznosila – 1.757 milijardi eura, španjolska – 569 milijardi, grčka – 271 milijardu, portugalska – 126, irska – 180 milijardi eura. Danas je situacija u većini njih još teža. Prema kriterijima iz Maastrichta, pak, državni dugovi bilo koje zemlje Eurozone ne smiju preći 60% njezinog BDP-a. Tim kriterijem mjereno najgora je situacija bila 2009. godine u Italiji (114,6%) i Grčkoj (112,6%), iznad gornjih granica su bila i zaduženja u Portugalu (77,4%) i Irskoj (65,8%), dok je Španjolska bila nešto ispod ove crte tolerancije (54,3%).

Mjereno kriterijem iz Maastrichta glede novih zaduženja za novi proračun (ona ne bi smjela preći 3% vlastitog BDP-a) svih pet spomenutih zemalja su zaslužile sankcijski postupak, koji je obvezna pokrenuti Europska komisija nakon nekoliko upozorenja tzv. plavim pismima. Po tom kriteriju najlošija je 2009. godine bila situacija u Grčkoj (12,7%), vrlo je slična i u Irskoj (12,5%) i Španjolskoj (11,2%), a daleko su iznad dozvoljenog praga novog zaduživanja i Portugal (8%) i Italija (5,3%).
Iz svih tih razloga se unutar Eurozone i EU i počelo tragati za *"euro zaštitnim mehanizmima"*, pa su prije pet godina i osnovani međusobno ovisni mehanizmi (izravne kreditne financijske pomoći ugroženoj članici Eurozone i mehanizam garancije za funkcioniranje kreditnog instituta po imenu EFSF – European Financial Stability Facility). U međuvremenu su poduzimane brojne revizije, čija je suština u krajnjem efektu da su banke zemalja povjerilaca prebacile svoje rizike na vlastite države i/ili ECB ne smirujući situaciju, dapače. Iz tih vremena potječe i sporna izjava Angele Merkel kako SR Njemačka ne može biti vječiti *"bankomat"* za siromašne južne europske zemlje, čime je pokazana nova njemačka samosvijest. Tim je povodom londonski The Guardian komentirao da Njemačka konačno postaje *"normalnom zemljom"*. Ali, kada su Nijemci pokušali pet godina poslije progovoriti o *grexitu*, razapeti su na stup

srama. I u Grčkoj i u drugim zemljama se počelo bulazniti o *"Četvrtom Rajhu"*. Ništa se, nažalost, nije u prošlih pet godina promijenilo nabolje – grčki dugovi su narasli s 271 na 323 milijarde, uzaludan je bio i drugi paket od 240 milijardi, pa se razložno bojati da joj neće pomoći ni treći paket pomoći od 86 milijardi eura. O tomu su pokušali progovoriti Nijemci, ali su se povukli pred grčkim bijesom i ljubomorom partnera u EU. Njemačka ima trenutno i suficite i stagflaciju, gospodarski joj ide bolje nego drugima. Drugim riječima, nisu samo različiti grčki i njemački, nego i njemački, i francuski i britanski interesi. Iz različitosti interesa je, logično, proisteklo i ignoriranje njemačkog razumijevanja *grexita*.

Njemački ministar financija Wolfgang Schäuble je pokušavao do zadnjeg momenta upozoriti partnere da bi izlazak Grčke na određeno vrijeme iz Eurozone bilo bolje rješenje i za nju, i za Eurozonu i za EU od spašavanja Grčke tzv. trećim paketom pomoći. Simptomatično je da su ga podržale samo baltičke zemlje, jer su, kao što je primjer Estonije, nadišle gospodarske i financijske krize isključivim osloncem na vlastite snage da bi bile članicama Eurozone.

No, na kraju su i Schäuble i Merkelova popustili, pa su 17. srpnja o. g. u Bundestagu vršili pritisak na zastupnike da podrže plan za spas Grčke, kako je skrojen na *summitu* eurozone pet dana ranije. Istini za volju, do u posljednji moment se Schäuble pozivao i na ugledne ekonomiste i MMF, na one koji se s pravom pitaju: jesu li grčki dugovi otplativi bez rezanja duga. Otpis dijela duga je, pak, nekompatibilan s članstvom u Eurozoni, uzaludno je govorio Schäuble. Interesantno je da se i u Ateni čula vrlo slična argumentacija, pa je ipak poslije rasprave u grčkom parlamentu, praćene prosvjedima na ulicama, *"za"* glasalo 229 zastupnika, *"protiv"* 64, dok ih se uzdržalo šestero.

Apsurd je savršen – Grci su nekoliko nedjelja poslije referenduma prihvatili teže uvjete od onih koje su međunarodni vjerovnici nudili prije. Referendum se pokazao Pirovom pobjedom grčkog premijera Tsiprasa. Takvom *"pobjedom"* bi se svima mogao uskoro pokazati i tzv. treći paket pomoći Grčkoj. Pri čemu su Grci u jednom u pravu: kad bi pristali na dragovoljan *grexit*, jer isključenje nije predviđeno osnivačkim aktima eurozone, teško ih je ponovo u njoj zamisliti.

U igri oko *grexita* nije u pitanju samo izlazak jedne članice eurozone, nego i opstanak i budućnost eurozone, pa i EU; tako je govorila sve do jučer i Angela Merkel. Uostalom, profesori europskih integracija znaju da je latentno u igri u EU u vremenima kriza ideja *"jezgre Europe"* i *"satelita"*. Taj model dovodi u pitanje, nažalost, važna načela na kojima se temelji EU: supsidijarnost, harmoniziranje i solidarnost, pa ga je *"satelitima"* nemoguće prihvatiti. Nijemci su, dakle, još jednom odustali od nametanja vlastitog koncepta eurozone i EU, koji podrazumijeva daleko racionalnije razumijevanje načela harmoniziranja i solidarnosti.

Upravo na dan kada je njemačka kancelarka Angela Merkel imala 61. rođendan, 17. srpnja o. g., Bundestag je većinom podržao otvaranje pregovora o trećem paketu financijske pomoći za Grčku. Odluka o podršci je usvojena s 439 glasova *"za"* i 119 *"protiv"*, dok je 40 zastupnika bilo suzdržano. Signifikantno je što je nove pregovore s Atenom – usprkos lobiranju Merkelove i njezinog ministra financija – odbilo 60 članova

Kršćansko-demokratske unije (CDU) i Kršćansko-socijalna unije (CSU), dok odbijanje ovog plana ljevičarske stranke Die Linke i nije iznenađenje. Da nije SPD, kao mlađi partner u aktualnoj *"velikoj koaliciji"* u Berlinu, bio *"za"*, Merkelova bi u Bundestagu doživjela fijasko. *"Zeleni"* su se inače odlučili suzdržati od glasanja.

Njemačko ministarstvo financija je pokušalo – rezimirajmo – i u samom finišu kritički progovoriti o grčkim dugovima i gotovo bezizlaznoj grčkoj situaciji unutar eurozone ocijenivši još i 10. srpnja u tjedniku Frankfurter Sonntagszeitung grčke planove nedostatnima, te sugerirajući Grčkoj da treba najmanje u razdoblju od pet godina napraviti *"stanku od eurozone"*, što i nije drugo do *"grexit na određeno vrijeme"*. U pregrijanoj atmosferi unutar eurozone i EU morao je tog dana biti odložen već dogovoreni izvanredni *summit* 28 zemalja EU, pa se 10. na 11. srpnja o. g. održao samo sastanak 19 zemalja eurozone na kojemu je prijedlog njemačkog ministra financija o *"privremenom grexitu"* odbačen, čime se otvorio put za treći paket pomoći za spas Grčke.

Potom je Grčkoj ponuđen katalog rigoroznih zahtjeva, u čiju provedbu ne vjeruju ni Grci ni drugi Europljani. Zahtjevi upućeni Ateni iz Bruxellesa su inače obrazloženi *"nužnošću ponovne uspostave povjerenja"* u grčku vladu i imaju elemente ultimatuma. U tom se kontekstu može razumjeti i izjava predsjednika Europskog parlamenta Martina Schulza: *"Moramo spriječiti da se Grčku i Grke ponižava"*.

Kako se od grčkih populista moglo i očekivati, čak su i neki članovi grčke vlade te zahtjeve nazvali *"monstruoznima"*, ali ih je grčki parlament usvojio, čime je otvoren put za rasprave i u drugim parlamentima eurozone. Posve je u drugi plan, nažalost, dospjelo pitanje da na godišnjoj razini te reforme znače uštedu od samo četiri milijarde eura, što je tek kap u moru grčkog duga, te hoće li Grčka biti u stanju provesti reforme?

Radi se o reformama poreza na dodanu vrijednost, mirovinskog i pravosudnog sustava, strožoj primjeni EU pravila o kontroli financijskog sustava i osposobljavanju agencije za statistiku Elstat.

Nije se, dakle, uopće radilo o istrčavanju pred rudo konzervativnog njemačkog ministra financija Wolfganga Schäublea (CDU), nego o njemačkom pokušaju da se u eurozonu i EU uvede više reda.

No nakon što je francuski predsjednik François Hollande progovorio o *"provizornom grexitu"* ocijenivši da bi on *"značio da se Europa kreće unazad"*, Njemačka je ubacila u rikverc i pristala na spašavanje Grčke tzv. trećim paketom, za koji je sumnjati da će omogućiti spas Grčke od dužničkog ropstva i njezin ostanak u Eurozoni. Čini se čak da bi današnji *grexit* bio razumniji, jer je jeftiniji od onog neminovnog sutrašnjeg!

22. srpnja 2015.

25. Kad Merkelova pomiluje!

Njemačka zbog demografskih problema ima već danas, a imat će u budućnosti još više, potrebe za *"svježom krvi"* ili *"kvalificiranom radnom snagom"*, ali se plaši nekontroliranog useljavanja i zlouporabe azila, jer to zlorabe ovdašnje ekstremne političke opcije. Vjerojatno je zbog toga i upriličen u Rostocku sredinom srpnja razgovor njemačke kancelarke Angele Merkel i mladih ljudi u dobi između 14 i 17 godina, koji se pretvorio – zahvaljujući suzama jedne palestinske izbjegličke djevojčice – u prvorazredni medijski i politički događaj.

"Teško je vidjeti da drugi mogu uživati u svojim životima, a ti sam ne možeš...", kazala je bespomoćna Reem Sahvil moćnoj Angeli Merkel kako bi objasnila da će njezini snovi o studiju u Njemačkoj biti uništeni ukoliko napusti ovu zemlju. *"I ja imam ciljeve kao i svi, obrazovanje je moja želja i cilj koji želim postići"*, objasnila je Reem na tečnom njemačkom jeziku. *"Ja to razumijem, pa ipak moram..., politika je ponekad teška"*, uzvratila je obzirno Merkelova, *"ti si veoma draga osoba, ali znaš, u palestinskim izbjegličkim kampovima su tisuće i tisuće izbjeglica, pa ako sada kažemo svima njima da mogu doći, kao i svima u Africi da mogu doći, mi se s tim ne bismo mogli nositi."*

Reem se rasplakala, pa je Merkel konstatirala: *"Ti si napravila odličan posao"*. Potom ju je pomilovala po kosi, otkuda i potječu medijski naslovi *"Merkel streichelt"*, pa i u ovoj kolumni. Potom smo u medijima mogli čitati kako Reem i njezina obitelj već četiri godine žive u Njemačkoj, kako Reem osim materinjeg tečno govori i njemački i engleski, dok uči švedski, kako joj unatoč tomu što je *"dobro integrirana"* prijeti neizvjesna sudbina, jer je njezina obitelj ovdje s privremenim boravkom, s kojim se ne smije raditi, itd.

Palestinska djevojčica je uistinu doprinijela da se u uzavreloj diskusiji o novim izbjeglicama, kojoj ton daju razni desničari, čuju i glasovi onih koji nemaju predrasude prema *"budućim Europljanima"*, pa su se mogli čuti i glasovi koji ne razumijevaju Njemačku kao etničku, nego i kao *"političku zajednicu"* jednakopravnih šansi za sve, kozmopolitiziranih ambijenata i identiteta, kako je to nenadmašno formulirao pokojni profesor Ulrich Beck. I nije se moralo dugo čekati na nezadovoljstvo njemačkih ekstremista, pa je u prvih šest mjeseci ove godine zabilježeno 170 ozbiljnijih incidenata (zapaljeno je nekoliko izbjegličkih skloništa, pucalo se na kuću s izbjeglicama u blizini Leipziga, manipulira se strahovima, prosvjeduje, raste ksenofobija). Sve je podsjetilo malčice i na užase iz devedesetih godina prošlog stoljeća, kad su izgorjele neke turske obitelji u Solingenu ili kad je organiziran lov na strance u Rostocku i Hoyerswerdeu. Kao opsjednut pratim ovakve rasprave već četvrt stoljeća, pa primjećujem da se u SR Njemačkoj danas samosvjesnije govori i o tim pitanjima. Učinilo mi se da se ovdje razumjelo ono što je već prije četiri decenije priželjkivao švicarski književnik Max Frisch (1911.-1991.), kada je upozoravao da su u Njemačku došli ljudi, ma koliko joj je tada trebala samo radna snaga iz inozemstva. Još samo da se i u Europskoj uniji danas razumije: dolaze nam ljudi, naši budući sugrađani!

"I tako se od Levanta kreću ljudi i narodi čija se vjera i nada svela na jedno: osvojiti srce Europe i zakoračiti u raj. Sretnete li ih na njihovom putu, budite dobri prema tim ljudima, nahranite ih i obodrite. Oni su budući Europljani", tako je nedavno književnik Miljenko Jergović protestirao protiv ravnodušja tijekom prolaza tih ljudi kroz zemlje bivše

Jugoslavije, protiv svih barijera, uključivo Orbanovog zida između Mađarske i Srbije. Izbjegličke su nade, dakle, vezane za pošten azilantski postupak u Njemačkoj (traje od pet do osam mjeseci), eventualnu iznimku u zakonima o boravku ili tek kalkuliraju s nekoliko mjeseci pristojnog života u zemlji. Ali tim putom će doista samo brojni Sirijci i Iračani dobiti pravo na boravak u Njemačkoj, dok se izbjeglice s Balkana nemaju čemu nadati, jer dolaze iz tzv. sigurnih zemalja, mjereno međunarodnim standardima.

Statistike govore, naime, da Sirijci i Iračani dobivaju u 99% slučajeva azil po ubrzanom postupku, dok ljudi s Balkana u žurnom postupku u 99% slučajeva dobivaju izgon. No, oni ponovo dolaze, tako da gotovo polovina svih zahtjeva za azilom u Njemačkoj u 2015. potječe od ljudi s Balkana. Upravo o njima je govorio nedavno ministar unutarnjih poslova Bavarske Joachim Herrmann: *"Za samo sedam dana stiglo je više od 5.000 ljudi, pretežno s Balkana, koje su krijumčari ostavili kraj puta. Za sve njih treba naći odgovarajući smještaj."*

Za azilante s Balkana je nepremostiva prepreka postavljena već time što dolaze iz tzv. sigurnih zemalja, ali i dodatno nakon što je njemačka vlada protumačila da balkanske želje nisu dovoljne za azil, što je pokrajinska vlada u Bavarskoj razumjela kao *"zeleno svjetlo"* da za izbjeglice iz Albanije, Kosova i Crne Gore izgradi dva zasebna izbjeglička centra, čemu se protive iz SPD a, Zelenih i NGO-sektora. I dok se političari prepiru, u prihvatnim izbjegličkim smještajima vlada kaotično stanje, pa se mogu itekako razumjeti riječi predsjednice Njemačke asocijacije gradova Eve Lohse: *"Stigli smo do granice svojih kapaciteta"*. U Hamburg, primjerice, dnevno pristiže više od 300 izbjeglica, svi su smještajni kapaciteti prepunjeni, pa se na ledinama podižu izbjeglička kontejnerska i šatorska naselja, a slična je situacija i u izbjegličkom logoru u Deggensdorfu, na jugu Njemačke.

Među zemljama EU nema nažalost solidarnog ponašanja čak ni glede tzv. *fair* useljeničkih kvota, po kojima bi razmjerno veličini zemlje i privrednoj snazi trebalo raspodijeliti izbjeglički *"teret"*.

U pravu je Miljenko Jergović, izbjeglice je potrebno pristojnije tretirati već na njihovom putu u Europu. Potom treba učiniti sve da *"budući Europljani"* što prije postanu i dobri građani EU. Za to je neophodna europska solidarnost, ali za potpunije rješenje ovog problema je nužna suradnja svih, posebice moćnih zemalja i međunarodnih organizacija, onih koji su zakazali glede svjetskog *ethosa*, svjetskog ravnomjernog razvoja i svjetskog mira.

Jer, rješenja za seobu naroda ne nalaze se u prvom redu u EU, nego u onim zemljama iz kojih ti ljudi bježe glavom bez obzira! A to je zadaća i EU i cijele međunarodne zajednice!

29. srpnja 2015.

26. Novi Nijemci

O nepodnošljivoj lakoći (su)života razmišljam u Mehmedovom i Dijaninom obiteljskom vrtu (njem. Schrebergarten), u središtu B., tijekom srpanjske proslave Bajrama. Pod složenom imenicom *"Schrebergarten"* se podrazumijeva inače niz odnjegovanih *"parcela"* ili vrtova u središtima njemačkih gradova, što je ilustracija normalnog obiteljskog, pa ako se tako hoće i (malo)građanskog života, koji ovdje žive i bivše ratne izbjeglice iz bivše SFRJ. Svi Mehmedovi i Dijanini gosti su bivše izbjeglice, pri čemu nije neinteresatno da su i *"mješanci"*, pristigli u potrazi za izgubljenom normalnošću u Njemačku.

Za ovu priču je važnije što moji izbjeglički prijatelji u međuvremenu posjeduju urednu dozvolu o useljenju (Niederlassungseralubnis), ako nisu uzeli njemačko državljanstvo, te što su za manje od četvrt stoljeća pronašli svoje mjesto pod suncem u njemačkom pluralnom i demokratskom sustavu. Pri tomu nisu izgubili vlastiti identitet, dapače, obogatili su ga. A takvo što je bilo moguće zbog toga što se u ovoj zemlji živi europskije, kozmpolitskije i opuštenije nego ikada. Takvo što, pak, rezultat je poslijeratnih europskih, transnacionalnih politika i civilizacijskih promjena. One rezultiraju senzibilitetom prema ugroženim ljudima. Za izbjegličke teme sam senzibiliziran osobno već prije dvadeset i pet godina, kada se oko dva milijuna ljudi pokrenulo u bivšoj SFRJ sa svojih *"ognjišta"*, kako se zlorabi ova imenica, nerijetko i da bi se mimikrirala ili prenaglasila izbjeglička nevolja. Ružnija od ove je zloraba sintagme *"humano preseljenje"* – takvog nečeg nije nikad i nigdje bilo u povijesti – dok je najružnija sintagma *"etničko čišćenje"*, iza koje se kriju nacistički i fašistički narativi i politike.

Početak serije tzv. jugoslavenskih ratova me sustigao, naime, u nemogućoj misiji: biti posljednji *attache* za kulturu Ambasade SFRJ u Bonnu. Dakako, o nikakvom ozbiljnom predstavljanju ili posredovanju kulture umiruće zemlje nije moglo biti govora dok su se kotrljali tenkovi prema Vukovaru i dok je paljen Dubrovnik. O unutarnjem nasilju i vanjskoj ravnodušnosti tog vremena sam ostavio zapis u knjizi *"Nepodnošljiva lakoća umiranja Titove Jugoslavije"* (Tuzla, 2012.), koja se može pročitati i na web stranici www.milelasic.com klikom na rubriku Knjige. Poslije 10 mjeseci vrlo traumatičnih iskustava u Ambasadi SFRJ uslijedilo je slično iskustvo dugo 21 mjesec i u tek osnovanoj Ambasadi Republike BiH u Bonnu, što i ne bih trebao spominjati ovdje da se nisam morao gotovo cijelo vrijeme baviti ratnim izbjeglicama iz BiH. Kao netko tko *"ne pripada"* ili nema *"zaleđe"* ni u jednoj političkoj opciji, posve je logično što sam ubrzo postao čovjek između egzila i azila, kako je status nepripadanja u tuđem svijetu točno opisao književnik Predrag Matvejević. Zapravo se takvim osjećam i dalje ili, u najboljem slučaju, *"gastarbajterom"* u zemlji u kojoj sam rođen poslije povratka u svijet balkanskih barbarogenija (2009.) Moj dominantni osjećaj je nepripadanje nikomu i ničemu, pri čemu je snažniji osjećaj nepripadanja političkim kulturama zemlje u kojoj sam rođen, nego njemačkoj zemlji i kulturi, koju sam naučio cijeniti upravo temeljem onog što je učinila na ozdravljenju nakon posrnuća u barbarizam prije osam decenija. Pokušavam odgonetnuti, pak, što se zbilo s onim ratnim izbjeglicama koje se nisu vratile u neku zemlju-sljednicu bivše SFRJ, jer nisu htjele ili mogle, pa su otišle u *"treće zemlje"* ili ostale ovdje. Posvuda u svijetu, od Kanade do Australije, imam *mail*-prijatelja, o kojima sve manje znam, ili tek ponešto o uspjehu njihove djece, jer su u međuvremenu postali uspješni ljudi. Dakako, i u Njemačkoj su u prilično velikom broju potomci ratnih izbjeglica postali uspješni stručnjaci i jednakopravni građani ove zemlje. Takvo što treba čestitati u prvom redu njima i njihovim roditeljima, ali i vlastima u SR Njemačkoj! Uz postojećih 630.000 tzv. gastarbajtera na početku jugoslavenskih ratova (1991.) je još toliko izbjeglica došlo tijekom ratova u Njemačku. Njih trećina je našlo načina poslije formalno završenih ratova da ostane ovdje (temeljem spajanja familija i na druge načine) unatoč obvezama iz UN-ove konvencije o ratnim izbjeglicama, sukladno kojoj se izbjeglice moraju vratiti otkud su došle čim prestanu ratna neprijateljstva.

U SR Njemačkoj su ostali, naime, gotovo svi oni koji su kao izbjeglice živjeli od svog rada, kao i oni koji su bili traumatizirani ili oboljeli ako se nisu htjeli vratiti na Balkan. Većina njih su danas dobro integrirani ljudi sa svim pripadajućim mukama normalnog života. Nisu ni u njemačko društvo mogle biti integrirane one izbjeglice koje su u svojem izbjegličkom prtljagu ponijele mržnju prema svemu što je drugačije, kako u zemlji njihova podrijetla, tako i u zemljama njihovih *"drugih života"*. Integrirane su, a ne asimilirane, dakle, samo one izbjeglice iz bivše SFRJ koje su prihvatile svijet pluralne demokracije, političke i pravne kulture zemlje u koju su došle, te tako nove destinacije učinile svojim drugim domovinama. Ne reče li netko da su dom i domovina tamo gdje ti je dobro? Bivša domovina je pritom neumitno otkliznula u varljivo sjećanje. Od 350.000 ratnih izbjeglica samo iz BiH, njih stotinjak tisuća je ostalo živjeti u Njemačkoj, pa je danas ovdje ukupno nešto više od 160.000 ljudi s bh. dokumentima, dok ih je s hrvatskim ispravama nešto više od 260.000. Toliko je i nositelja putnih isprava Srbije, dok je njih na desetine tisuća iz Makedonije i Crne Gore i Kosova. Logično je, također, što je nekoliko stotina tisuća bivših građana SFRJ primilo u međuvremenu njemačko državljanstvo.

I ma što oni koji proizvode spinove ili ublehe u zemljama bivše SFRj tvrdili, u devedesetim godinama i nije bilo razlike glede prijema nevoljnih ljudi temeljem nacije i vjere, niti je njemačka država činila potom bilo kakvu razliku među njima tijekom njihove integracije. Trebalo bi konačno kazati da su se Nijemci opoštenili upravo u slučaju izbjeglica s prostora bivše SFRJ kao nijedna druga zemlja, uključivo one koje se pogrešno zovu *"matičnim državama"* autohtonih naroda iz BiH. Ali, umjesto *"Danke, Deutschland"* za sve što je učinila za izbjeglice, ova velika zemlja i kultura su optuživane i od nedovoljno upućenih i od fašiziranih narativa i politika u zemljama bivše SFRJ za svo zlo ovog svijeta.

Da, u pravu su *"budući Europljani"*, ili bi ih točnije trebalo nazvati – *"instinktivni Europljani"*, izbjeglice od kojekuda, većinom iz tzv. islamskih zemalja: u zemlji kakva je poslijeratna Njemačka ima mjesta i za izbjeglice iz cijelog svijeta. Doduše, pitanja *"svježe krvi"* ili useljenja se ne mogu rješavati putem azilantskog postupka, nego putem reguliranja *"useljeničkog prava"*. Očekivati je da će partneri u *"velikoj koaliciji"* u Berlinu, CDU/CSU na jednoj i SPD na drugoj strani, postići kompromis i po prvi put cjelovito regulirati tzv. useljenička prava, sebe radi, kao i budućih Nijemaca i budućih Europljana rada. Sirijci, Iračani i drugi nevoljnici mogu ponoviti uspjeh ratnih izbjeglica s Balkana. Zašto ne?

05.kolovoza 2015.

27. Nepodnošljiva lakoća normalnosti

Ovovremena je Njemačka uistinu s teškom mukom zadobila ugled svjetski otvorene i demokratske zemlje. U njoj se sve do mirnog ujedinjenja Njemačke (1990.) živjelo s kompleksom manje vrijednosti (sindrom holokaust), pa se zadugo i poslije ujedinjenja prakticiralo rijetko kada samosvjesno *"nijemstvo"*, jer je nepisani kodeks nalagao uzdržanost i obzire, posebice prema Židovima (i državi Izrael), te da *"nijemstvo"* bude uvezano u *"europejstvo"*. I, doista, Nijemci su upravo opreznim, uzdržanim pristupom u čijem temelju je sram za Holokaust i uopće Hitlerovu diktaturu (1933-1945) i njezine posljedice i postali šampioni kritičke kulture sjećanja, svjetski otvorena zemlja i pravna država, motor europskih integracija i prostor za paradigmu nenasilja. Samo se tako i tim redom i može objasniti da je potomak stradalih u Holokaustu, glavni urednik Židovskih novina dr. Rafael Seligman prije nekoliko godina predložio Njemačku za Nobelovu nagradu za mir (nedavno je u mojem prijevodu ovaj prijedlog objavljen i na ovome portalu). U tom kontekstu ne mogu propustiti spomenuti da se u Berlinu upravo održavaju *"The 15. European Macabbi Games Berlin 2015"*, europsko židovsko sportsko prvenstvo ili *"židovska olimpijada"* uz sudjelovanje 2000 amaterskih atletičara. Na *"makabijadama"* nisu zastupljeni svi pojedinačni i timski olimpijski sportovi, ali jesu mnogi, kao i društvene igre kakva je, primjerice, bridž.

O nelagodi mladih Židova iz cijele Europe u *"zemlji počinitelja"* holokausta, ali i o ponosu na obnovljenu židovsku zajednicu u Njemačkoj, o simboličnim židovskim olimpijskim igrama upravo na berlinskom Olimpijskom stadionu, na koji im je 1936. godine bio zabranjen pristup, pažljivo se izvještava u njemačkim medijima, ali se i neskriveno navija za *"njemački židovski tim"*. Sve je dijelom vezano i za obzire, ali mnogo više za suptilnu političku kulturu, kakve drugdje i nema, pogotovu ne na Balkanu. Ali, u zadnje vrijeme se dogodilo i ono čega se trebalo bojati: čim su njemački političari počeli rezolutnije zastupati vlastite, oprečne ili neusuglašene pozicije s Francuskom glede grčke i drugih kriza u EU, postali su suspektni, pa i predmetom nesuvislih objeda kako žele dominirati ili EU skrojiti po svojoj mjeri. U londonskom Guardianu je i vodeći svjetski filozof i sociolog Jürgen Habermas, Europejac *par excellence*, prigovorio ovovremenoj njemačkoj političkoj klasi da je proigrala povjerenje koje su stvorili raniji njemački političari. Takve opomene iz vlastitih redova, koliko god neugodne, nisu nikad suvišne, dapače! I u vodećem mediju za kulturu i društvena pitanja, u hamburškom lijevo orijentiranom liberalnom tjedniku Die Zeit, u broju od 23. srpnja, se na naslovnici našla tema *"Ugled Nijemaca"*, dok se u feljtonu *"Nevoljeni"* pokušalo odgonetnuti zašto su njemački političari u očima jugoistočnih Europljana *"bezosjećajni i zli"*. Mada i u mojoj najužoj obitelji ima *"novih Nijemaca"*, nije moje da branim njemačku političku klasu. Temeljem dugog života u njemačkoj kulturi usuđujem se ipak ustvrditi da su ovdašnji političari i lijevog (SPD i Zeleni) i desnog političkog centra (CDU/CSU) itekako solidni Europljani, posve svjesni i povijesne i aktualne odgovornosti za mir u Europi i svijetu. Razlike među njima ima glede daljnjeg razvoja EU, ali nitko ozbiljan ne zagovara re-nacionalizaciju Europe, što bi i za EU i Europu u cijelosti bilo katastrofalno. Iskakanja nedemokratske naravi upravo su se dogodila predsjedniku CSU-a i bavarske vlade Horstu Seefoferu glede izbjeglica s Balkana, ali su se u međuvremenu, načelno, ovdašnji *"desni"* toliko *"socijaldemokratizirali"*, a *"lijevi"* toliko usidrili u sredinu da ih je teško više i razlikovati. Glede europske budućnosti i vanjskopolitičkih prioriteta ta se dva bloka i ne razlikuju značajnije među sobom. Razlikuju se od njih, naravno, politike i političari ekstremno desne i lijeve orijentacije, kojima je zajednički populizam, tj. da se bave *"politikama simbola"*. Ublehama, spinovima ili *"politikama simbola"* se bave, dakle, samo ekstremno desni, počevši od NPD-a do AfD-a, ili lijevi populisti, od Die Linke do Piraten. (Genscherov nekad važni FDP je potonuo u beznačajnost.) I time su nalik upravo na dominantne politike i političare u zemljama bivše SFRJ. Ne, ne radi se ni o kakvom Četvrtom Reichu ni o novom avanturizmu koji bi ponovo krenuo s njemačkog tla. Obrnuto, nužno je uočiti da se u Njemačkoj danas radi više nego igdje drugdje na projektu izgradnje političke zajednice koja podrazumijeva jednakopravnost u šansama njezinih građana bez obzira na zemlje i regije podrijetla.

U Njemačkoj živi oko 16,4 milijuna ljudi s tzv. migracionom pozadinom iz više od 150 nacija-država iz cijelog svijeta, pa je ipak uspjela putem specifičnog federalnog sustava i senzibilnog upravljanja razlikama izgraditi stabilnu, demokratsku i funkcionalnu saveznu državu. Uostalom, modernu Njemačku i nije više moguće definirati kršćanskom zemljom, jer je *par excellence* sekularna, dok je njezino kršćanstvo podijeljeno, pri čemu ni jedna denominacija ne dominira nad drugom, kao što to ne čine ni svjetonazori. U ravnoteži vjerozakona (i svjetonazora) vjerojatno i leži tajna ozdravljenja i tajna njemačkog gospodarskog i političkog čuda! A kad sam već dotaknuo taj fenomen, treba kazati da nijedna vjera nema privilegirano mjesto, niti su dvije velike kršćanske crkve dominantne jedna nad drugom.

Tek nešto malo više od polovice ukupnog stanovništva (82 milijuna) pripada kršćanskim denominacijama, dok se oko 30% stanovništva uopće ne izjašnjava, pa ih zovu *Heiden*, mada ne moraju biti ateisti i agnostici, nego ljudi koji ne plaćaju crkveni porez. Crkvene poreze ne plaćaju osim *Heidena* ni oko 3,3 milijuna muslimana, ni 900.000 pravoslavnih vjernika (Rusi, Grci, Srbi, Crnogorci, Bugari i dr.), ni oko 150.000 Židova, ni 150.000 budista, ni 100.000 hinduista, ni milijuni članova tzv. novih religioznih pokreta. Svime ovim želim ilustrirati da Njemačku i nije više moguće razumjeti samo temeljem njezinih vjerozakona, pa ni svjetonazora, jer se u njoj odvijaju i intenzivne transnacionalne pulsacije i/ili socijalizacije, što ima za posljedicu da multikulturalnost nije tek puka datost ili pomodna poštapalica, kao u zemljama bivše SFRJ, u kojima je skončala u monokulturalnim projektima i improvizacijama.

U postmodernim društvima poput njemačkog radi se, dakle, o interkulturalnosti temeljem objedinjujućih vrijednosti ljudskih prava i pravne države unutar projekta mira zvanog EU. Bit će, ipak, da nisu *"bez srca, bezosjećajni i zli"* ovovremeni Nijemci, nego oni političari i mediji u zemljama jugoistočne Europe koji i ne razliku više politiku mira od politike rata, politiku blagostanja od politike osiromašenja. Utoliko je i jasno zašto vam normalnost na svakom koraku prosto draži čula kad se vratite u Njemačku, primjerice iz BiH. Njemačka danas – nije li to sinonim za nepodnošljivu lakoću normalnosti?

12.08.2015.

28. Zašto mi imponira šarena Njemačka?

Imidž bilo koje kulture, naroda i zemlje je u pravilu subjektivna percepcija onih drugih, kako vide i osjećaju one prve. Ukoliko je, pak, malo istine u onomu što stoji u medijima ovih drugih, tad to više govori o njima, nego o onima o kojima je riječ. Ma koliko se, primjerice, srpski i grčki, američki i britanski mediji trudili posredovati, primjerice u kontekstu krize u EU, jednostrane poruke o Nijemcima, imidž Njemačke je rijetko kada bio bolji u recentnoj povijesti. Možda je samo u vrijeme Svjetskog nogometnog prvenstva u Njemačkoj 2006. (WM 2006.) bio još bolji, jer je i najskeptičnim medijima u svijetu bilo nemoguće previdjeti da je Njemačka *"svjetski otvorena zemlja"*. Ugledni pariški Le Monde je tih dana pisao da se Nijemci *"ne moraju više gnjaviti s osjećajem kolektivne krivnje…, osjećajem s kojim su odrasli"*.

U vrijeme WM 2006. sam zakratko radio kao vanjski suradnik WDR-a (Westdeutscher Rundfunk), pa sam za taj javni servis komentirao da je Njemačka – unatoč tomu što nije osvojila titulu svjetskog nogometnog prvaka – svjetski šampion, jer je osvojila titulu velemajstora u opuštenom, zaraznom slavlju, tako netipičnom do tada za tu zemlju ozbiljnih ljudi. Nijemce je, naime, decenijama bio glas da *"žive kako bi radili"*, da su namćorasti i tsl. Možda su i bili sve dotad ili do ponovnog ujedinjenja 3. listopada 1990.? I tomu je uskoro četvrt stoljeća, pa bi bio red uočiti da se ovoj zemlji posrećila i demokratska tranzicija bivšeg DDR-a. Za uspješnu modernizaciju i integraciju istočnog dijela zemlje su zaslužni ponajviše istočnonjemački građani željni slobode, ali bez pomoći zapadnih Nijemaca u milijardskim iznosima, kao i milijuna zapadnih Nijemaca koji su izravno pomogli tzv. drugu liberalnu revoluciju (govoreći jezikom Ernesta Gellnera) DDR se ne bi uspio brzo integrirati u demokratsku Njemačku.

Danas i nema razlike među mladim *"Osijima"* i *"Wesijima"*, potvrdio je i ravnatelj KAS-a u BiH dr. sc. Karsten D*ü*mmel, gostujući proljetos na mom kolegiju Interkulturalno razumijevanje. Nisu se *"tranzitirali"*, to jest dedogmatizirali pravovjerni dijelovi SED I STASI aparata; oni su i danas *"zarobljenog uma"*, pa podupiru čak PEGIDA prosvjede. Ponesen dojmom da su strani posjetitelji Mundijala prije devet godina očarani što se na njemačkim trgovima slavilo opušteno i samouvjereno, što se potom odrazilo i u britanskim i američkim medijima, naivno sam komentirao za WDR da je u cijeloj priči oko WM 2006. najljepše što je svijet konačno razumio modernu Njemačku, pa će se prestati s njegovanjem predrasuda o Nijemcima. Ali prevario sam se; u vremenima svjetske gospodarske i financijske krize, pa i krize EU, objede Nijemaca ponovo imaju visoku konjunkturu. Pri tomu se autori objeda i spekulacija nerijetko dive njemačkoj gospodarskoj i inovativnoj snazi, pa čak govore i o njezinoj *"posrećenoj demokraciji"*, ali Nijemci su krivi za svu bijedu u Grčkoj ili drugdje, oni su na grčkoj nesreći zaradili više od 100 milijardi eura, itd. Nerijetko su u tom najveći *"autoriteti"* oni koji izvješćuju iz Berlinu iako ne govore njemački, pa i ne razumiju modernu Njemačku, koji pišu onako kako se u njihovim zemljama i u svjetskim centrima političke i financijske moći očekuje da se piše o Njemačkoj. S tim je Nijemcima živjeti. I šaliti se, po mogućnosti, jer Nijemci i to umiju.

Očaravajaću je, zapravo, kako se njemački prosvijećeni mediji relaksirano odnose i prema odnjegovanim predrasudama u svijetu o Nijemcima. Više je i šarma, ali i istine, primjerice, u kolumni Haralda Martensteina *"O njemačkom imidžu"* (Zeit Magazin, 6. kolovoza 2015.), u kojoj se aktualni položaj Njemačke uspoređuje s nemogućom zadaćom za svakog kolumnista – svakomu ugoditi i svakomu se dopasti, nego u velikim newyorškim i londonskim listovima, mada oni i dalje oblikuju javno mišljenje u svijetu i o Njemačkoj. *"Njemačka je kolumnist među narodima"*, veli Martenstein, jer što god uradili i Njemačka i kolumnisti nekomu nije dovoljno dobro ili nije relevantno. Ako se Njemačka ponaša pasivno i svemu kaže *"Ja"* i *"Amen"*, prigovara joj se da nije dorasla vodećoj ulozi. A ako Nijemci kažu *"Imate pravo, takvo naše ponašanje i nije bilo odgovorno, od sada sudjelujemo u procesu donošenja odluka"*, odmah je tu i primjedba – ponašate se kao hegemon i želite uspostaviti Četvrti Reich.

Ako, pak, Njemačka daje novac, ali novac povezuje s ispunjavanjem određenih uvjeta, tad su Nijemci bezosjećajni i zli. Ali, ako Nijemci tad kažu *"Dobro, nećemo vas obeshrabrivati našim uvjetima, imamo poštovanje, zadržavamo naš novac, jer vi možete sebi i sami pomoći"*, tad je bijes još veći. Nijemci bi jedino bili dobri kad bi rekli: *"U redu, dobivate sve što želite, poslužite se, solidarni smo, ne postavljamo nikakve uvjete, glavno je da ste sretni"*, ali bi i tada nastupila relativno kratka faza bezuvjetne velikodušnosti. *"Ako si siromašan, ne vole te, a ako si bogat, tek te tad pravo mrze, ako si tvrd i znalački pregovaraš – tad si svinja"*, veli Martenstein. *"Ali, ako se dozvoliš namagarčiti u pregovorima, tad si blećak, a ako se odlučiš za srednji put, za kompromis, tad si i svinja i blećak. Iz mojeg iskustva kao kolumniste"*, šaljivo zaključuje Martenstein, *"znam posve sigurno da se pogrešno impresionirati psovačkim reakcijama, jer da si sve i napisao posve drugačije, psovali bi te tad neki drugi drugim izrazima. Ako čak i ništa ne činiš, oni psuju, otud je samo važno djelovati autentično. Važno je i malo neuračunljivosti: jedanput biti totalno drag, a drugi put bezosjećajan i zao. Ako oni kažu: 'Vi želite Četvrti Reich', ne treba to ni u kojem slučaju poricati. Umjesto toga bi Angela Merkel trebala odgovoriti: 'Hm, ideja Četvrtog Reicha i nije tako loša, ili? Hajdemo o tomu u miru razgovarati'. No, šalu na stranu, mislim da Njemačka danas ima najbolji imidž od kad ja mogu misliti. Muljatori su uvijek najinteresantniji karakteri".* (Ovdje sam bio slobodan prevesti imenicu *"der Schurke"* blaže i slobodnije, jer po Hurmu ona bi se trebala prevesti kao hulja, nitkov, lupež.)

Nema sumnje kako i njemački političari i gospodarstvenici *"muljaju"* kad mogu, moraju ili kad im se čini korisnim. Prije nekoliko godina je izbilo na vidjelo kako je, primjerice, veliki koncern Siemens potrošio na podmićivanje partnera u svijetu više od 200 milijuna eura. No, ova se zemlja cijeni što je sve manje muljatorska, a sve više ambijent pravne države i uvažavanja ljudskih prava i drugosti. Voli se, pak, zbog naslovne poruke *"Willkommen"* u vodećem tjedniku za kulturu i društvena pitanja upućene izbjeglicama, koje nisu nesreća nego *"sreća za Njemačku"*. Tako poručuje Sabine Rückert u uvodniku početkom kolovoza (Die Zeit, No. 32) izbjeglicama, u kojima ova vrsta njemačkog srca i (raz)uma vidi *"mlade, odane, nerijetko vrlo talentirane i časne ljude"*, što je *"prvo potrebno spoznati, pa potom i braniti protiv svih otpora"*. U ovom bajkovitom uvodniku najljudskije je zazvučala intimna priča kako su autorica uvodnika i njezin suprug primili prije tri godine nakratko u svoju kuću nepoznate izbjeglice iz Taškenta, oca, majku i troje djece, bez znanja jezika, na preporuku *"Liječnika bez granica"*. Tri godine kasnije, nakon svojevrsne akulturacije u Hamburgu, u goste im dolaze ti isti ljudi *"kao jedna nova njemačka familija"*, kao prijatelji. Otac je u međuvremenu izvještač iz Ukrajine za jedan američki medij, majka dovršava tzv. aprobaciju, to jest prilagodbu i priznanje svog liječničkog statusa, najstarije dijete ide na fakultet, srednje u gimnaziju a najmlađe polazi u školu.

To su *"novi Nijemci"* i *"novi Europljani"*, sviđalo se to pojedinim političarima i onima koji napadaju izbjeglička naselja ili ne. Takvih je napada u prvoj polovici ove godine bilo, nažalost, preko 200. Dakako, nitko ne može zamijeniti ulogu pravne države tijekom prihvata izbjeglica i njihove integracije, ali *"integracija tolikih ljudi je zadaća svih nas"*, tvrdi s pravom Sabine Rückert. Samosvjesni njemački građani u ulogama mentora i *"kuma"*, spremni pomoći, osvjetlali su i ovih dana obraz njemačkoj naciji i kulturi, kao i prije četvrt stoljeća u slučaju izbjeglica iz tzv. jugoslavenskih ratova.

Njemačka treba u prvom redu tzv. kvalificiranu radnu snagu, što najčešće nije slučaj s izbjeglicama iz ratom zahvaćenih područja. Ali, ona treba i ove ljude jednako koliko i oni trebaju nju. Prema studiji Instituta za istraživanje tržišta i radnih zanimanja SR Njemačka će od 2050., naime, trebati godišnje između 300.000 i 500.000 pridošlica izvan EU da bi se spriječio slom socijalnih sustava!

Završit ću ovu kolumnu na isti način na koji sam završio i komentar na WDR-u prije devet godina – riječima brazilijanskog književnika iz Berlina Ze Do Rocka: *"Ja, koji sam ovu zemlju do sada često kritizirao zbog njezine turobnosti, ne mogu je sada kritizirati što je postala tako lijepo šarena"*.

19.08.2015.

29. S instinktivnim Europljanima još Europa ni propala!

"Duboko sam dirnut, ponizan i malčice ponosan što sam kao dijete ove regije primio ovakvo odličje građana Aachena", kazao je predsjednik Europskog parlamenta Martin Schulz, primajući u svibnju ove godine međunarodnu *"Karlovu nagradu grada Aachena"* (Der Internationale Karlspreis zu Aachen), koja se smatra *"europskim političkim Nobelom"*. Od tada se i spremam uzeti u vizir i taj čin i tog skromnog i nadasve čestitog čovjeka i političara.

Dugim životom u Europi sam naučio kako se dodjelom nagrada vode smislene politike, posebice *"Karlovom nagradom"*, jer su je u prošlosti u pravilu dobivali *"arhitekti europskog ujedinjenja"*, oni koji su i izgradili *"Kuću Europe"*, kako je kazao laureat Martin Schulz kad je došao red na njega da primi isto odličje. Prethodnicima je predsjednik EP-a neizmjerno zahvalan što je *"kao poslijeratno dijete imao sreću odrastati i živjeti"* u toj kući. Međunarodna *"Karlova nagrada"* je ustanovljena 1949. godine kao znak sjećanja na Karla Velikog (747./748.-814.), franačkog vladara koji je u svoje vrijeme ujedinio velike dijelove zapadne Europe, uveo jedinstvenu valutu i zakone. No time prestaju sličnosti između Europe Karla Velikog i Europske unije danas. Nagrada se dodjeljuje onima koji su se *"učinili zaslužnima za Europu i europsko ujedinjenje"* zapisano je u njezinom statutu. Dobili su je i Jean Monnet (1953.), Robert Schuman (1958.), Konrad Adenauer (1954.), Winston Churchill (1955.), španjolski kralj Juan Carlos (1982.), francuski predsjednik Francois Mitterand i njemački kancelar Helmut Kohl (1988.), češki predsjednik Vaclav

Havel (1991.), poljski ministar vanjskih poslova Bronislav Geremek (1998.), književnik Györg Konrad (2001.), da spomenem tek neke. Inače, izvanrednu *"Karlovu nagradu"* primio je u Vatikanu i pokojni papa Ivan Pavao Drugi (2004.). Dobili su je i poneki ne-Europljani: G. C. Marshall (1959.), Henry Kissinger (1987.) i Bill Clinton (2000.). O Kissingerovim zaslugama bi se, dakako, dalo razgovarati.

Martin Schulz je od 1994. godine u Europskom parlamentu, idealnom radnom mjestu za nekog tko govori njemački, engleski, francuski, nizozemski i talijanski jezik. Pristojan je čovjek i političar, zbog čega ga i jest bivši talijanski predsjednik vlade Silvio Berlusconi u raspravi u EP-u usporedio s upravnikom koncentracijskog logora. (*Herr Schulz*, u Italiji se snima jedan ratni film i Vi biste bili idealan *capo*, duhovit je htio biti prostak koji svoju moć opetovano duguje bliskim vezama s mafijom.) Martin Schulz je, srećom, u međuvremenu okićen *"europskim političkim Nobelom"*, a Berlusconi strahuje od zatvora. No, vratimo se Martinu Schulzu, po kojemu su upravo građani koji su poslije rata odrastali u njemačko-nizozemsko-belgijskom trokutu, u tom europskom mikrokozmosu, *"nešto kao instinktivni Europljani"*. Schulz nije zanijekao da mnogi građani institucije EU osjećaju apstraktnim, otuđuju se od EU ili se u njoj ne osjećaju dobro, pa strahuju od *"birokracijskog monstruma"* u Bruxellesu.

Pogrešno je i suviše olako tvrditi kako EU nema alternative, jer se ona ogleda upravo u opasnostima *"renacionalizacije, koja bi našu demokraciju dovela u pitanje"*, a iza takve opcije su snage *"koje su spremne razrušiti EU"*! A ako bi se EU *"rastavila na pojedine dijelove, tada bi Europa potonula u beznačajnost"*, uvjeren je Schulz. Zbog toga, po njemu, EU i mora biti *"jaka zajednica država i naroda koja svojim građanima garantira sva moguća prava, uključivo i angažirati se za one koji trebaju pomoć u drugim dijelovima svijeta"*. Sukladno Schulzovoj političkoj filozofiji potpuna odanost ideji europskih integracija podrazumijeva dovršenje započetih integracijskih procesa. Zato i kaže: *"U našoj europskoj kući žive brojne različite obitelji, neke su tek uselile. Ponekad je sve i suviše turbulentno, pa i preglasno, ali je uvijek miroljubivo. Ovu smo veličanstvenu kuću naslijedili od naših roditelja, zbog toga je dajmo obnoviti da sja ponovo u punom sjaju"*.

U razgovoru za magazin Stern (od 16. srpnja o. g.) objasnio je svoje političke ideje: *"Centralna, najvažnija europska pitanja ne smiju više rješavati šefovi nacionalnih vlada. Zato trebamo zajedničke institucije... i više od toga, bilo kad, trebat ćemo i europsku vladu"* koja bi trebala biti potvrđena *"od naroda izabranog Europskog parlamenta, te smijenjena ako bude loša"*! Međutim, u EU radna tijela ne funkcioniraju temeljem podjele nadležnosti između legislative, judikative i egzekutive kao u državama-članicama, pa *"europska vlada"* nije ni predviđena temeljnim ugovorima, niti je takvo što uopće moguće uskoro zamisliti. U najkraćem, unutar EU se radi o višerazinskom upravljanju temeljem načela supsidijarnosti, ali i upravljanju putem kompliciranih, precizno reguliranih suodnosa između Europskog vijeća, Vijeća EU, Europske komisije, Europskog parlamenta i Europskog suda, tako da svaka institucija ispunjava samo dio podijeljenih nadležnosti između europskih radnih tijela i institucija članica EU. Upravo u kombinaciji naddržavnih i međudržavnih mehanizama upravljanja se i razotkriva EU kao integracija *sui generis*. Utoliko nije Schulzovo eksplicitno zalaganje za *"europsku vladu"* tek puko istrčavanje pred rudo, nego je i u funkciji zaustavljanja pogubnih trendova tzv. re-nacionalizacije, pa i preveniranja snažnog euroskepticizma kojim se mnogi danas ponose, a trebalo bi da se stide barem zbog toga što se pritom nalaze u jako lošem društvu.

Martin Schulz je u razgovoru za Stern iznio uvjerenje da Europa – unatoč postojećih kriza i konflikata – nije u situaciji u kojoj je bila prije 100 godina, jer *"smo stvorili strukture koje ponavljanje 1914. godine čine nemogućim"*. EU je i stvorena kao konzekvenca prije svega Drugog svjetskog rata, *"pa ako njezine mehanizme ispravno poslužujemo, ona je u osnovi imuni sustav protiv razdražljivosti, protiv povrijeđenih nacionalnih osjećaja koji vode agresiji"*, kaže Schulz.

I ja mislim da je EU – glede i unatoč – u boljem stanju nego što se o njoj govori. Strepiti je, pak, da ne odsklize u svoju lošu prošlost, u re-nacionalizacije i druge *sacro-egoisme* o kojima je govorio Martin Schulz. S *"instinktivnim Europljanima"* poput njega, pak, Europa još ni propala.

I neće, nadati se!

26.kolovoza 2015.

151

DODATAK

1. „Pitanje krivnje" i „groblje Mira" na brdu Bile iznad Mostara

Kratko, dvadeseto stoljeće (1914. – 1989.), po Hobsbowmovim kriterijima, je obilježeno s tri planetarna totalitarizma, pri čemu se posebice kod klerikalnih i nacionalističkih ideologa uobičajila praksa suviše olakog izjednačavanja fašizma, nacional-socijalizma i komunizma. Zato u uvodu i navedimo mišljenje pokojnog Ralfa Dahrendorfa (1929-2009), uglednog britanskog sociologa njemačkog podrijetla svjetskog glasa: *"S mnogih se strana tvrdi da je jedna ideologija – fašizam – bila reakcija na drugu – komunizam. To smatram krajnje pogrešnim. Oba fenomena se razlikuju onoliko koliko su i isprepleteni. Zajedničko im je odbijanje otvorenog društva, oba postavljaju apsolutne zahtjeve. Pojam totalitarizam označava popriličmo dobro njihovo zajedničko obilježje, i s njim se mogu okarakterizirati u najmanju ruku Hitlerov i Staljinov režim."* Tome se može dodati kako se u međuvremenu uobičajilo razlikovati i *„fašizam"* Mussolinijevih boja od *„nacional-socijalizma"* Hitlerove Njemačke i njezinih satelita...

Gledajući nedavno na lokalnoj mostarskoj televiziji *„Oscar C"* reprizu kolovoške komemoracije na brdu Bile iznad Mostara, kojom je obilježena *„70. godišnjica komunističkih i zločina totalitarnih režima"*, kako je glasio i nadnaslov u Večernjem listu u prilogu *„Najveće Groblje mira kod Hrvatu"* (24. kolovoz 2015.), uvjerio sam se i po tisućiti put kako se u ovom dijelu svijeta ne razlikuju totalitarne ideologije i prakse, kako to sugerira sir Ralf Dahrendorf, nego se ciljno razvija odium samo prema jednom od totalitarizama, dok se o druga dva uglavnom šuti.

Pored svih drugih kulturoloških i političkih šteta koje ovaj redukcionizam proizvodi, vjerojatno je ponajgore što se na taj način nitko, ama baš nitko, ne namjerava pozabaviti i vječitim Jaspersovim *„pitanjem krivnje"* za zločine sviju ideologija i vlastite (su)odgovornosti za njih. Dapače, u BiH i u zemljama slijednicama bivše SFRJ se živi svojevrsni *„socijalni Alzheimer":* ciljno se brišu nepodobna sjećanja i sustavno njeguju viktimizacijski narativi, koji podrazumijevaju iluziju o impliciranoj nevinosti, dobroti vlastite vjere i nacije, što je redukcionistička podvala velikog formata upravo kritičkoj kulturi sjećanja, toj temeljnoj pretpostavci ozdravljenja bolesnih društava...

* * *

Nije ovo, naravno, samo pokušaj dekonstrukcije otužnih pojava kod Hrvata u BiH. Posvuda u zemljama jugoistoka Europe stiliziraju se vlastiti kolektiviteti u žrtve onih drugih, dok se malo tko pita o vlastitoj krivnji i odgovornosti za velike tragedije koje su se ciklično događale svim narodima i zemljama ovog prostora. Nekako točno onoliko koliko su se u prošlom sustavu ignorirala stradanja pripadnika poraženih *„fašističkih pokreta",* toliko se danas naglašavaju zločini *„komunističkog pokreta",* te posljedično ignoriraju žrtve i fašizma i nacizma, što je nedopustivo sa stanovišta povijesne istine, ma koliko do nje bilo teško doći. Ne treba ni reći, nedopustivo je i sa stanovišta moralne, političke i metafizičke odgovornosti iz Jaspersova naputka o nužnosti preuzimanja na sebe svih vrsta krivnje izuzev kaznene/krivične, koja je uvijek i posvuda strogo individualna. Nije, veliki problem u mojem razumijevanju što se propituje *„krvavi trag"* i pripadnika pobjedničkih pokreta u Drugom svjetskom ratu, dapače, i to je nužno, ali jest ozbiljan civilizacijski problem ako se rehabilitiraju, to jest oslobađaju odgovornosti prononsirani pokreti i vođe fašističkih i nacističkih totalitarizama. U Srbiji je, primjerice, partizanski pokret Josipa Broza sotoniziran do te mjere da je postalo „*normalnim*" da se četnički pokret Draže Mihailovića stilizirao kao „*drugi antifašistički pokret*", dok je srpski pandan talijanskom i njemačkom pijunu i velikom ustaškom zlikovcu Anti Paveliću, dakle njemački sluga general Milan Nedić u pripremi za rehabilitaciju. U Srbiji i Hrvatskoj se, ali i drugdje, dakle, vrši neskrivena i nekritička revizija povijesti, koja podrazumijeva ostajanje u raljama totalitarnih ideologija.

Ugledni zagrebački socijalni psiholog, profesor Ivan Šiber je nedavno smisleno objasnio kako se hrvatsko društvo raspolučilo po liniji pripadnosti ustaškom/domobranskom i partizanskom pokretu, pa četiri od pet potomaka očeva ili djedova ustaša/partizana se opredjeljuju logikom pripadnosti svojih predaka, što je najgora posljedica „*građanskih ratova sjećanja*" među Hrvatima. Zbog toga mi se i učinilo kako ne smije ostati neodgovorenim pitanjem: koju funkciju ima „*najveće Groblje mira kod Hrvata*", jer je previše indicija kako bi trebalo imati istu kao i „*Bleiburg*", dakle selektivnu, te zaustaviti kritičko propitivanje vlastitih tragedija u prošlosti. Time bi se i definitivno zapriječio nužan rad na odgovornom radu na "*nacionalnom pamćenju*" i formiranje pretpostavki za kritičku kulturu sjećanja, ma koliko bila pretpostavka ozdravljenja bolesnih društava. Posebno je apsurdno što su se i hrvatski politički prvaci i katoličke duhovne elite u Bosni i Hercegovini upustile u neskriveno potvrđivanje ponajveće stigme 20. stoljeća, one koja je Hrvate u cijelosti smještala u ekstremno desno političko polje, kojem su *„genetski"* skloni, kako je tvrdila desetljećima velikosrpska propaganda, a i danas tvrdi slično. Ozbiljna historiografija je, pak, odgovorila na pitanje ponašanja pojedinih regija u ratu u ovisnosti od objektivne situacije, pa ne treba dokazivati kako nitko nije predodređen za neki od totalitarizama, nego su oni izraz (pred)političkih stanja i posve određenih (geo)politika, koji su i doveli do njihova rađanja, pa su potom oformljeni određeni resantimani i tipovi političke kulture, neprevladani do danas. Totalitarizmi se, dakako, češće događaju onim narodima i kulturama u kojima su ideje prosvjetiteljstva i političke moderne *„krhke biljke"*, pa je u njima i prilika za „vječiti povratak fašizma" (Rob Riemen) veća nego u ambijentima slobodnih društava, pravne države i demokracije. Jednako je tako i s iluzijama glede *„komunizma"*...

U cijeloj regiji jugoistoka Europe se dugo i predugo i bez ikakvog stida i odgovornosti govorile laži i prostote, pa su se u vremenima poslije pada *„željezne zavjese"* odnjegovali brojne jednodimenzionalnosti, koje su imale ambiciju da se novoformirane *„elite"*, ili one stare i dogmatski okoštale, pojave i kao vlasnici povijesnih istina i monopolisti u oblasti kulture sjećanja. Time su one i propustile priliku za tzv. drugu liberalnu revoluciju, kako Ernest Gellner zove ovu priliku za narode istočne i jugoistočne Europe, ili *„drugu političku modernu"*, kako isti proces zovu neki drugi ugledni autori. U tome nema bitnije razlike između etnonacionalističkih i pseudograđanskih politikracija, jer i jedni i drugi misle dobro o sebi i svojoj ideologiji i loše o drugima i njihovim ideologijama. Zajedničko im je što su ujedinjeni protiv bilo kakve ozbiljnije političke i kulturološke modernizacije. Otuda i jedni i drugi jednostrano čitaju razne

„rezolucije“, ili ih instrumentaliziraju u međusobne političke obračune, čiji je cilj držati puk u pokornosti. Zbog svega toga se i mora precizirati: bilo da se brkaju važni pojmovi namjerno, ili iz nehaja i neznanja, svaki totalitarizam (i fašizam i nacizam i *„komunizam“*) zaslužuje kritičko propitivanje, pa i prijezir njihovih zločinačkih praksi, jer je u krajnjem posve svejedno jesu li zločini počinjeni u ime klase ili rase, u ime ideologije *„svjetske revolucije“* ili ideologije *„krvi i tla“*. Krajnje je vrijeme, dakle, da se ideologije i politike koje s razlogom povezuje sintagma *„glavni neprijatelji otvorenog društva“* (Karl Popper) pošalju u ropotarnicu povijesti. Pri tomu se ne smije odreći i onih ideja koje se pripisuju *„komunizmu“*, iako su u osnovi plemenite ideje prvih kršćana i socijal-utopista o jednakopravnosti. Nužno se, dakle, odreći i *„komunizma“* u svemu onomu u čemu nalikuje na fašizam i nacizam, a to je ideologija i politika nasilja, kao i neskrivena negacija pluralnosti i demokracije, služeći se popperovskim jezikom Ernesta Gellnera.

* * *

Na ovogodišnjoj komemorativnoj svečanosti na brdu Bile iznad Mostara, u Gorancima, otklonjene su i posljednje dileme kako bi se tvorci ovog projekta mogli predomisliti, pa i odustati od opasne političke i kulturološke avanture, u čijoj je osnovi komemoriranje posve suprotno komemoriranju sličnih događaja u SR Njemačkoj, ili uopće u zapadnom svijetu. Uz već poduzete prilazne infrastrukturne radove i podignutu betonsku crkvicu, naime, obznanjeno je kako bi se u žurnom tempu trebalo izgraditi i 50.000 križeva. Samo je pretpostaviti kome bi bili u spomen, mada je bilo govora da su *„svima, ma pod kojom čizmom pali“*, ali i leksika i gestika su posvjedočili nešto posve drugo. Doduše, između redova bi se dala iščitati i ambicija kako je riječ o memorijalu onima koji nemaju svoje grobove jer su iščezli na *„križnim putovima"* i u drugim nesrećama. Takvima se, pak, s razlogom i uz visoki pijetet posvuda u civiliziranom svijetu podižu spomenici neznanom vojniku, ili im se na drugi način odaje zakašnjeli spomen, dok se na jednom proplanku iznad Mostara i Širokog Brijega demonstrira megalomanija. Ili se, doista, žele popisati imena *„nestalih u stoljeću"* (I. Lovrenović) – stoljeću *„propalih utopija"* (G. Grass), ili *„kratkom stoljeću"* (E. Hobsbowm) i k tomu *„zlom stoljeću"* triju totalitarizama? Za takvu ambiciju tek nedostaju intelektualni i politički kapaciteti u ovom dijelu svijeta, uključivo i među Hrvatima. Uostalom, to bi bila *„mission impossible"* i za mnogo razvijenije i kulturološko-politički osvještenije zemlje i narode.

Postoje, pak, ozbiljne sumnje kako se pod egidom osude *„komunizma"* i ne radi o drugom do o profitabilnom građevinskom pothvatu aktualnih gospodara naših života u ovom dijelu svijeta, te tek potom i o opasnim i dalekosežnim manipulacijama hrvatskih ljudi u korist određene političke opcije i svjetonazora. Ma što bilo, temeljem do sada demonstriranog sumnjati je kako će se u bliskoj budućnosti obilježavati povijesne tragedije hrvatskog naroda na način kako to žrtve, ma pod kojim znakom pale, zaslužuju, te se s razlogom bojati da će se još više zacementirati viktimizacijski narativi, kako bi se i definitivno spriječila transformacija viktimizacijske paradigme u paradigmu kritičke kulture sjećanja. U prilog ove hipoteze govore i vrlo manipulativne interpretacije Rezolucije Vijeća Europe 1481/2006, kojima se služe HDZ-ovske, Hrvatsko-narodno-saborske, tobože svehrvatske interpretacije, koje su posve explicite došle do izražaja i na ovogodišnjoj svečanosti na brdu Bile iznad Mostara. Ma kako došlo do njezina usvajanja, o čemu govorimo u nastavku, vrijedi primijetiti da se u uvodnim točkama (2., 3., i 4.) Rezolucija VE 1481 ne govori na način kako ih interpretiraju hrvatski političari i duhovnici. Uostalom uvjerite se i sami čitajući par uvodnih točaka Rezolucije VE 1481 ovdje, ili njezin kompletan sadržaj na ovoj web stranici (objavljen u pdf formatu i u online izdanju na pravnadatoteka.hr..., pri čemu je krivo prevedena engl. imenica „Need" u naslovu kao „nužnost", umjesto „potreba", dok je Parlamentarna skupština VE pobrkana s Europskim parlamentom, čime se ova rezolucija pogrješno pripisala Europskoj uniji):

„ ... 2. Totalitarni komunistički režimi koji su vladali u Srednjoj i Istočnoj Europi u prošlom stoljeću, a koji su još na vlasti u nekoliko zemalja svijeta, bili su, bez iznimke, označeni masivnim povredama ljudskih prava. Povrede (ljudskih prava op.p.) su se razlikovale ovisno o kulturi, zemlji i povijesnom razdoblju i uključivale su pojedinačna i kolektivna ubojstva i smaknuća, smrti u koncentracijskim logorima, izgladnjivanja, deportacije, mučenja, prisilni rad i druge oblike masovnog fizičkog terora; progone na etničkoj i vjerskoj bazi, povredu slobode savjesti, misli i izražavanja, slobode tiska i također nedostatak političkog pluralizma._

_3. Zločini su opravdavani u ime teorije klasne borbe i načela diktature proletarijata. Interpretacija oba načela ozakonila je »eliminaciju« ljudi koji su smatrani opasnima za izgradnju novog društva i, kao takvih, neprijateljima totalitarnog komunističkog režima. Velik broj žrtava u svakoj zemlji bili su državljani te zemlje. To je posebno bio slučaj s ljudima iz bivšeg SSSR-a koji su u smislu broja žrtava daleko nadmašili ljude ostalih zemalja.

4. Skupština priznaje kako su, unatoč zločinima totalitarnih komunističkih režima, neke europske komunističke stranke pridonijele postignuću demokracije...“

Ako idejni organizatori projekta „*groblja Mira*“ nisu do sada uopće pažljivo čitali Rezoluciju VE 1481, predlažem da to nadoknade ili ubuduće budu oprezniji s pogrešnim instrumentalizacijama u funkciji viktimizacijskih narativa i politika. Sumnjati je, ipak, da im nedostaju i suptilnija znanja o nužnosti poštenog govora o prošlosti i postignućima kritičke kulture sjećanja u ozdravjelim društvima. Bio kako da jest, i po njih same i sve nas bi bilo bolje kad bi umjeli pronaći odgovore na pitanja kako izbjeći nacionalističko-provincijalnu manipulaciju politički naivnim ljudima ovog podneblja putem samostigmatizacije u ono što hrvatski ljudi nisu. Nisu, naime, predodređeni biti sljedbenici totalitarnih ideologija i politika, ma koje od njih, pogotovo ne na početku 21. stoljeća! Najgore je, dakle, što je politički i crkveni igrokaz na „*Groblju mira*“ izraz neskrivenog redukcionizma, pa samim time nije dostojanstven spomen mrtvima, kojeg oni, kao i nestali – „*kleti*“, zaslužuju. Uostalom, ne radi se u ovom otklonu (ili prosvjedu) protiv političke i kulturološke avanture s „*Grobljem mira*“ u Gorancima o obrani komunističkog sustava u bivšoj Jugoslaviji, kako bi se moglo pomisliti, jer sam kao vrlo mlad čovjek u njemu časno obavljao neke poslove u sjenci važnih ljudi, nego o kritici implicirajućeg amnestiranja antihrvatskog i anticivilizacijskog projekta oličenog u NDH, koja nije bila ni neovisna, ni država, ni hrvatska, nego puki satelit „*sila osovine*“. Opravdana kritika i „*komunizma*“ glede njegovih zločina i drugih nedostataka ima itekako mjesta i opravdanja samo pod uvjetom da oni koji to čine nemaju nikakve iluzije o NDH, ili o bilo kojem vlastitom zlu, recimo o ružnim događanjima u ratovima iz devedesetih godina 20. stoljeća, počinjenih i u Hercegovini i u Srednjoj Bosni. Tek potom ima se pravo zahtijevati i pošten govor od Srba i Bošnjaka za njihov udio u užasu koji smo priredili jedni drugima! Uostalom, o kakvoj se improvizaciji radi i s olakom instrumentalizacijom Rezolucije 1481 govori i notorna gramatička nepismenost, pa na kamenu temeljcu memorijala i doslovce piše „groblje" s početnim malim, a *„Mir"* s početnim velikim slovom *(„groblje Mira")!* Nije, dakako, toliko problem u napisu na kamen temeljcu, koliko u uprezanju ovog projekta u hrvatsku viktimizacijsku politiku, pri čemu nije nimalo utješno što i Bošnjaci i Srbi rade to isto. Konkretnije govoreći, da su se autori projekta *„groblja Mira"* opredijelili za viktimizacijski narativ i politiku, za kontraproduktivnu patetiku i stilistiku Bleiburga, ne svjedoči samo počasno mjesto predstavnika Bleiburškog voda na komemoraciji u Gorancima, nego cjelokupni happening nedozrelih *„elita"*, koje misle kako se bez stida za hrvatske zločine počinjene u ime vlastite vjere i nacije može uopće izboriti jednakopravno mjesto Hrvata u zajednici naroda u BiH.

Već se četvrt stoljeća bavim kritičkom kulturom sjećanja, pa se usuđujem ustvrditi: putom kojim se pošlo se ne može nikud stići, izuzev u povijesne reprize vlastitih zabluda i tragedija. U svakom slučaju se ne može postati *„zdravim društvom"*, po uzoru na Nijemce, koji su se prvo postidjeli i pokajali kako bi potom s mjerom i dostojanstvom obilježavali mjesta i žrtve tuđih i vlastitih stradanja, bez sentimenta za nacističke glavešine i njihove SS-izvršitelje, bez respekta za ideologije *„krvi i tla"*. Zbog toga i jest Njemačka danas

„politička zajednica" u kojoj živi 15,5 milijuna njezinih građana s tzv. migracijskom pozadinom, dok milijuni novih izbjeglica žure postati *„novi Nijemci"* i *„novi Europljani".* Posve usputno kazano, ružna je beskrajno bila i stilizacija njemačke udruge koja se dostojanstveno brine o njemačkim vojničkim grobljima (pa i o kostima njemačkih vojnika palih u blizini *„Groblja mira"* u Gorancima) u *„kriptonacističku"* udrugu, kako je to rađeno u nekim bh. medijima. Križevi iznad kostiju njemačkih vojnika bi mogli imati, čak, veću težinu nego bezimeni križevi u budućem hercegovačkom *„Arlingtonu".* Ali, ma što s tim bilo, bez Jaspersovog *„pitanja krivnje"* (vidjeti najvažnije izvode iz njegova znamenita djela na mojoj web stranici) tijekom komemoriranja bilo kojih, pa i hrvatskih žrtava i hrvatskih nesreća, nema ozdravljenja. Uostalom, s kojim se pravom monopoliziraju i na ekstremno redukcionistički način svode sveukupna hrvatska sjećanja na komemoraciju koju razumiju samo nositelji desne političke opcije kod Hrvata, potpomognuti nekritičnom podrškom iz redova Katoličke crkve? Zašto hrvatski nacionalisti misle kako su *„mjera stvari"* po svim, pa i ovim pitanjima u ovom dijelu svijeta, to jest da biti *"politički Hrvat"* znači ponašati se kao provincijalac, po njihovoj slici i prilici? Nije li i kod nas posrijedi ono što mladi doktor politologije i književnik Nebojša Lujanović s razlogom naziva: *„Etno-fašizam, kućni pritajeni fašizam, fašizam srastao s kapitalizmom..."* Zar *"hrvatsvo"*, posebice ono političkog predznaka ne znači upravo kontra-angažman primordijalističkom razumijevanju svijeta koji vodi ka kozmopolitiziranim identitetima i ambijentima, u kojima se konačno rađa i *„politička zajednica"*, u kojoj se svaki *„ethnos"*, pa i hrvatski, transformira konačno u *„demos"*?

* * *

Iz razloga što se Rezolucija Vijeća Europe 1481/2006. o potrebi međunarodne osude zločina totalitarnih komunističkih režima (engl. Resolution 1481/2006 – Need for international condemnation of crimes of totalitarian communist regimes) instrumentalizira i redukcionistički tumači u svim zemljama bivše Jugoslavije, pa i posebice među neukim hrvatskim medijskim i političkim djelatnicima u BiH, potrebno je kazati i sljedeće: Rezolucije No. 1481 je prihvaćena 25. siječnja 2006. godine u Strasbourgu od Parlamentarne skupštine Vijeća Europe i u njoj se *„... osudilo masovno kršenja ljudskih prava od strane totalitarnih komunističkih režima, te izrazilo sućut, razumijevanje i priznanje žrtvama tih zločina...“* U tomu i nema ničeg prijepornog. No, Rezolucija Vijeća Europe 1481/2006 je utemeljena na *„Crnoj knjizi komunizma...“*, ili kako se u prijevodu na hrvatski jezik s francuskog izvornika iz 1997. godine *(“Le Livre noir du communisme: Crimes, terreur, repression”)* punim imenom zove „Crna knjiga komunizma – Zločini, teror, represija (Politička kultura, Golden marketing, Zagreb 1999.). Bez podataka o zločinima počinjenim u bivšoj Jugoslaviji, *„Crna knjiga...“* ovako specifira zločine komunističkih režima po zemljama i regijama: Kina: 65 milijuna; Sovjetski Savez: 20 milijuna; Afrika: 1.7 milijuna; Afganistan: 1,5 milijuna; Sjeverna Koreja: 2 milijuna; Kambodža: 2 milijuna; Istočna Europa: milijun; Vijetnam: milijun; Latinska Amerika: 150.000...

Najviše prijepora su izazvale, ipak, tvrdnje autora Stephane Courtoisa u uvodu ove knjige kako je u *„crvenom holokaustu“*, to jest u komunističkim genocidima ubijeno četiri puta više ljudi nego što je ubijeno od strane režima *„sila osovine“* – Hitlerovog i Mussolinijeveg totalitarizma, uz svesrdnu pomoć njihovih satelita, kakva je bila i Pavelićeva NDH. Za Stephane Courtoisa se kaže da je bio u prošlosti *„militantni komunist"*, dok je po mišljenju dvojice-koautora ove tužne knjige Nicolasa Wertha i Jean-Louis Margolina, koji su se javno odrekli ovog projekta, Curtois bio opsjednut dosezanjem brojke od 100 milijuna komunističkih žrtava. Nažalost, i po njihovom nešto opreznijem procjenjivanju, ukupan broj žrtava komunističkih režima kreće se između 65 i 93 milijuna. Ova kontroverzna knjiga se i ne bi spominjala ovdje da nije na njezinim podatcima utemeljena i Rezolucija Vijeća Europe 1481 iz siječnja 2006. Spomenutoj knjizi se spočitavaju, naime, i vjerodostojnost i propitljivost strahotnih podataka, što je i dovelo do toga da Rezolucija Vijeća Europe 1481/2006 nije usvojena s respektabilnom većinom. Nju su, zapravo, podržali samo zastupnici Europske pučke stranke i pojedinci ili manje liberalne skupine lijeve i socijaldemokratske orijentacije. Od ukupno 317 parlamentaraca u Parlamentarnoj skupštini Vijeća Europe samo su 153 parlamentarca pristupili izjašnjavanju, pa je tek njih 99 od onih 153 izglasovalo Rezoluciju 1481, dok je četrdeset i dvoje parlamentaraca glasovalo protiv, a dvanaestoro se suzdržalo. Egzaktni podatci o načinu pripremanja i izglasavanju Rezolucije Vijeća Europe 1481/2006 objašnjava nam i njezinu potonju sudbinu, koja se kreće u rasponu od ignoriranja na lijevom političkom spektru do neumjerenog pozivanja na desnom, doslovce kao da i nije riječ o instrumentu koji nema pravnu, nego ima samo političku i moralnu težinu. Time se ne želi reći da je bilo koju rezoluciju ili deklaraciju VE preporučljivo podcjenjivati. Dapače, ali nije preporučljivo ni njima manipulirati! Nažalost, u vrlo provinicijalnim interpretacijama dijela hrvatske javnosti, ova je rezolucija protumačena kao poziv za izjednačavanje nacizma i fašizma s komunizmom i u doktrinarnom pogledu a ne samo glede kršenja ljudskih prava i primijenjenog nasilja. Tako se i stiglo u minsko revizionističko polje glede njihovih posve oprečnih uloga u Drugom svjetskom ratu. Otuda je i u hrvatskim reinterpretacijama ove vrste postalo posve svejedno tko su bili ustaše, a tko partizani, tko je stvarno nešto doprinio stvaranju elemenata hrvatske državnosti u NOB-u (putem ZAVNOH-a) i kasnije u SFRJ, tko je doista vodio Hrvate među narode i zemlje pobjednice, a tko ih je vodio u izopćenje, u krug poraženih i poniženih naroda i zemalja.

Time što se ne želi znati tko su bili sateliti Hitlerova režima, a tko pripadnici antifašističke koalicije griješi se i prema povijesnoj istini i velikim žrtvama koje su podnijeli oni koji su pali za slobodnu Hrvatsku unutar Jugoslavije na strani sila pobjednika u Drugom svjetskom ratu. Uostalom, takvo što se ne radi ni u jednoj respektabilnoj političkoj kulturi. Ovim se, dakako, ne niječu zločini počinjeni i od strane pobjednika, nego se ustaje protiv zlih namjera izjednačavanja pripadnika *„sila osovine“* i *„antifašističke koalicije“*, u kojoj su bili i hrvatski nekomunisti i komunisti, inače ne bi bilo ni današnje Republike Hrvatske u postojećim granicama i kao priznatog subjekta međunarodnog prava. U vezi sa sudbinom Rezolucije VE 1481/2006 treba, također, reći kako se 13 godina poslije produktivno oplemenila tako što je i izrijekom spomenuta u jednoj doista važnoj, te daleko manje jednostranoj deklaraciji Europskog parlamenta, onoj o *„Europskom danu sjećanja na žrtve svih totalitarnih i autoritarnih režima“*, prihvaćenoj 02. travnja 2009. godine respektabilnom većinom u EP-u: s 533 glasa "za", 44 "protiv" i 33 suzdržana. (Europski parlament je u tom trenutku brojio 736 zastupnika, dok danas broji 751) U mnogim zemljama se u međuvremenu upravo ovaj datum obilježava kao „Dan sjećanja na žrtve svih totalitarnih i autoritarnih režima", pa bi velikim pro-Europljanima među Hrvatima u BiH, tim modernim gospodarima naših života, netko dobro savjetovao da redukcionistički datum, kakav je 23. kolovoza, zamijene 02. travnjem. K tomu bi se moglo tog dana umjesto na *„Groblju mira"* ako već ne na *„Partizanskom groblju"* (koje bi svaka odgovorna vlast držala urednim, iz poštovanja velikog umjetnika i čovjeka, pokojnog Bogdana Bogdanovića, ili sebe radi), tada na Španjolskom trgu u Mostaru odavati počast žrtvama, uključivo svim hrvatskim žrtvama, ma pod kojom čizmom pali!

* * *

Ne, kritička kultura sjećanja po uzoru na Nijemce nije na hrvatskoj, niti na nekoj drugoj nacionalnoj *„agendi"* u zemljama jugoistoka Europe. O tomu sam govorio i u knjizi *„Kultura sjećanja"* (FES, 2011.) i u knjizi *„Prokletstvo kulture selektivnog sjećanja"* (Friedrich Ebert Stiftung, 2015.), koja je promovirana sredinom rujna ove godine u Banja Luci na važnoj regionalnoj konferenciji o kulturi sjećanja, na kojoj je konstatirano da živimo već spomenuti *„socijalni Alzheimer"* (Ž. Korać) i *„udobnost selektivnog sjećanja"* (Ž. Puhovski). Iz te tobožnje udobnosti u konačnici i proizlazi *„prokletstvo selektivnog sjećanja"*, kao priprema za sljedeće ratove, replicirao sam kolegi Puhovskom na njegovu primjedbu kako mu se ne dopada naslov moje knjige. Ove moje knjige preporučam, dakako, i hrvatskim i svim drugim političkim, duhovnim i kulturološkim *„elitama"*, uz rizik da ismijaju moju naivnost, jer su moji vapaji za istinom i pravdom kontrapunkt njihovim viktimizacijskim narativima i politikama. (Vidjeti, dakle, u rubrici Knjige na ovoj web stranici sadržaje ovih knjiga u pdf-formatu!) Dakako, puno je realnije očekivati kako će i ova n ova,, kao i ona nešto starija knjiga ostati „temeljito nepročitana", kako je i prorokovao njezin recenzent dr. sc. Dragan Markovina, nedavno nagrađen „*Nagradom Mirko Kovač*" u Rovinju, za knjigu „*Tišina poraženog grada*", u kojoj se bavi sudbinom Mostara na sličan način kako se i u prvoj njegovoj knjizi bavio slučajevima Splita i Mostara u kulturi sjećanja. Mladom autoru me, inače, svojedobno privukla fusnota u njegovoj prvoj knjizi, jer je uočio moje „*nepripadanje*" nikomu, što je zapravo sudbina svih koji se pošteno bave bolnim temama. Jer, čim na iskren i bolan način provocirate stid zbog sunovrata u barbarizam velikog formata, pa potom i sram i suze za sve ponižene i uvrijeđene u svim ratovima, uključivo u onim s kraja 20. stoljeća, prepoznaju vas kao protivnika viktimizacijskih narativa i time slabog „*Hrvata*" (i vice versa ...), ili vas oni drugi, naduti, u ime njihovih jednodimenzionalnih pseudograđanskih i pseudolijevih ideologija i propalih politika bezočno optužuju da ste maltene ideolog nacionalističkih politika, jer niste i ne možete ni s njima. Teško, dakle, kritičkim glasovima u javnom prostoru sve dok tobožnje političke, duhovne i akademske elite grade „*budućnost*" na opisanim idcološkim narativima i politikama. U podijeljenim i jednodimenzionalnim javnostima „*u zemlji zarobljenog uma*", kakva je BiH, jednostavno i nema mjesta za sumnju, kritičko propitivanje, ni za „*pitanja krivnje*" i kritičku kulturu sjećanja, nego se skoro svi slijepo drže ideoloških zabluda i viktimo-transgresijskih politika koje ne vode u budućnost, nego u prošlost. Zapravo, tvrdoglavo jednodimenzionalno obilježavanje teških trauma u prošlosti – i na hrvatski i bošnjački i srpski način – svjedoči neizravno i o žurnoj potrebi europeizacije i kozmopolitizacije i ambijenata i identiteta, kako bi to formulirao pokojni profesor Ulrich Beck. Ili, kako bi to precizirala ugledna profesorica sa Sveučilišta u Konstanzi Aleide Assmann: *„Rad na nacionalnom pamćenju je neugodan, ali je nužan"*. Time je uvažena profesorica mislila na pošten, kritički i propitujući rad, na dekonstrukciji vlastitih *„tamnih fleka"* u bližoj ili daljoj prošlosti, a ne na proizvodnju primordijalističkih i perenijalističkih laži, čemu su nažalost sklone historiografije, politologije i sociologije u svim našim političkim i akademskim centrima.

Ipak, mora prestati sa svim tim narativima i politikama, dostojnim jedino prezrenja, pa se učiti prvo postidjeti, kako bismo potom imali pravo i dostojanstveno oplakivati svoje mrtve, ma gdje i kako pali, u ime ma koje ideologije to bilo, što nam je u vrijednoj kulturološkoj zaostavštini oporučio i pokojni njemački nobelovac G. Grass.

Pogledavam u kalendar, vidim da je 02. studenog *„Dušni dan – spomen mrtvih"*, kojeg kolokvijalno zovemo *„Dan mrtvih"*, a bilo bi vrlo smisleno da ga razumijemo i kao *„dan kletih"*, to jest onih nestalih u pustošima, ljudima bez imena na grobovima, ako ih uopće imaju, što su nam u strašno nasljeđe ostavile upravo tri totalitarne ideologije 20. stoljeća. I meni valja ovih dana na groblje Šarampovo na rubu Mostarskog blata, pa zapaliti moju agnostičku svijeću i srodnicima u grobovima i *„kletima"* – iščezlima u 20. stoljeću. Rekoh i spasih dušu svoju...

02. listopada 2015.

2. Hommage Helmutu Schmidtu: Najmisaoniji njemački kancelar svih vremena!

Bivši njemački kancelar Helmut Schmidt (1974-1982) preminuo je u utorak 10. studenog 2015. godine. Njegovo je zdravlje već dugo bilo loše, da bi se tijekom posljednjeg vikenda ozbiljno pogoršalo, priopćio je njegov liječnik Heiner Greten, ne očekujući da će se više oporaviti. Schmidtov liječnik je objasnio da se *"od subote njegovo stanje stalno pogoršava i da je dramatično"*, to jest da je u zadnja dva dana Schmidt "bio samo povremeno u svjesnom stanju". Schmidt je vjerojatno najvažniji njemački kancelar u povijesti, u svakom slučaju je najmisaoniji i najproduhovljeniji, napisao je desetine i desetine knjiga i izvodio je javne koncerte na klaviru, te je posve logično što je postao i objektom mojih opservacija tijekom dugog života u njemačkoj jezici i kulturi. O njemu i njegovim brojnim intelektualnim i političkim intervencijama i knjigama sam pisao u bezbroj navrata dok sam živio u Njemačkoj, ili sam neke i prevodio, da bih ih po povratku u BiH uveo u nastavu na kolegijima Uvod u znanost o politici ili onima posvećenim međunarodnim odnosima i europskim integracijama za koje sam zadužen na Studiju politologije Filozofskog fakulteta Sveučilišta u Mostaru. Igrom slučaja i u mojoj novoj knjizi u pripremi, zapravo u tisku (Lasić, M., Avanti diletanti..., Synopsis, Sarajevo-Zagreb...) bit će kolaž mojih opservacija posvećen Schmidtu i prijevoda njegova po meni najvažnijeg predavanja *"O etici u politici"*, kojeg je održao u *"Zakladi svjetski ethos"/ "Stiftung Weltethos"* (na Sveučilištu Tübingen) i eseja *"Tko (ne)pripada Europi"* iz knjige *"Samopotvrđivanje Europe" (Die Selbstbehauptung*

Europas, DVA, Stuttgart/München 2000., str. 254). Nadam se da ovim hommageom odajemo pristojnu i zasluženu počast velikom, umnom čovjeku i državniku, Nijemcu i Europljaninu.

O etici u politici i tko (ne)pripada Europi

Izlaganje Helmuta Schmidta *"O ethosu političara"* zaslužuje posebnu pažnju iz više razloga, ono je intelektualni užitak, po sebi, a može biti i produktivan poticaj promišljanju naših etičkih neprilika, zbog čega sam ga odmah preveo u cijelosti, a ovdje nudim samo njegove dijelove. *"Ethos"* je inače pojam kompleksnog značenja. U starogrčkom je značio i *"običaj"* i *"ćudorednost"* i *"karakter"* i mnogo čega drugoga. Ova grčka riječ može, naime, značiti i boravište, zatim, obično mišljenje ili postupak, navadu, običaj, ali i zavičaj, ćud, pravilo, princip i zakon. U modernoj, ovovremenoj, ne samo filozofijskoj uporabi pojam ethos znači dominantno držanje jedne grupe ili pojedinca, determinirano moralnim normama ili običajima, uobličeno tijekom vremena u kanon. Schmidtovo pozivanje na savjest kao vrhunsku instancu, zalaganje za mir, razum i toleranciju, kao i otvoreni prezir političara koji miješaju religiju s politikom može se, doduše, nekomu učiniti ponavljanjem starih lekcija iz etike ili, čak, moraliziranjem. U suštini, pak, ono je zaokruženi konstrukt prosvijećenog, savjesnog poimanja politike i demonstracija ideje prosvjetiteljstva. U tom smislu Schmidtovo zalaganje za savjest u politici može biti u prvom redu uporište onima, uključivo kod nas, koji su etični a nerijetko prezreni samo zato što uporište svoje moralnosti ne traže primarno u ideji roda, naroda i nacije, krvi i tla, ili, pak, Boga, nego u (raz)umu, prosvjetiteljstvu i unutarnjem osjećaju za mjeru stvari, časti i poštenju. Posebna vrijednost ovog eseja je u tomu što je vatreni pledoaje za čovjekovu savjest kao vrhovnu instancu izložio umni stari čovjek koji se definira socijaldemokratom i kršćaninom, te što je takvo što bilo moguće kazati u jednoj prosvijećenoj katoličkoj zakladi. Uostalom, takvih oaza ima i u regiji bivše SFRJ. Ne tako davno je, primjerice, u sarajevskim «Danima» profesor Franjevačke teologije u Sarajevu dr. fra Ivan Šarčević poručio kako i agnostici i ateisti mogu biti čestiti ljudi, a da je problem u anti-teistima! Slijedeći misao fra Šarčevića, međutim, moralo bi se rečenomu dodati da čestiti i moralni mogu biti i vjernici, uključivo svećenici, ali nisu apriori samo zato što su vjernici ili svećenici, popovi ili imami. Ergo, nije problem samo u borbenim anti-teistima, nego i u borbenim teistima, *«prvoborcima»* ogorčene bitke protiv krhkih tekovina sekularizma i prosvjetiteljstva, koji time nerijetko prikrivaju golu pljačku ili druge «tragove nečovještva» (Njegoš), dakle posve prizemne stvari kao što su tranzicijski lopovluk i na njemu formirana homo-duplex slika svijeta...

"Zlatno pravilo"

Iz obimnog predavanja Helmuta Schmidta *"O ethosu političara"* ovdje je moguće ponuditi tek akcente, sudove i poruke o (mogućim) međusvezama ethosa i političara, politike i religije, razuma i savjesti u životu i u politici. Schmidt je svoje predavanje započeo kantijanski, kako bi drugačije, elaboracijom "zlatnog pravila" o miru kao vrhunskom dobru. *"Maksima mira je bezuvjetni dio etike ili morala, koja se mora zahtijevati od jednog političara"*, ustvrdio je Schmidt, *"ovo važi podjednako za unutarnju politiku jedne države i njezinog društva kao i za politiku prema vani"*. Dakako, tomu pripada, samorazumljivo, i u svim religijama učeno i zahtijevano *"zlatno pravilo"* koje je Immanuel Kant u njegovom kategoričkom imperativu jedino iznova formulirao, a njemačka usmena predaja spjevala u pamtljiv stih: *"Što ne voliš da se Tebi čini, ne nanesi nikomu drugomu"*. *"...Ono što me do danas uvijek iznova smeta pri pozivanju na kršćanskog Boga, kako od nekih crkvenih ljudi, tako i od političara, je tendencija isključivosti, koju susrećemo i u kršćanstvu i isto tako u drugim religioznim pravcima – ti nisi u pravu, a ja jesam, moja su uvjerenja i moji ciljevi bogodopadljiviji"*, obrazložio je neuobičajeno direktno Schmidt, kojemu je već odavno *"postalo jasno da nas naše različite religije i pogledi na svijet ne moraju sprječavati u tomu da surađujemo što najbolje možemo, jer su naše moralne vrijednosti i činjenično bliske jedne drugima"*. Mir je među nama moguć, naglasio je Schmidt, ali u svakom slučaju mir moramo uvijek iznova uspostavljati i *"poticati"*, kako je i govorio Kant. Cilju mira ne služi, međutim, ako vjernici i svećenici jedne religije pokušavaju preobratiti ili misionirati vjernike druge religije. Zbog toga je Schmidt duboko skeptičan prema samim temeljima ideje misioniranja, pri čemu važnu ulogu ima i *"povijesno znanje"*, pod čim Schmidt misli na okolnost da su *"kako kršćanstvo tako i islam stoljećima šireni putem mača, putem osvajanja i podčinjavanja, a ne putem svjedočanstava, uvjerenja i samouviđavnosti"*. Tragedija je, realističan je dovoljno bio uvijek Schmidt, što na svim stranama ima rabina, svećenika, pastora i biskupa, mulla i ajatollaha, koji nama laicima uskraćuju svako važno znanje drugih religija. Oni su nas, nasuprot, raznoliko poučavali da o drugim religijama mislimo odbijajući i, čak, nepovoljno. Ali, tko želi mir među religijama taj bi trebao propovijedati toleranciju i respekt. Poštovanje drugih pretpostavlja, pak, makar minimum spoznaja drugoga. *"Već sam dugo vremena uvjeren da ne samo tri abrahamske religije, nego isto tako i hinduizam, budizam ili shintoizam s pravom zahtijevaju jednaki respekt i jednaku toleranciju"*, poručio je Schmidt, *"pada mi na um, sada i ovdje, i jedno važno iskustvo, očigledno su prvorazredne spoznaje, znanstvena dostignuća, svakako i etička i politička učenja, i tada moguća kada njihovi začetnici nisu naslonjeni na jednog Boga, na jednog Poslanika, na jedno Sveto pismo ili na jednu određenu religiju, nego se jedino osjećaju obveznima svojem razumu. Ovo važi jednako i za socijal-ekonomska i politička dostignuća"*. Svakako, europsko-sjeverno-američko prosvjetiteljstvo je koštalo više stoljeća naprezanja i borbe kako bi se ovom iskustvu omogućio proboj u našem dijelu svijeta. Drugim riječima, bez da je prvo napregnuo svoj razum ne može političar savjesno odgovarati za njegove radnje i njihove posljedice. Samo dobra namjera ili samo glasno uvjerenje ne može ga rasteretiti odgovornosti. *"Zbog toga sam uvijek smatrao važećom Max Weberovu misao o neophodnosti etike odgovornosti, u suprotnosti s etikom uvjerenja..., zastupao sam desetljećima i riječju i pismom uvjerenje o odlučujućem značenju za političke odluke dva elementa – razuma i savjesti"*, akcentirao je Schmidt.

Immanuel Kant je, svakako, razmišljao cijeli život o temeljnim vrijednostima njegove savjesti, bez da je u tomu religija igrala neku ulogu. Kant je označio savjest kao *'svijest unutarnjeg suda u čovjeku'*. Ali, bilo da se savjest izvodi iz čovjekova razuma ili iz Boga, u svakom slučaju ima malo sumnji u činjenicu postojanja čovjekove savjesti. *"Bio kršćanin ili musliman ili Židov, bio agnostik ili slobodni mislilac, odrastao čovjek ima savjest"*, demonstrirao je u Tübingenu Schmidt *"kantijanstvo"* par excellence, dakle ovovremeno prosvjetiteljstvo. Za razliku od mnogih drugih teologa, koji vrlo selektivno prstom upiru samo u *"one druge"*, Schmidtu je jasno da su *"političari Srednjeg vijeka, dakle vojvode i kraljevi, kalifi i pape, smatrali zgodnim pa su prisvojili za sebe religiozne misijske misli, pa ih potom i instrumentalizirali u svrhu proširenja svoje moći, dok se tisuće i stotine tisuća vjernika dalo u ove igre voljno instrumentalizirati"*. Iz svih ovih iskustava sam za sebe izvukao jasan zaključak – naglasio je Schmidt – ne vjeruj onom političaru, onom šefu države ili vlade koji svoju religiju čini instrumentom svoje težnje za vlašću. Time je, pak, Schmidt formulirao i svojevrsni ovovremeni kategorički imperativ: *"Drži odstojanje od takvih političara koji pomiješaju jednu s drugom svoju onostranu, ka zagrobnom životu orijentiranu religiju, i svoju ovostranu politiku..."*!

17. studenog 2015.

3. Deset godina vladavine njemačke kancelarke Angele Merkel (22.11.2015. – 22.11. 2005.)

Angela Merkel je prije 10 godina, točno 22. studenog 2005. godine, postala prva žena u njemačkoj povijesti *„njemački kancelar“*, ili politički korektnim jezikom kazano *„gopođa savezna kancelarka...“ („Frau Bundeskanzlerin Dr. Angela Merkel“)*, što je tumačenje i preporuka Protokolarne službe u Berlinu. Mnogima je u izrazito muškoj domeni kakvom je politika trebalo vremena da se naviknu na tu jednostavnu činjenicu. Na samom početku se obrukao i njezin prethodnik u Kanzleramtu Gerhard Shröder (SPD), koji je u svibnju 2005. godine pristao na raspisivanje prijevremenih saveznih parlamentarnih izbora, koje je 22. rujna iste godine tijesno izgubio, poslije čega je njegov SDP tek kao mlađi brat ušao u *„veliku koaliciju“* s Unijom (CDU/CSU). Tako je Merkelova po prvi put postala *„Frau Bundeskanzlerin...“* dok joj je Gerhard Schroeder u izbornoj noći, maltene u lice rekao: što hoćeš, pa Ti nisi sposobna. Ubrzo je on bio potisnut u sjećanje, dok se Merkelova uspela i na njemački i europski i na svjetski politički tron.

Nije jedina žena koja je u muškom svijetu politike pokazala kako žene mogu podjednako dobro voditi zemlju kao i muškarci, pa i obzirnije i bolje, ali je malo koja od uspješnih žena bila tako uvjerljiva, unatoč što je prati glas da oklijeva, promišlja, pa tek potom slijedi uporno vlastite odluke. Nije slučajno što su je u njemačkom jeziku od njezina imena skovan glagol *„merklati“* u značenju oklijevati. No, najvažnije je što je s njezinim načinom vladanja sve do jučer bila zadovoljna natpolovična većina njemačkih građana.

Pripremajući ovaj prigodničarski osvrt, pronašao sam u vlastitoj arhivi na desetine i desetine tekstova o njoj koje sam pisao u različitim povodima, primjerice povodom njezina čuvenog predavanja na Humbold sveučilištu u Berlinu, krajem svibnja 2009. godine. Tad već nisam više bio *„europski dopisnik"* za niz medija u Srbiji i u BiH, ali nisam odolio pa sam zabilježio, između ostalog, i sljedeće: *„...U ovoj globalnoj financijskoj krizi mora Europska unija biti jedinstvena, jer Europljani samo zajednički imaju šanse sudjelovati u suoblikovanju svjetskih pravila. Pet stotina milijuna ljudi u Europi (Angela Merkel misli pod Europom u pravilu EU) mogu u svijetu od šest milijardi ponešto pokrenuti, ma koliko takvo što bilo mukotrpno, ali nema alternative, jer nijedna zemlja sama neće moći prevaladti krizu i postaviti nove standarde".* U ovom pamtljivom govoru Merkelova je progovorila i o njemačkom socijalno-tržišnom modelu kao njemačkom *„izvoznom šlageru"*, mada je ovu sintagmu skovala jedne druge prigode, jer ovaj model sadrži i socijalne i ekološke standarde, koje podrazumijeva vrijeme u kojem živimo, pa je neophodno boriti se za ove principe ili ih ugraditi negdje drugdje. *„Podjela u Europi sa mnom neće biti"*, poručila je i ovom prilikom Merkelova, odbacivši ideju *"Europe s dvjema brzinama"*, što je ujedno značilo i odbacivanje ideje o *„jezgri EU"* i satelitima na rubu EU, pošteno priznavši: *„Istina je da svakog njemačkog građanina članstvo u EU stoji 236 eura na godinu, ali Njemačka isto tako natprosječno i dobiva od zajedničkog tržišta".* Zapravo je ono već dugo vremena bilo unutarnje tržište EU, ako ne i jedinstveno. U slučaju *„Grexita"* bila je na ivici da ponudi Grcima stvarni *„exit"*, pa je na kraju popustila nudeći im *„posljednju šansu"*, posve svjesna, kako je i javno kazala: *„Padne li euro, past će i Europa"!*

Iz ovih razloga i svi oni u SR Njemačkoj koji dišu kozmopolitiski, ili vuku barem malčice *"u lijevo"* prihvatili su u međuvremenu Angelu Merkel kao svoju kancelarku, uostalom i u prvoj i u drugoj *"velikoj koaliciji"* (CDU/CSU i SPD) pod njezinim vodstvom nemoguće je uvijek razlikovati tko je socijaldemokrata a tko kršćanski demokrata, tko je više lijevi a tko desni politički centar. Doduše, ponekad bi umjela povući iz političkih razloga i *"ručnu"*, ali ne onu koju joj spočitava slabo informirana hrvatska predsjednica *"magistrica K.G.K.":* *"Zeleni barem znaju protiv čega su. Socijaldemokrati ni u to nisu sigurni..."*

Iza Merkelove je, dakle, već 10 turbulentnih godina u berlinskom *"Kanzleramtu",* ali se Merkelova suočava upravo sada s najozbiljnijim političkim iskušenjima: zbog *"dobrodošlice izbjeglicama",* iz rata, Sirije i Iraka (a ne i ekonomskim izbjeglicama, što ne razlikuje brzopleta *"magistrica K.G.K.")* poslušnost joj otkazuju ne samo zastupnici iz bavarske CSU, to jest pristaše bavarskog kneza Horsta Seehofera, nego i mnogi u vlastitim redovima, maltene polovica CDU-ovih zastupnika u Bundestagu, pa krhku većinu potrebnu za upravljanje zemljom ima u Bundestagu samo zahvaljujući apsolutnoj podršci zastupnika iz redova SPD-a.

Usput kazano i ova treća poslijeratna *"velika koalicija"* u povijesti SR Njemačke (1966-1969; 2005-2009; 2013 -) čini dobro zemlji u cijelosti, jer u stvarnosti i funkcionira temeljem velikog uvažavanja koalicionih partnera što je pretpostavka svake konsenzualne kulture, uključivo konsocijacijske, i u jednonacionalnim zemljama, te pogotovu u multinacionalnim federacijama. Posve je logično, zapravo, što je Merkelova nakon prvih

100 dana *„kancelerovanja"* imala podršku ili simpatije čak 80% Nijemaca, koja se sve do jučer vrtila oko 70%, jer je sjajno preplivala i financijsku (2008.) i gospodarsku krizu (u godinama potom), pa se nezaposlenost smanjila na *circa* pet procenata a pojavili su se u državnim proračunima čak suficiti, da bi se - pod utjecajem aktualne izbjegličke krize - njezina popularnost po prvi put ispustila ispod 48% podrške svih njemačkih građana.

No, unatoč tomu, ima osnove vjerovati da će Merkelova izdržati do sljedećih saveznih parlamentarnih izbora (2017.), ukoliko EU i time i Njemačka ne potonu u narednim mjesecima u *„organizirani kaos"*, koji su joj namijenili opasni igrači na svjetskoj sceni, oni tobožnji partneri kojima nije do partnerstva nego do njihove hegemonije (uostalom, čitajte Engedahlove knjige i analize, jer se od ovog underground autora više može saznati o odnosima između tranasatlantskih partnera nego od tzv. mainstream autora, zato je i postavljen naputak o njegovim knjigama na moju web stranicu...)

* * *

Povodom okrugle, desetljetne vladavine jedine žene na čelu SR Njemačke diljem se svijeta, dakako, mnogi pitaju kako je jedna žena, dočekana kao outsider u politici, uspjela izaći na kraj s brojnim *„zemaljskim knezovima"* *(Landesfuersten)* u vlastitim CDU-redovima, i u protivničkim, također. Jedna od njezinih biografkinja Jacqueline Boysen (*„Angela Merkel – Eine Karriere"*, 2005.) tvrdi da Angela Merkel djeluje svakim danom sve sigurnije, te da njezina proračunatost i uzdržanost od bespotrebnih krupnih riječi i javnih svađa bivaju vremenom respektirani i od njezinih protivnika. U svakom slučaju je posve točno da se zbunjena *„Kohlova djevojčica“* od nekoć ubrzo po preuzimanju kormila njemačke politike transformirala u *„Power Frau“* i njemačke i europske i svjetske politike.

Nije slučajno, dakako, što je godinama bila birana i za *„najmoćniju ženu svijeta“* (Times, Forbes ...), pa ni što je ove 2015. godine bila i u najužem krugu za Nobelovu nagradu za mir, zajedno s papom Franjom i Tuniškim nacionalnim kvartetom za dijalog, kojemu je ovo priznanje s razlogom na kraju i pripalo. Dobri poznavatelji tvrde da se Merkelova u ove političke visine uzdigla zahvaljujući sljedećim vlastitim načelima: ne pokazuj emocije; kriza je nova prilika; budi fleksibilna; pokaži moć i traži lojalnost; voditi znači služiti; ne daj lažna obećanja!

U međuvremenu se Angelu Merkel stiliziralo s razlogom i u alternativu *„orbanizaciji“* Europske unije, što je i zaslužila, jer je ona, doista, ponajbolji izdanak one političke kulture ozdravljenja koja se odnjegovala u poslijeratnoj SR Njemačkoj a koja u prvom redu podrazumijeva solidarnost s ugroženim ljudima, ma koje vjere i nacije bili. Imala je smjelosti i u ovim teškim vremenima za sve kazati: *„Možda bismo mi kao kršćani svoje misli ponovno trebali više usmjeriti prema svojoj religiji i razmišljati o kršćanstvu umjesto da se bojimo islama“!* Učinilo mi se, priznajem, da kćerka *"evangeličkog pastora"* u osnovi govori jezikom i slijedi etiku pape Franje.

U jednoj od biografskih knjiga o Merkelovoj, onoj Volkera Resinga *"Angela Merkel – protestatankinja"* (*"Angela Merkel – Die Protestantin"*, St. Benno Verlag GmbH, 2009., str. 160), već na omotnicu je izvučeno: *"Angela Merkel nije samo savezna kancelarka i jedna od najmoćnijih žena svijeta, ona je također i vjerujuća protestantkinja. Niti jedan savezni kanelar prije nije bio teologijski izobražen poput nje, njezino djetinjstvo kao pastorove kćerke ju je determiniralo jednako kao i okolina neprijateljski nastrojena prema crkvi u DDR-ovoj diktaturi. Nakon promjena pravi neusporedivu karijeru. Iako je vjera za saveznu kancelarku osobna stvar, ona se ne usteže kazati kako su službe Božje njoj važne i kako rado pjeva stare crkvene pjesme. Traži dijalog s crkvom, ali se ne ustručava niti konflikta..."* Uostalom, umjela se suprotstaviti svojevremeno i papi Bendiktu XVI.

U intervju za magazin Cicero je Resing objasnio kako je Angela Merkel *"više pruska protestantkinja nego istočnonjemačka fizičarka"*, što znači da je za nju vjera vrlo važna, ali je i posobna stvar, pa se ne smije funkcionalizirati u politici. S tim se slažemo, ali tomu dodajmo da je to i jedini način da se u post-sekularno vrijeme poraslih utjecaja velikih vjera sačuva bit ideje sekularizma. Merkelova, dakle, ne želi vjeru protjerati iz javnog života, ali zalaže se za oprezno postupanje s vjerom u javnosti. Angelin otac, pastor Horst Carsten, nije bio samo evangelički svećenik i teolog, nego je vodio u Templinu i važnu ustanovu za daljnje usavršavanje evangeličkih svećenika za cijeli Brandenburg. U vrijeme njezinog djetinjstva je tako Templiner Waldhof, gdje je Angela živjela s roditeljima, bilo mjesto u kojem su se vodile kontroverzne diskusije o ulozi crkve u socijalizmu, o teologiji oslobođenja i o drugim religioznim i političkim pitanjima. *"Ove teologijske i političke diskusije bile su intelektualno majčino mlijeko današnje savezne kancelarke"*, poručuje autor portreta Angele Merkel kao kršćanke - protestantkinje, pripadnice Evangeličke crkve u Njemačkoj (EKD). Pa ipak, tvrdi Resing, odgoj i obrazovanje Angele Merkel su bili strogi i građanski orijentirani, ali *"logično mišljenje i izvjesna trijeznoća u argumentaciji ne potječu primarno iz njezinih prirodnozanstvenih studija, nego su plod očevoga, pastorskog utjecaja"*.

* * *

Povodom obilježavanja 50. obljetnice početka gradnja Berlinskog zida (13. 08. 1961.), Merkelova je priznala kako je upravo Zid za sva vremena determinirao njezin život. Ona je rođena, naime, 17. srpnja 1954. godine u Hamburgu, na Zapadu, ali je s tri godine odvedena na Istok, tamo su pastoralni putovi Gospodnji vodili njezinog oca. Imala je samo sedam godina kada se *"unutarnja njemačka granica"* pretvorila u *"željeznu zavjesu"*. Sve do *"pada Zida"* je živjela u bivšem DDR-u, u mladosti u Templinu, u Brandenburgu, dok je studij fizike apsolvirala u Leipzigu, poslije čega biva uposlena u Centralnom institutu za fizikalnu kemiju pri DDR-ovoj Akademiji znanosti u Istočnom Berlinu.

Kao znanstvena suradnica ovog instituta usmjerava se na oblast kvantne kemije, pa u ovoj oblasti stiče i titulu doktora znanosti 1986. godine. Ona je – posve precizno govoreći - fizičarka po osnovom studiju i kemičarka po doktorskim studijima. U vrijeme pada *"željezne zavjese"* pristupila je demokratskom pokretu u bivšem DDR-u, pa je nakon tamošnjih prvih slobodnih izbora izabrana i za zamjenicu vladinoga glasnogovornika (u vladi Lothara de Maizierea). Nije bila nikakav *"komunistički kadar"*, kako se kod nas znade pogrešno pisati, njezino članstvo u Slobodnoj njemačkoj omladini (*Freie Detshe Jugend*) bi se prije smjelo objasniti političkom mimikrijom *"protine kćeri"*, ili usporediti s benignim obligatornim članstvom nas starijih u Savezu omladine Jugoslavije.

U kolovozu 1990. godine pristupila je novoosnovanoj CDU u bivšem DDR-u, pa par mjeseci kasnije dobiva prvi direktan zastupnički mandat u Bundestagu za okrug Stralsund u Sjevernoj Pomeraniji. Helmut Kohl ju je prosto oktroirao 1991. godine za zamjenicu predsjednika CDU i za ministricu u njegovoj vladi za žene i omladinu. U sljedećem mandatu postaje i savezna ministrica za ekologiju. Godine 1998. postaje generalna tajnica CDU, a 10. travnja 2000. godine i prva žena na čelu CDU u njezinoj povijesti. Dvije godine poslije preuzima i poziciju predsjednice frakcije CDU/CSU u Bundestagu, eliminirajući brojne oponente i otvarajući i definitivan put za njemačku kancelarku, do čega će i doći prije 10 godina – 22. studenoga 2005.

Od bivšeg DDR-a joj je ostalo sretno djetinjstvo, doktorska titula i prezime muža iz prvog braka, koje ne želi mijenjati. S njezinim drugim suprugom, berlinskim profesorom kemije Joahimom Sauerom se pojavljuje privatno i protokolarno vrlo rijetko u javnosti, žive uz plovni kanal u centru Berlina, o tomu posjetitelje obligatorno izvijeste *"gondolijeri"* kada se voze kao turisti od Muzejskog otoka do Kanzleramta. Angela Merkel može, dakle, i pješice na posao, sve dok je uposlena u Kanzleramtu. Ne drži muževljevu sliku na radnom stolu u Kanzleramtu, kazala je jedne prilike uz osmijeh, može ga od jutra do večeri držati i u sjećanju. Nema djece. Govori sjajno i engleski i ruski jezik.

Kako je već kazano, u ujedinjenoj Njemačkoj je visoko katapultirana voljom bivšeg njemačkog kancelara Helmuta Kohla, de facto njezinog *"političkog očuha"*, pa ju je dugo pratio nadimak

"Kohlova djevojčica" (*"Mädchen"*). U međuvremenu je *"Mädchen"* ispisala *"Märchen"* (političku bajku), poslavši u mirovinu ili istisnuvši na marginu i Kohla i brojne Kohlove nasljednike, tzv. arogantne *"provincijske prinčeve"* (E. Stoiber, R. Koch i F. Merz nisu više u politici, kao ni Ch. Wulf, koji je prvo bio promaknut u *"englesku kraljicu"*, to jest za predsjednika SR Njemačke, čemu nije bio dorastao, pa je morao podnijeti ostavku zbog nekih banalnosti). Kad je bilo potrebno, na sličan se način obračunala i s Kohlovim *"vječitim princom nasljednikom"*, dakle Wolfgangom Shäubleom, kojeg je onemogućila da bude predsjednik CDU-a, da bi ga potom promakla u saveznog ministra unutarnjih poslova (u prošloj legislaturi), te u saveznog ministra financija (u tekućoj legislaturi).

Vjerojatno je *"Kohlova djevojčica"* isplivala u vrhove njemačke i europske politike upravo zbog svojeg DDR-ovskg backgrounda, izvjesne naivnosti i političke nevinosti, teško da bi drugačije i mogla postati shooting star njemačkih konzervativaca u post-Kohlovoj eri. Ali, kako god do tog došlo, zadivljujuće je što je ona ne samo iskoristila već svoju prvu političku šansu na prijevremenim saveznim izborima 2005. godine, nego što je sličan izborni uspjeh ponovila i 2009. godine, porazivši *"na mišiće"* SDP-ovog protukandidata dr. Waltera Steinmeiera, kao i na sličan način četiri godine kasnije SPD-ovog financijskog stručnjaka Peer Steinbrüka.

Ona je *"Alfa Tier"*, tako kažu Nijemci za nekoga tko ima potrebu da bude vođom u čoporu, što nije neukusna usporedba ako se znade da se svijet politike nerijetko i dade objasniti samo putem zoologije. Iza nje je puno groblje *"političkih lešina"*, vjerojatno zbog toga što *"Alfa"* i nije imala izbora, nego ja ili oni. Zato je i ne treba podcjenjivati ni sada kada izgleda ranjivijom nego ikada ranije, kada se umnažaju znaci zamora ili se nazire skori silazak s vlasti. Ne smiju se zaboraviti, ipak, riječi koje se pripisiju aktualnomu bavarskom *"CSU-knezu"* Horstu Seehoferu, inače njezinom trenutno najopasnijem političkom protivniku, koji je u političkom pogledu, posebice glede izbjegličke krize, bliži Viktoru Orbanu nego Merkelovoj: *"Onaj tko je podcijeni već je izgubio... "*

Angela Merkel je, dakle, stigla do samog vrha njemačke, europske i svjetske politike. Njezina vizija ili koncepcija Europe se ne dopada mnogima, ali ne smije joj se olako odricati atribucija velike pro-Europljanke, dapače. Ne smije se kriviti ni za *"smrt multikulturalizma"*, za što je optužuju kod nas neki neinformirani dopisni članovi ANU BIH, nažalost, ili naduti mediji (uzalud sam, dakako, pisao *"Aporije multikulturalnosti..."*), jer je ona progovorila, zapravo, o propasti dosadašnjih migracijskih i integracijskih koncepata u SR Njemačkoj i u EU. Koliko je u pravu bila govore i aktualni teroristički napadi mladih Francuza protiv svoje zemlje. Uostalom, tko se prema izbjeglicama u aktualnoj izbjegličkoj krizi ponašao humanije od nje? Inače, od multikulturalizma razumljenog kao inter-kulturalizma, tj. respektiranje nužnosti kulturološke pluralizacije u zapadnim, postkolonijalnim useljeničkim društvima (J. Habermas) se ne smije odustati, to Merkelova znade kao nijedan drugi šef države u svijetu ...

* * *

Uoči putovanja u Washington (2011.) kako bi primila iz ruku američkog predsjednika Baracka Obame *„Medalju slobode"*, njemačka kancelarka Merkel je od utjecajnog američkog tjednika

„Newsweek" počašćena atribucijama *„čudo od žene" (Wonder Woman)* i *„spasiteljice današnje Europe".* Tek povodom aktualne *„velike seobe naroda"* ove su atribucije dobile puniji smisao.

„Možda je potcijenjena i omalovažena, no Angela Merkel, sa svojom tihom, ali čeličnom snagom, i lutheranskim zdravim razumom, čelnica je bez koje bi Europa bila u neredu", poručio je već prije četiri godine *„Newsweek",* a potonji događaji su mu samo dali za pravo. *„Njezina mantra je suradnja, a ne sukob",* primijetio je vrlo upućeno tada za *„Newsweek"* i Peter Löscher, izvršni direktor Siemens AG-a, *„ona ima sjajan kapacitet za izgradnju povjerenja".* Istina je, naime, da je Merkelova postala *„najjača i najizdržljivija osoba u europskom političkom vrhu",* a Njemačka *„jedina globalna ekonomska sila u Europi",* drugi najveći svjetski izvoznik (iza Kine) i četvrto gospodarstvo u svijetu, odmah iza kineskog, američkog i japanskog. Ne samo *„Newsweek",* nego su je i magazini *"Time"* i *„Forbes"* iz istih razloga, kako je već dotaknuto, više puta proglašavali *„najmoćnijom ženom svijeta".*
Bliski prijatelji opisuju je kao skromnu ženu, zapisao sam u bilježnicu prije četiri godine ocjenu *„Newsweeka",* jer ona i dalje ljetuje u istoj vikendici u bivšoj istočnoj Njemačkoj koju je posjedovala prije pada Berlinskog zida, a njezin suprug, znanstvenik Joachim Sauer, koristi javni prijevoz na putu od njihovog nepretencioznog stana u centru Berlina do Instituta za kemiju na Sveučilištu Humboldt. Merkel je učinkovita, djelomično i stoga što je zadržala svoju neovisnost i svoj privatni život za sebe, tvrdi i James Wolfensohn, bivši predsjednik Svjetske banke, a još je k tomu i žilava. Ona nije netko tko će trčati po svijetu, nastojeći dobiti priznanje zbog svog

predsjednikovanja, primjećuje Wolfensohn, bez njezinih osobina se ne bi moglo upravljati Njemačkom, jer to *„nije posao za slabiće."*

Ipak, najljepši je, po mojem sudu, onaj Newsweekov kompliment kojim joj se priznaje da je *„na svjetskoj pozornici glasni zagovaratelj ljudskih prava".* Njezino obrazloženje s tim u vezi je sljedeće: *„Prepoznala sam da sloboda nije nešto što vam je unaprijed dano..., pa sam postala, i vjerujem da još uvijek to jesam, gorljivi zagovornik slobode, a također i slobode mišljenja."* Možda tomu samo dodati njezin moto: *„Tko ne izgara na poslu, zaglupljuje"!*

* * *

Boraveći ljetos u SR Njemačkoj bio sam svjedokom medijskog posredovanja razgovora Angele Merkel sa skupinom mladih ljudi u dobi između 14 i 17 godina u Rostocku, koji se pretvorio – zahvaljujući suzama jedne palestinske izbjegličke djevojčice – u prvorazredni medijski i politički događaj. *"Teško je vidjeti da drugi mogu uživati u svojim životima, a ti sam ne možeš...",* kazala je bespomoćna Reem Sahvil moćnoj Angeli Merkel kako bi objasnila da će njezini snovi o studiju u Njemačkoj biti uništeni ukoliko napusti ovu zemlju. *"I ja imam ciljeve kao i svi, obrazovanje je moja želja i cilj koji želim postići",* objasnila je Reem na tečnom njemačkom jeziku, zabilježio sam u jednoj kolumni za zagrebački portal za koji sam tada radio.

"Ja to razumijem, pa ipak moram..., politika je ponekad teška", uzvratila je antipopulistički Merkelova, *"ti si veoma draga osoba, ali znaš, u palestinskim izbjegličkim kampovima su tisuće i tisuće izbjeglica, pa ako sada kažemo svima njima da mogu doći, kao i svima u Africi da mogu doći, mi se s tim ne bismo mogli nositi."* Reem se rasplakala,

pa je Merkel obzirno konstatirala: *"Ti si napravila odličan posao".* Potom ju je pomilovala po kosi, otkuda i potječu medijski naslovi „*Merkelova miluje ("Merkel streichelt")...*

Palestinska djevojčica je uistinu doprinijela da se u uzavreloj diskusiji o novim izbjeglicama, kojoj ton daju PEGIDA-prosvjednici i drugi desničari, čuju i glasovi onih koji nemaju predrasude prema *"budućim Europljanima",* pa su se mogli začuti i glasovi koji ne razumijevaju Njemačku kao etničku, nego i kao *"političku zajednicu"* jednakopravnih šansi za sve, kozmopolitiziranih ambijenata i identiteta, kako je to nenadmašno formulirao pokojni profesor Ulrich Beck.

U mojemu razumijevanju, Angela Merkel je nadmašila samu sebe kad je smogla snage u uzavreloj političkoj i kulturološkoj atmosferi u SR Njemačkoj kazati i sljedeće: „*Moram iskreno reći, budemo li se morali ispričavati što u izvanrednim situacijama pokazujemo ljudsko lice, onda ovo nije moja zemlja"*! Što drugo reći, nego: čestitke i za ovaj ljudski pristup i za deset godina uspješnog kormilarenja njemačkim i europskim političkim brodom. Bez nje bi unutar EU već bilo većih havarija!

22. studenog 2015.

4. Svladani istim sramom!

Imao sam čast da sam bio jedan od sudionika u predstavljanja književnog djela Nebojše Lujanovića *"Oblak boje kože"*, prepunog empatije prema Romima, održanoj u Mostaru, u gradu osakaćenih empatija, na Međunarodni dan ljudskih prava. Prvi članak Opće deklaracije o pravima čovjeka UN iz 1948. godine glasi: *"Sva ljudska bića rađaju se slobodna i jednaka u dostojanstvu i pravima. Ona su obdarena razumom i sviješću i trebaju jedno prema drugome postupati u duhu bratstva"*. Lujanovićev roman o Romima svjedoči, pak, da se neka ljudska bića rađaju s vrlo malim šansama za jednakopravnost i dostojanstvo. Kada se govori o ljudskim pravima mora spomenuti i Europska konvencija o ljudskim pravima, koja se kao temeljni dokument Vijeća Europe iz 1953. bavi ljudskim pravima na način Opće deklaracije, ali uvodi po prvi put i mogućnost pojedincima da za povrede svojih prava tuže države članice Vijeća Europe – Europskom sudu za ljudska prava. Tužna slika o stupnju zaštite ljudskih prava i temeljnih sloboda za manjince svih boja u ovom dijelu svijeta bila bi, dakle, još tužnija da ljudska prava nisu danas internacionalizirana.

Surova stvarnost

Lujanoviću je, zapravo, uspjelo u maniri velikog Güntera Grassa, umrlog u proljeće ove godine, progovoriti o Romima, što znači pokazati da se u romskim sudbinama zrcale naše kulturološke gluhoće i sljepoće, naše političke nadutosti koje i priječe da u Romima vidimo ljude sebi ravnima. Uostalom i u Grassovoj zemlji je odnos prema Sintima i Romima, kako se ove narodnosne skupine zovu u Njemačkoj, sve drugo samo nije idealan. Pri tomu ne mislim samo na holokaust nad Romima, kojim se bavi i Lujanovićev roman, nego na činjenicu da su Sinti i Romi "jednakopravni" samo u kulturi smrti, ali ne i u kulturi sjećanja, zbog čega je Grass i osnovao zakladu *"Stiftung zugunsten des Romavolkes"*, a književnik Romano Rose štrajkao glađu, kako bi i Romi dobili fontanu s obeliskom u Berlinu i natpis na mramornoj ploči: *"Mi se sjećamo svih Roma koji su pali kao žrtve nacizma u okupiranoj Europi, kao žrtve planiranog genocida"*. Kao da Romi moraju biti bolji od nas kako bismo im eventualno priznali da su dostojni našeg poštovanja. Tako sam jedne prilike pisao temeljem prijateljevanja s njim i razumijevanjem poezije Jovana Nikolića, jednog od vodećih romskih glasova u Europi. Uostalom, on me je povezao s nekim važnim ljudima u kulturi Roma, jer je dugo bio i potpredsjednik IRU (Međunarodne unije Roma), koja je svojedobno usvojila i zajednički standardni alfabet romskog jezika, što mi je, pak, pojasnio profesor Marcel Courtiade iz Pariza, najveći živući romski lingvista, koji predaje romski jezik na Sorboni. Nešto se u razumijevanju položaja Roma i promijenilo otkad se 8. travanj uveo u kalendar podsjećanja civiliziranih naroda na težak položaj romskog naroda u vlastitim zemljama, kao i na visoku vrijednost njihove kulture i doprinosa u Europi i u svijetu. U igri su i razni programi poput "Dekade Roma", koji tek nagovještavaju nadilaženja nevidljivih zidova koji onemogućuju jednakopravnost Roma i u ambijentima pravne države u jezgri EU a da se o prostorima jugoistoka Europe i ne govori. Zbog toga Jovan Nikolić u vezi Dana Roma – 8. travnja gorko konstatira: *"Osmi april ti dođe kao prvi april!"*. U romanu *"Oblak boje kože"* peku iole senzitivnog čitatelja upravo gorke istine o nama koji ravnodušno promatramo sve one kojima su u ružnim vremenima zagarantirani izgoni i stradanja, ili barem bešćutna ignorancija. Utoliko ovo i nije roman samo o Romima, nego o manjincima ma koje puti bili. Pri tomu boja ljudske kože nije znakom za rasu, jer su svi ljudi pripadnici ljudske rase. Uostalom, politički je nekorektno govoriti o ljudskim rasama, jedna je iz niza ignoriranih preporuka Ujedinjenih nacija iz sedamdesetih godina prošlog stoljeća. U surovoj stvarnosti su Romi posvuda, nažalost, i dalje suočeni s implicitnom diskriminacijom. U mojemu eseju *"O Romima"*, objavljenom posvuda, pa i u mostarskom časopisu *"Status"*, kazano je kako i verbalna i fizička agresija potječu iz nepoznavanja povijesti i kulture ovog naroda. Vjekovima usađivane predrasude o njima kao neradnicima i lopovima ubiru i danas svoje plodove. U vezi s tim se u jednom priručniku o nacionalnim manjinama u BiH veli: *"U BiH Romi su najvjerojatnije došli sa Osmanlijama i trajno ostali u njoj. Svoj nomadski način života, kako u drugim europskim zemljama, tako i u BiH u potpunosti su prilagodili životnim uvjetima koji su tu vladali. S druge strane, nisu svi Romi nomadi, jer većina Roma danas živi starosjedilačkim načinom života. Kroz svoju povijest, Romi su trpjeli brojna poniženja, pa i otvorene progone. U srednjem vijeku, u nekim gradovima i zemljama donošeni su zakoni protiv Roma, koju su čak predviđali i smrtne kazne za svakoga ko bi samo govorio romskim jezikom"*. Uvaženi profesor Marcel Courtiade mi je prije desetak godina objasnio, pak, kako su pra-Romi bili kulturna i umjetnička elita indijskog društva, deportirana 1018. iz svoje prapostojbine, grada Kanaudža u dolini Ganga, zato što su bili potrebni sultanu Mahmudu za kulturno-umjetnički procvat njegovog grada Gaznija u Afganistanu. Njihov potonji dolazak i na Balkan i u BiH bi mogao biti, dakle, vezan za osmanlijska osvajanja. Mnogo toga je, ipak, nejasno u vezi s Romima, ali je sigurno da su zanatstvo, smisao za pripovijedanje, muziku i ples, umjetnost uopće, ono što su sačuvali kao obilježja svojeg identiteta, kao i da riječ "Rom" potječe od sanskrita Rromba koji znači *"sveti umjetnik hramova"*, da bi u romskom samo- razumijevanju danas bila znakom za čovjeka.

Prestati s manipulacijama

U multinacionalnoj zemlji BiH, koju konstituiraju prema Ustavu tri konstitutivna naroda, Srbi, Hrvati i Bošnjaci, živi i 17 nacionalnih manjina. U članku 3 Zakona o zaštiti prava pripadnika nacionalnih manjina se kaže: *"Nacionalna manjina je dio stanovništva — državljana BiH koji ne pripadaju ni jednom od tri konstitutivna naroda, a sačinjavaju je ljudi istog ili sličnog etničkog podrijetla, iste ili slične tradicije, običaja, vjerovanja, jezika, kulture i duhovnosti i bliske ili srodne povijesti i drugih obilježja"*. Pojam *"nacionalne manjine"* se u literaturi razlikuje inače od pojma "etničke manjine", ma koliko toga imali zajedničkog, pri čemu je najbolje koristiti kompleksniju definiciju koju je 1977. formulirao specijalni izvjestitelj Potkomisije za sprečavanje diskriminacije i zaštitu manjina, talijanski profesor Francesco Capotorti. Po njegovom mišljenju, ovaj je pojam *"opravdano koristiti čim se odnosi na određenu, nedominantnu i brojčano manju skupinu, čim članovi ove skupine, ma koliko bili i državljani te države, imaju etničke, vjerske ili jezične karakteristike drugačije od ostatka dominantnog stanovništva i iskazuju, makar i implicitno, osjećaj solidarnosti koji je usmjeren na očuvanje svoje kulture, tradicije, vjere i jezika"*. U ovomu je kontekstu razumjeti i preporuke Vijeća Europe (No 1134/1990.) da se o pravima nacionalne manjine ima skrbiti *"čim su određene skupine ljudi izdvojene, ili oformljene u posebne skupine, dobro definirane i smještene na teritoriju neke države, čiji su članovi državljani, te imaju izvjesna vjerska, jezična, kulturna ili druga obilježja po kojima se razlikuju od većine stanovništva"*. Od iznimne je važnosti i što je Opća skupština UN usvojila u prosincu 1992. Deklaraciju o pravima nacionalnih, vjerskih i jezičnih manjina, te što se u ovoj deklaraciji veli: *"Osobe koje pripadaju nacionalnim ili etničkim, vjerskim i jezičnim manjinama imaju pravo slobodno, bez ikakvog miješanja sa strane i bez ikakve diskriminacije, privatno i javno uživati svoju kulturu, ispovijedati i prakticirati svoju vjeru i služiti se svojim jezikom. Osobe koje pripadaju manjinama imaju pravo aktivno sudjelovati u kulturnom, vjerskom, društvenom, gospodarskom i javnom životu"*. Sreća je, zapravo, da pitanja prava i zaštite nacionalnih manjina nisu više u isključivoj unutarnjoj nadležnosti država. Unatoč tomu, u političkoj praksi mnogih država, posebice onih koje nisu u stanju priznati da su višenacionalne, ili da na njihovom teritoriju žive i nacionalne i/ili etničke manjine, malo se toga promijenilo. Zbog toga ponajveći broj europskih država imaju solidna načelna akta, ali i nedostatnu praksu uvažavanja višenacionalnosti, uključujući i nacionalnih manjina na svojoj teritoriji. Doduše, u BiH je problem i u ustavnim zaprekama koje reproduciraju ograničenja glede konzumiranja pasivnog biračkog prava za manjine svih boja, pa i za tzv. konstitutivne manjine. Čim bi se priznalo i definitivno kako je BiH višenacionalna zemlja i da su njezini oformljeni identiteti sreća a ne nesreća, iznašla bi se bez po muke i tehnička rješenja koja bi omogućila kosmopolitizaciju triju političkih zajednica unutar BiH, kako bi se uopće mogla jednog dana oformiti i politička zajednica BiH. Utoliko je, dakle, nužno poći od činjenice kako je BiH višenacionalna država tri konstitutivna naroda i svih *"ostalih"*, te žurno prestati manipulirati pravilima većinske demokracije, pa uz metode upravljanja razlikama, dakako konsocijativnog, konsenzualnog tipa, uvesti i korektive tipa afirmativne akcije za nacionalne manjine i manjinske konstitutivne narode. Poslije bi i posljednjem političkom slijepcu bilo jasno da svi građani, uključivo i pripadnici nacionalnih manjina, pa i Romske manjine, imaju pravo biti politički predstavnici većinskih izbornih volja na teritoriju na kojem žive, ako to žele. Što se mene tiče, neki *"Dervo Sejdić"* bi mogao koliko sutra sjediti i u Predsjedništvu BiH ako je zadobio većinsku izbornu volju, uključivo građana hrvatske nacionalnosti.

Pred-politička društva

U BiH nažalost funkcioniraju pred-politička društva, koje nije okrznula politička (post)moderna, zbog čega je BiH *"case study"* kao poluprotektorat međunarodne zajednice i na početku trećeg milenija, što nam nije baš kompliment, ma kojeg smo identiteta, jer je prosto nedostojno imati skrbnika iznad sebe, ma tko bio, kao da smo malodobni. O tom fenomenu malodobnosti i skrbništva je pisao Kant još prije 200 i nešto malo više godina u čuvenom eseju *"O prosvjetiteljstvu"*. Suvremene političke zajednice moraju biti u stanju razlikovati individualna ljudska prava i zajedničke temeljene slobode, koje se, kako je govorio Hegel, ne mogu ni kupiti ni prodati, od zakona kojima *"politička zajednica"* u liku države štiti građane jedne od drugih i od same sebe kao jedino legitimno organizirane sile i jamca zakonitosti. Jer, poznato je da zakoni istovremeno mogu i štititi i ugrožavati slobode i prava građana. Otuda i jeste nužno uočavati diferenciju između individualnih ljudskih prava i temeljnih prava i sloboda, jer prva pripadaju sferi moralnosti, ili moralne svijesti *("common sense")*, dok su druga ustavna prava koja štite pojedinca od pojedinaca i od samovolje države, kako je između drugih upozorio i profesor Otfried Hoeffe u knjizi *"Politička pravednost"*. Da se tako radilo i ne bi nikad bilo odluke Europskog suda za ljudska prava u Strassbourgu "u slučaju Sejdić i Finci protiv države BiH", niti odluka Europskog suda koje de-diskriminiraju temeljna prava građana tzv. konstitutivnih manjina u tzv. pogrešnom entitetu. Uostalom, pogledajte kako se u Mostaru još uvijek ignoriraju Srbi i u Statutu grada i u praksi: nema ih u konzultacijama o budućnosti Grada, njih vode samo vodeće hrvatske i bošnjačke stranke, niti Srbi imaju mogućnost svoj jezik zvati svojim imenom, kao da su – da prostite – nevidljivi jednako kao i Romi. A bili su tijekom 20. stoljeća najmoćnija zajednica u ovom dijelu svijeta. Nije nikakva utjeha što se nekako slično povijest okrutno poigrala i s preostalim Bošnjacima i Hrvatima u Republici Srpskoj. Utoliko je bilo nužno – povodom Dana ljudskih prava – tijekom predstavljanja vrijednog umjetničkog djela Nebojše Lujanovića dotaći se i drugih manjinskih *"nevidljivih zajednica"*, u pravilu posvuda u BiH stigmatiziranih i skrajnutih, pa se zapitati – čemu sve to i dokle tako?

10. prosinca 2015.

5. Beckov pledoaje za kozmopolitizirane, europeizirane identitete i ambijente, narative i politike!

U protekloj 2015. godini umrli su mnogi veliki ljudi, pa i iznimno značajni Nijemci, te se mora biti vrlo pažljiv kako se ne bi nanijela nepravda jednima izgovarajući posljednji *„a tribute to...“*, odnosno pišući *hommage* najzaslužnijima. U mojemu odabiru, dakle, u posebne gubitke se imaju ubrojiti i odlasci političara kakvi su bili Helmut Schmidt i Richard von Weizsäcker (obojici smo posvetili odgovarajuće retke), književnih veličina poput *Güntera Grassa (vidjeti u prethodnoj kolumni), pa je red da na godišnjicu smrti podsjetimo na odlazak i sveučilišnog profesora iz* Münchena *Ulricha Becka.*

* * *

Igrom slučaja svoju posljednju veliku profesorsku turneju je veliki privrženik Europe (Europske unije) kao projekta mira, profesor Ulrich Beck proveo u prostoru *"obrnutih tranzicija"*, to jest *„zapadnog Balkana“*. U organizaciji Heinrich Böll Stiftung i Goethe Instituta, naime, profesor Beck je krajem 2014. godine boravio prvo u Beogradu, pa potom i u Sarajevu (11. i 12. studenog 2014.) u nizu predavanja (i intervjua) govorio o krizi europskog projekta, ali i o nužnosti kozmopolitizacije, to jest europeizacije i identiteta i ambijenata, sukladno njegovim poznatim tezama o tomu da su rizici šansa za novi i bolji početak. Dakako, i prije aktualne izbjegličke krize, odnosno „velike seobe naroda“ u pravcu jezgre Europske unije, gomilali su se znaci ozbiljne krize unutar Europske unije, pa je Beckov intervju za Peščanik i predavanje na Kolarcu u Beogradu *„Kako europski projekt može biti spašen ...“* (*How the European project can be* *saved: the cosmopolitan outlook*), pa potom i dva predavanja u Sarajevu o europskoj krizi unutar konteksta kozmopolitizacije (*"The European Crisis within the Context of Cosmopolitanization"*) i o transformaciji u svijetu: etnicitet i nacionalitet u eri kozmopolitizacije (*"The Transformation of the World: Ethnicity and Nationalism in the Age of Cosmopolitanization"*), 11. i 12. studenog 2014., već i zbog očekivanih objašnjenja njegovih teorija o *„društvu rizika"* i *„refleksivne modernizacije"*, kozmopolitizacije i europeizacije i ambijenata i identiteta, u osnovi nove kritičke teorije europskih integracija izazivalo veliku pažnju...

U zemlji *„zarobljenog uma"* i *„nacionalnih sociologija"* i istih takvih *„politologija"* i *„teorija države i prava"* nisu mnogi bili zadovoljni onim što su čuli, jer nisu u stanju pomjeriti se iz njihovih čvrstih *„busija"* (pseudo)liberalne ili etnonacionalističke pozicije u pravcu modernih teorija kozmopolitizacije u čijoj je osnovi poštivanje identitea i upravljanje njima, dakako putem nadilaženja provincijalnih, zatvorenih i identitea i ambijenata, što je i suština procesa transnacionalnih pulsacija i socijalizacija. Ma koliko podijeljeno društvo i država u poluprotektorskom statusu, kakva je BiH, trebali kozmopolitske inpute kako nadići očigledne podjele izvan oprobanih shema *"većinske demokracije"*, ma koliko se radilo o Beckovim posljednjim porukama zemljama i društvima u kojima se ima itekako potrebe za senzibilnim pristupima i teorijama, o njima se *„gromoglasno šuti"*, njih nitko ne sluša...

Profesor Beck je, zapravo, govorio o potrebi *„refleksivne europeizacije"* i identiteta i ambijenata, založivši se i za dekonstrukciju, to jest transformaciju temeljnih socioloških, pravnih i politoloških pojmova kao što su obitelj, nacija, nacionalna država, te njihovo ispunjenje novim sadržajima u globaliziranom, ali ne i dovoljno kozmopolitiziranom kontekstu. Demonstrirao je ono što se u međuvremenu i zove kritičkom teorijom europskih integracija, dakle suptilnim razumijevanjem europskih integracija kao prostora nove paradigme nenasilja i uvažavanja sviju identiteta, upravo temeljem kozmopolitiziranih narativa i politika...

Nitko nije mogao slutiti da će umrijeti nedugo potom, početkom 2015. godine. Zatekao sam se u tom momentu u SR Njemačkoj i sjećam se kratke vijesti u elektronskim medijima – u svom stanu u Münchenu, u 70. godini života umro je od srčanog udara profesor Sveučilišta Ludwig-Maximilian Ulrich Beck. U mjesecima potom je uslijedio *„a tribute to..."* na katedrama i sveučilištima i u Njemačkoj i u svijetu koje imalo drže do sebe. Mogao sam po povratku u BiH tek na kolegijima koje izvodim na Filozofskom fakultetu demonstrirati poštovanje prema jednom od vodećih svjetskih sociologa i *"eurologa"*, usudio bih se reći. Ovim *„hommageom"* ispravljamo, pak, i poslovičnu provincijalnu gluhoću u ovom dijelu svijeta prema velikim Europljanima...

* * *

Ulrich Beck (rođen 15. svibnja 1944. u Stolpu; umro 1. siječnja 2015. u Münchenu) postao je i izvan njemačkih granica poznat kada je objavio djelo *„Društvo rizika. Na putu u drugu Modernu"* (*Risikogesellschaft. Auf dem Weg in eine andere Moderne, Suhrkamp, Frankfurt am Main 1986.*), prevedeno u međuvremenu na 35 jezika. U izboru *International Sociological Association (ISA)* ovo je djelo inače izabrano u krug 20 najznačajnijih djela 20. stoljeća.

Profesor Beck je i u ovoj knjizi i u bezbroj navrata poslije (primjerice, u intervju za FAZ iz 2013.) objašnjavao kako *„mnogi miješaju rizično društvo s društvom katastrofe u kome zbog osjećaja prekasnog vlada besperspektivnost.“*, dok se *„pojam o riziku odnosi na prijeteću katastrofu, na još-uvijek-ne-katastrofu, koja se može i mora spriječiti“*. Rizik je *„poziv na akciju“*, pa je krajnje vrijeme nešto činiti i u Europi, u kojoj su danas *„odjednom na stolu opcije koje su do skora smatrane nevjerojatnima...“* K tomu, *„rizik budi ljude iz učmalosti, a političare iz takozvanog nepostojanja alternative. Nalazimo su u situaciji u kojoj naše neznanje prevazilazi naše znanje. A to posebno važi za ekonomiju. Ukratko, živimo u do sada neviđenoj mobilizaciji odnosa i ne smijemo ostati nepokretni...“* Bio je tijekom radnog vijeka profesorom sociologije na nizu katedri u SR Njemačkoj i u Europi, osim na *Ludwig-Maximilians-Universität München* i na *London School of Economics and Political Science* i na *Fondation Maison des Sciences de l'Homme u Parisu* i...

Znanstvenu djelatnost je umio itekako povezivati s društvenim i političkim angažmanom, o čemu svjedoče uvjerljivo projekti poput onog petogodišnjeg iz 2012. *„Metodološki kozmopolizam na primjeru klimatskih promjena“* kojeg nije stigao dovesti do kraja, ili manifest *„Mi smo Europa!“ ("Wir sind Europa!")*, kojeg je sastavio zajedno s njemačko-francuskim političarom u redovima *„Zelenih“* Daniel Cohn-Benditom i u kojemu se radi u biti o pledoajeu za nanovo osnivanje Europe – *"Europe građana"* i to *„odozdo („von unten“)*, kojemu će se, možda, neki kozmopolitizirani identiteti koliko sutra vraćati...

U ovom je kontekstu posebno inspirativna Beckova studija *„Pronalaženje političkog. Prema teoriji* *refleksivne modernizacije"* (Die Erfindung des Politischen. Zu einer Theorie reflexiver Modernisierung, Suhrkamp, Frankfurt am Main 1993.), u kojoj se radi o suptilnom razlikovanju tzv. industrijske, prve Moderne i tzv. post-Moderne, ili druge Moderne. U Beckovim konzekventnim dekonstrukcijama sporednih posljedica tzv. industrijske Moderne, naravno, radi se ne samo o propitivanju postignuća tzv. nacional-državne Moderne, nego i o samokonfrontaciji posljedica u *„drugoj Moderni"* sa samim osnovama modernizacije u *„prvoj Moderni".* Ova je studija doživjela i brojna referiranja, pa i re-interpretaciju u suradnji s čuvenim Anthony Giddensom i Scott Lashom *(Reflexive Modernisierung. Eine Kontroverse,* Suhrkamp, Frankfurt am Main 1996.) Iz nepreglednog niza monografskih radova profesora Ulricha Becka izdvaja se i studija *„Šta je globalizacija..."* (Was ist Globalisierung? Irrtümer des Globalismus - Antworten auf Globalisierung, Suhrkamp,* Frankfurt am Main 1997.), koja se visoko cijeni na politološkim i sociološkim studijima u svijetu. K tomu, treba spomenuti i studiju o *„kaosu ljubavi",* koju je objavio sa svojom suprugom, sociologinjom Elisabeth Beck-Gernsheim *„Sasvim normalan kaos ljubavi"* (Das ganz normale Chaos der Liebe,* Suhrkamp, Frankfurt am Main 1990.). Sa suprugom je objavio i studiju o individualizaciji i njezinim socijalnim i političkim posljedicama u modernom dobu *(Individualization: Institutionalized Individualism and its Social and Political Consequences,* London u. a., Sage Publications 2002.).

Čuvena mu je i studija o tzv. novoj svjetsko-političkoj ekonomiji *„Macht und Gegenmacht im globalen Zeitalter. Neue weltpolitische Ökonomie, Suhrkamp,* Frankfurt am Main 2002. (vidjeti i u prijevodu na hrvatski jezik *„Moć protiv moći u doba globalizacije"*; Školska knjiga, Zagreb, 2004., otkud će se u nastavku i izdvojiti Beckova uvodna rasprava o kozmopolitizmu. Ne smije se ne spomenuti ni studija koju je uradio s izraelskim sociologom Natan Sznaiderom (i Rainer Winterom) o kulturološkim posljedicama globalizacije *(Global America: The Cultural Consequences of Globalization. The Liverpool University Press, Liverpool, England 2003.).* Dakako, za europske studije od posebne važnosti je knjiga koju je uradio s Edgarom Grandeom *„Kozmopolitska Europa. Društvo i politika u drugoj Moderni (Das kosmopolitische Europa. Gesellschaft und Politik in der Zweiten Moderne,* Suhrkamp, Frankfurt am Main 2004.), kao i studija sličnog naboja *„Njemačka Europa" (Das Deutsche Europa,* Suhrkamp, Berlin 2012.). U izboru radova koji slijedi, uostalom, pod naslovom *„Druga Europa"* nadaje se sukus Beckovih promišljanja o Europi, tj. Europskoj uniji.

O njegovom idealizmu, odnosno razumijevanju projekta Europe (EU) kao projekta mira govore već i naslovi knjiga *„Kozmopolitski pogled ili: rat je mir (Der kosmopolitische Blick oder: Krieg ist Frieden,* Suhrkamp, Frankfurt am Main 2004.) i *„Vijesti iz svjetske unutarnje politike" (Nachrichten aus der Weltinnenpolitik,* Suhrkamp, Berlin 2010.) ...

* * *

Ovdje se nužno još jednom barem dotaći Beckovih ključnih i ambivalentnih pojma *„kozmopolitizacija"* i *„europeizacija",* odnosno *„refleksivna modernizacija"* i *„druga Moderna",* te i posebice tzv. metodološkog nacionalizma. Svi se ovi pojmovi izravno tiču promjena koje se odigravaju u tzv. bazičnim institucijama kakva je nacionalna država i tradicionalna obitelj, koje se, kako veli Beck, *„globaliziraju iznutra“*.

Od posebne je važnosti, dakle, Beckovo ukazivanje na tzv. *„metodološki nacionalizam“* političkog mišljenja, sociologije i drugih društvenih znanosti, to jest što su te znanosti „u njihovom mišljenju i istraživanju zatvorenici nacionalne države“. Ove vrste znanosti definiraju, naime, još uvijek i društvo i politiku *„nacionalnim pojmovima“*, ili biraju *„nacionalnu državu kao jedinicu njihovih istraživanja, kao da je to najprirodnija stvar na svijetu“*, pa u uporabi ostaju ne-dekonstruirani pojmovi poput demokracije, obitelji, klase, vlasti i vladavine, politike, iako su u eri globalizacije doživjeli fundamentalne promjene, pa su ti stari pojmovi ili neadekvatni ili pogrešni. Taj *„metodološki nacionalizam“* je slijep za globalne promjene koje se odigravaju upravo u nacionalnim društvima, pa se profesor Beck već na prijelazu mlenijuma založio za kozmopolitsku sociologiju, za društvenu znanost koja će se na novi način, odgovarajućom znanstvenom metodologijom i metodama pozabaviti globaliziranom stvarnošću koja se ogleda upravo u promjenama starih pojmova i poredaka unutar modela nacije-države. Otuda se među upućenima i govori o Beckovom „društveno-znanstvenom kozmopolitizmu“, koji bi trebao biti u stanju misliti promjene unutar nacionalnih država. K tomu, treba reći da se Beckov socijal-znanstveni kozmopolitski pristup tu i tamo već zove *"novom kritičkom teorijom"*, koja ima tri aspekta i podrazumijeva a) promjenu istraživačke empirijske perspektive, b) uvažavanje novog društvenog realiteta i c) izgradnju nove normativne teorije. Time bi se Beckov znanstveni kozmopolitizam stilizirao, doista, u novu kritičku teoriju našeg doba, doba druge Moderne...

Izravno vezano za naš primarni interes na kolegijima o europskim integracijama je, pak, ono što se u studiji Ulricha Becka i Edgara Grandea *„Kozmopolitska Europa"* podrazumijeva pod projektom europske budućnosti u obzorjima tzv. refleksivne modernizacije. U tom obzorju, naime, *„kozmopolitsko i nacionalno ne oblikuje isključive proturječnosti"*, nego se mnogo više *„kozmopolitsko razumije integralno unutar nacionalnog"*, ili Beckovim riječima kozmopolitski pristup otvara povijest, sadašnjost i budućnost pojedinih nacionalnih društava, mijenja odnose među njima, ali tako da ih dokida, nego nadilazi kvalitetom međusobnih odnosa.

U jednom od posljednjih intervjua za života, onomu koje je dao za Peščanik.net, profesor Ulrich Beck je kazao: *„Europska unija nudi ekonomski napredak, ali prije svega opstanak etničkog identiteta u kozmopolitiziranom svijetu. Mislim da je ideja izolorinog, teritorijalno definiranog etničkog nacionalizma neodrživa u globaliziranom svijetu. Iz teorijske perspektive rekao bih da promjene idu ka svijetu 'kozmopolitskog realizma' i 'nacionalnog idealizma'. Imamo kozmopolitsku svakodnevnicu, ali nemamo kozmopolitske identitete..."* Jednako je zanimljiva i poticajna njegova ideja o kozmopolitiziranim, ujedinjenim gradovima Europe: *„Drugi odgovor je mreža gradova koji su otvoreni, kozmopolitski, koji postaju mjesta ukrštanja ljudi, ideja. Možda ne treba da razmišljamo o 'Sjedinjenim Državama Europe' nego o „Ujedinjenim Gradovima Europe'..."* Iz ovog teškog suodnosa nacionalnog i kozmopolitskog proizlazi u osnovi i Beckovo suptilno razumijevanje transnacionalnih procesa unutar projekta europskih integracija, koje pokušavam i sam obrazložiti već decenijama. Europska unija se, naime, potvrđuje i kao politički konstrukt i vizija i svakodnevna praksa transnacionalnih pulsacija i socijalizacija, pa ako i s teškom mukom. Otuda i jeste važno razumjeti i Beckovu kritičku teoriju europskih integracija, odnosno nužnost europeizacije i narativa i politika, i identiteta i ambijenata. Nije jedini, ali profesor Beck se svojim doprinosima uvrstio u sami vrh one skupine autora koji znalački i poticajno promišljaju transnacionalne pulsacija i socijalizacija, to jest dosege i ograničenja transnacionalnih politika i institucija EU. Uostalom, Beckova je misao otvorena, antidogmatska, te utoliko vrijednija studiranja...

Profesor Beck uvijek je govorio, uostalom, da je kozmopolitska Europa ukorijenjena u vlastitu povijest, te da je, i mora biti *„samokritička eksperimentalna Europa“*, koja danas podrazumijeva i *„common sense“* i angažman građana i civilnog društva, kako se ne bi otkliznulo u vlastitu lošu prošlost. Uostalom, Beck govori i o *„regionalnom kozmopolitizmu“*, pa je možda u regiji *"zapadnog Balkana"* krajnje vrijeme da se *"obrnute tranzicije"* obrnu u pravcu *"druge Moderne"* temeljem razumijevanja transnacionalnih procesa i socijalizacija. Za takvo što je potreban, pak, pritisak *"odozdo"* prosvjećenih građana, pritisak u pravcu kozmopolitizacije, odnosno europeizacije i identiteta i ambijenata. U protivnom, s licemjerima i licemjerstvom na djelu nećemo i ne možemo bilo kuda stići ...

28. prosinca 2015.

6. Otvoreno pismo profesora politologije Mile Lasića profesoru teologije Ivanu Šarčeviću

Tko je obolio od logoreje – politolog ili teolog?

U tjednom prilogu Avaza *"Sedmica"*, od 30. svibnja 2015. objavljen je u rubrici *"Polemike"* moj odgovor fra Ivanu Šarčeviću, profesoru Franjevačke teologije u Sarajevu i gvardijanu Samostana svetog Ante na Bistriku, povodom grubih objeda i diskvalifikacije koje je sebi dozvolio u istom listu i u istom subotnjem dodatku, tjedan dana ranije.

Avazovi urednici su moj odgovor Šarčeviću opremili: nadnaslovom *"Otvoreno pismo profesora politologije Mile Lasića profesoru teologije Ivanu Šarčeviću"* i boldiranim naslovom *"Tko je obolio od logoreje – politolog ili teolog?"*, dok su u podnaslov izvukli *"Prišivati mi da sam 'čovićevac' jeftino je skretanje pažnje na toga političara, koji je vjerojatno i veći makijavelista od drugih, ali nije jedini krivac, pogotovu nije izmislio hrvatsko pitanje u BiH"*. K tomu su moj odgovor prof. Šarčeviću opremili i međunaslovima *"Nužnost europeizacije"* i *"Opasne politike"*, te izabrali ono što su u polemici ocijenili najvrjednijim za poveći anterfile pod naslovom *"Samo slijepci mogu zaniijekati problem"*. Polemika je opremljena i korektnim objašnjenjima ispod slika prof. Šarčevića i moje: *"Prof. Šarčević: Izazvao reakciju"* i *"Prof. Lasić: Uputio odgovor"*. Sve korektno, dakle, pa ipak ovdje se čitateljima nudi moj odgovor fra Šarčeviću u cijelosti, uključivo i ono što je ispušteno u Avazu i u printanoj i online verziji ...

* * *

Profesor Filozofskog fakulteta Sveučilišta u Mostaru Mile Lasić uputio je otvoreno pismo profesoru na Franjevačkoj teologiji u Sarajevu i gvardijanu Samostana svetog Ante na Bistriku fra Ivanu Šarčeviću povodom intervjua koji je prof. Šarčević dao u našem prošlom broju pod naslovom *"Papa dolazi u kritično vrijeme, ali kriza je šansa"*.

Nužnost europeizacije

Logoreja je duševna bolest nesuvislog, nekontroliranog brbljanja bez ikakvog smisla. Upravo nju mi je *„dijagnosticirao"* u intervjuu *"Avazu"* profesor teologije dr. Ivan Šarčević, koji se time počeo nekompetentno pačati i u medicinske kao i u politološke fenomene. U sluđenoj zemlji kakva je BiH svako govori o svemu, nitko nikoga ne sluša, pa i dr. Šarčević ima pravo sudjelovati u velikoj brbljaonici. I sam sam sudjelovao jedno vrijeme, pa mi se zgadilo. Mudriji od mene su znali da od tog nema koristi. Utoliko je dr. Šarčeviću razložno postaviti pitanje: misli li, doista, da se bolje razumije u medicinska ili politološka pitanja nego što se liječnici ili politolozi razumiju u teološka pitanja? Nije li i to logoreja?

Iz mojeg kuta promatranja, dr. Šarčević je zlorabio osnovni povod intervjua u "Avazu", a to je dolazak pape Franje u BiH, kako bi stao u obranu akademskog i političkog Sarajeva od mog tobožnjeg napada kojeg sam, po Šarčeviću, izvršio na znanstvenoj konferenciji u Mostaru, u organizaciji FES-a i IDPI-ja, 14. o. m. Pri tomu on cijelu konstrukciju temelji na naslovu u "Večernjem listu", koji je objavio ovo izlaganje 18. o. m. Unutar mog referata se ne radi samo o fenomenu de-konstitucije Hrvata putem *„sanuizacije"* bošnjačkih narativa i politika, nego i o tomu da je u pitanju posvemašnje odbacivanje odgovorne konsocijacije kao metode upravljanja razlikama, tako što su svi akteri pristali na demokraturu i javašluk - konsocijaciju, nesposobni i nevoljni da se bore za izlazak iz krize u višenacionalnoj BiH. Kao i u svim sličnim referatima i u ovomu sam ukazao na nužnost europeizacije narativa i politika, a s dubokom indignacijom odbacio i secesionističke i unitarističke narative i politike, a vođe i sljedbenike političkih stranaka koji ne priznaju ustave svoje zemlje nazvao političkim i pravnim nasilnicima. Po tomu sam, u mojemu razumijevanju, posve solidan Habermasov *„ustavni patriota“*. U neobuzdanom obračunu fra Ivana Šarčevića s mojim pristupom teškoj zbilji u BiH najtužnije je što on u njemu ne vidi potragu za alternativnim modusom dominantnim narativima i politikama u BiH, pa sebi dozvoljava jeftine diskvalifikacije.

Opasne politike

Šarčevićeve ničim izazvane diskvalifikacije mojega rada i stavova izraz su neznanja o tomu što se doista zbiva u Mostaru i Hercegovini, uključujući i na Studiju politologije na Filozofskom fakultetu Sve-Mo. Taj studij u dosluhu je s europskim politološkim i eurološkim narativama i teorijama uvažavanja svih identiteta i nenasilnog upravljanja razlikama. Tim putom se, dakako, politologija i oslobađa debelih naslaga ratnih narativa i opozitna je prema svim nacionalističkim politikama, uključivo hrvatskim. Unatoč tomu se iz akademskog i političkog Sarajeva i dalje upire prstom u pravcu Mostara, i sve se promatra kroz ratnu dioptriju i s velikim podcjenjivanjem, što je i više od bezobrazluka. Poslije svega prišivati mi da sam *„covićevac“* jeftino je skretanje pažnje na toga političara, koji je vjerojatno i veći makijavelist od drugih, ali nije jedini krivac, pogotovo nije izmislio hrvatsko pitanje u BiH. Doduše, njega i ne može riješiti, niti su mu to ambicije. No, pogrešno je njega ili bilo koga drugoga kritizirati što inzistira na poštovanju načela konstitutivnosti u BiH i na položaju, pravima i obvezama Hrvata kao ko-nacije, jedne od onih koje su konstituirale BiH. Za to bi ga trebalo, zapravo, pohvaliti, što bi bilo neumjesno iz drugih razloga, jer je jedan od demokraturskih, tranzicijskih profitera, koji su postali vlasnici i neba nad BiH i svega u BiH.

U potrazi za alternativama i etno-nacionalističkom i pseudo-građanskom narativu, i na njima utemeljenim opasnim politikama, sudjelovao je do sada sramotno mali broj ljudi. Profesor Šarčević bi, dakle, bio dobrodošao u potragu za alternativama, pod uvjetom da je u stanju uvidjeti da su se proteklih desetljeća obrukali podjednako i etno-nacionalistički i pseudo-građanski eksperimenti, izvedeni na trošak i na štetu nacija i građana, a u pravcu daljeg propadanja BiH. U tim budućim potragama, ako do njih uopće dođe, svatko bi trebao biti spreman odustati od pristupa „ili – ili“, kako bi se kroz respektiranje teorija i metoda upravljanja razlikama, nenasilja i uvažavanja identiteta, u konačnici BiH i zaputila u bolju budućnost političke višenacionalne zajednice – kaže se u otvorenom pismu profesora Mile Lasića.

Samo slijepci mogu zanijekati problem
U BiH plamte ideološko-politički prijepori koji dovode u pitanje višenacionalnu zemlju BiH, i samu BiH u svoj njezinoj raznolikosti, pri čemu samo slijepci mogu zanijekati problem identiteta i opstojnosti Hrvata u BiH, jer su najmanji i najslabiji, pri čemu postojanje toga problema ne smije biti zanemareno ili prekriveno pogrešnošću hrvatskih politika u BiH. Nije, dakle, hrvatsko pitanje u BiH takozvano, kao što nisu ni druga

nacionalna pitanja, nego potrebuje pomoć drugih, kako bi se riješilo putem institucionalne jednakopravnosti, koja podrazumijeva i federalizaciju i dvodomne skupštine i paritete i veta u domovima naroda i mnogo čega drugoga, što nije upereno protiv BiH, nego je u funkciji njezina samoodržanja.

I posljednjem političkom i kulturološkom slijepcu bi, dakle, moglo biti jasno da ono za što se osobno zalažem, i nije drugo do obrana načela na kojima bi BiH mogla nadživjeti postojeće krize. Takvo što podrazumijeva uvažavanje preporuka Europske unije, uključivo preporučenih načela Europskog parlamenta o federalizaciji i nebiranju političkih predstavnika drugima. Nažalost, u akademskom i političkom Sarajevu su skoro sva pitanja koja dodiruju višenacionalni karakter BiH tabuizirana, pa se samopodrazumijeva politički odstrijel i duhovna ekskomunikaciju onih koji drukčije misle. Odatle pojava tzv. poželjnog glasa sukladno očekivanju dominantnih akademskih i političkih narativa i politika, koju dr. Šarčević, pak, pripisuje meni. Pitam ga javno, nije li grijeh svoju lošu podsvijest prišivati onomu koji se barem trudi artikulirati alternativni narativ.

30. svibnja 2015.

7. Razgovor za Svjetlo riječi: „Njegujući laži BiH neće preživjeti"

- razgovor vodila Jelena Čevra[1] -

Za čitatelje koji nisu upoznati ili su slabo upoznati sa Vašim likom i djelovanjem, kako biste se ukratko predstavili i što biste izdvojili iz svoga životopisa kao najznačajnije?
Autor sam tisuće tekstova dok sam radio kao dopisnik iz inozemstva i prevoditelj, pa potom i na stotine znanstvenih referata i kulturoloških eseja, te 12 knjiga po povratku u BiH, dok bi se 13. knjiga („Avanti diletanti") trebala pojaviti do kraja ove godine, tako mi prije par dana rekao dobri čovjek Ivan Pandžić, prvi čovjek *„Synopsisa"*. Iz mojih javnih očitovanja, tekstova i knjiga je razvidno da sam slobodan čovjek i nastavnik, koji ne pripada ni jednoj ideologiji ili političkoj stranci, dapače, stojim naspram njih veoma skeptično i kritično. Uostalom, kao profesor politologije temeljim *„geopolitiku smisla života"*, kako bi to rekao uvaženi hrvatski publicista Danko Plevnik u njegovoj istoimenoj knjizi, upravo na onomu što su nam donijeli prosvjetiteljstvo i politička moderna, pa sam kritično distanciran prema svim velikim socijalnim opijatima (ideologije, klase, vjere i nacije...), posebice primordijalističkim i prenijalističkim snatrenjima o vjeri i naciji. Još eksplicitnije kazano, privrženik sam modernističkih pristupa u dekonstrukciji onoga što jesu vjera i jezik i nacija, što imam zahvaliti kozmopolitskoj kulturi stečenoj dugim životom u svijetu transnacionalnih pulsacija i integracija. Time sam postao kompleksniji čovjek i nastavnik i

---

[1] Objavljeno u „Svjetlo riječi", Godina: 2015, studeni, Broj: 392

to javno svjedočim, pa sam i *„target"* onima koji žive kulturu nasilja u *„zemlji zarobljenog uma"*, govoreći jezikom jedne moje knjige. Naše tzv. visoke kulture nisu, naime, dovele do kraja proces stvaranja nacija, kod nas je i de facto i de iure riječ o *„zakašnjelim nacijama"* koje i nemaju šanse više transformirati se u *„nacije države"* (jer takvo što podrazumijevaju poklapanje nacije i teritorije), pa su utoliko više frustrirane i njihov nacionalizam je besmisleniji. Nacionalizmom se proizvodi nacija, upozorio je pokojni Ernest Gellner, pa je našim nacionalistima preostalo neprestano busanje u prsa nacionalnih identiteta, ili osporavanje identiteta drugima. Zbog toga je BiH tu gdje jest, dakle u crnoj rupi, izvan procesa transnacionalnih pulsacija i socijalizacija, te posljedično i izvan unutarnjih i izvanjskih integracija. Suptilne teorije strogo razlikuju integracije od nasilnih akulturacija i asimilacija. BiH je danas višenacionalna zemlja, takvu su je oformile njezine visoke kulture, u prvom redu vjerske razlike, pa ne može više ni nazad u vrijeme Ahdname i potonjeg *„millet sustava"*, nego mora naprijed, u zakašnjelu modernizaciju i političku modernu, u drugu liberalnu revoluciju, a za to nema dovoljno ni volje ni pameti. Bilo bi nužno izvršiti kritiku svih kontraproduktivnih vjerskih uplitanja u politiku unutar srpskih i hrvatskih kulturoloških krugova, ali ću izdvojiti kao kuriozitet kako se inače umjereni vjerski čovjek reisu-l-ulema ef. Kavazović u obraćanju papi Franji u Sarajevu referirao na model Ahdname. Uostalom, vrijeme je da se sve vjerske zajednice priberu i da ne zagovaraju „millet" u 21. stoljeću, jer takvo što ne čini dobro ni vjerama ni nacijama ni državi BiH. Opet kao ilustraciju dokle smo daleko otišli u nerazumijevanju BiH navest ću izjavu Bakira

Izetbegovića kako su Hrvati u BiH *„pozitivno diskriminirani"*, čime je demonstrirao kako njegov politički i kulturološki milje ne razumije i ne prihvata višenacionalnost BiH i hrvatstvo u BiH kao neupitnu i posve normalnu činjenicu. O tomu kako sami hrvatski *„geniji praznine"* predstavljaju hrvatstvo u BiH dalo bi se, također, naširoko i vrlo kritično raspredati. Uostalom, samo kad se osporava višenacionalnost BiH i ja sam Hrvat, pa tek potom Bosanac i Hercegovac i na kraju Europljanin, inače bih obrnuo redoslijed. Da ga nisu zadavili nasiljem i danas bih u lepezu mojih identiteta uključio jugoslavenstvo, ali su ga političke barabe ubile za sva vremena ...

Iz ovog što ste rekli se ne vidi, ipak, tko je Mile Lasić posve privatno?
U osnovi običan obiteljski čovjek čija je sudbina da živi na točkovima, razdvojen od onih koje voli. K tomu ponosni *„did"* jednog malog *„Berlinera"* (oni koji znaju njemački znaju da se pod ovom imenicom skriva i stanovnik Berlina i slatka mala krafna). *„Dedino sunce"* i *„didova pametnica"* s dvije godine piše prva slova, te prekrasno govori i njemački i naš jezik i čini njegove i baku i dida i nenu i djeda neopisivo sretnim. Mogao bih mirne duše dodati da sam i *„gastarbajter"* u vlastitoj zemlji, ili da se osjećam kao *„Sizif"* i *„don Kichot"* u jednoj osobi, jer sve što sam radio u životu pokazalo se kao *„sipanje u rešeto"*. Živim, dakle, i privatno u internacionaliziranim odnosima nužnog međusobnog uvažavanja, pa mi se već po tom osnovu nameću metode uvažavanje pluralnosti i upravljanje razlikama umjesto njihova potiranja. Otuda i moje neskriveno neuvažavanje domaćih političkih kvazi-elita, koje i kad se kunu u europsku budućnost moje i njihove zemlje, govore kao suvremeni feudalci, demokraturske age i

begovi. U svakom slučaju, ne misle ozbiljno, jer im i nije cilj višenacionalna i funkcionalna pravna država, nego dijelovi BiH u njihovom vlasništvu.

A što Vas uistinu čini drugačijim?
Ne znam, ali najznačajnijim smatram etično življenje i djelovanje u okruženju koje je beskrajno licemjerno i korumpirano te nepripadanje civilizaciji nasilja svuda oko sebe, jer možda tim putom i ispunjavam preduvjet za intelektualca, kako ga razumije, primjerice, autor božanstvene knjige *"Bogozaborav"* dr. Frane Prcela. Slično dr. Hansu Kuengu i dr. Frane Prcela inzistira na ethosu (etici, moralnosti, ćudorednosti) u prosuđivanju uloge intelektualca i kroz povijest i danas. A kao profesor međunarodnih odnosa usuđujem se ustvrditi da bez ethosa nema ni unutarnjeg ni međunarodno-pravnog poretka, čemu nas uče i Povelja OUN i neki dokumenti Drugog vatikanskog koncila i Deklaracija o svjetskoj etici Parlamenta svjetskih religija iz Chicaga iz 1993. godine. Uostalom, na aktualni sunovrat u civilizaciju nasilja nas upozorava i papa Franjo, taj neobični lik na čelu Rimske kurije, koji se u svijetu neoliberalnih laži i nasilja izdvaja i srcem i razumom. A kad sam već spomenuo Prcelinu knjigu u izdanju Synopsisa, koju sam i promovirao svojedobno u Mostaru, još mi odzvanja u ušima njegova ocjena: *„Strpljivo istraživanje, uporan rad, javno prosvjetljavanje, stručnost za imaginarno ili status svojevrsnoga 'sekularnog duhovnika' – sve to još ne čini intelektualca ili cjelovita intelektualca",* jer oni su *„sve to plus autonomni stav i moralna prosudba, javnim zaprekama unatoč i na štetu osobne koristi".*

Ali, zašto Vas napadaju sa svih strana?

To pitajte druge. U svakom slučaju ono što jesam (i ono što nisam) je moj samosvjesni izbor pa se nemam pravo ni žaliti kad me napadaju iz neznanja (jer ne poznaju ustavno-pravnu materiju, pa im čak i institucionalna jednakopravnost i federalizam izgledaju opasnim po zemlju), ili jednostavno zato što su intelektualne *„zamlate"*, kako bi ih označio dragi banjalučki kolega Đorđe Vuković. Ravnatelj Hrvatskog leksikografskog instituta u Mostaru Ivan Anđelić, inače moj mostarski sugovornik, tvrdi da unosim *„pozitivan nemir"* u Mostaru, pri čemu neki u Sarajevu ne mogu prihvatiti da u Mostaru i Hercegovini može biti bilo što dobro, bez njihova *„atesta"*. U svakom slučaju je stvar izbora ako netko svjesno izigrava *„don Kichota"*, ili demonstrira *„paradigmu nenasilja"* ili *„civilizaciju ljubavi"*, te prezire *„civilizacije laži"* i *„civilizacije nasilja"* koje su masovno prihvatile akademske i političke elite u BiH i u regiji. Malo je ljudi koji su se časno proteklih godina provukli kroz život i profesiju, tako se barem meni čini, dok mnogi o sebi misle kao poštenim i neovisnim, iako su duboku zaronili u tranzicijsku kaljužu služeći ideologije i politike pravnog i političkog nasilja. Ljudi alternative ili „trećeg modusa", koji su odbili služiti i „crvenog" i „crnog vraga" se mogu nabrojati na prste dviju ruka u cijeloj BiH. Čini mi se da sam među tim marginalcima...

Tijekom svoje karijere bili ste i bh. diplomat te ste zbog političkih razloga morali napuštati diplomatsku službu i profesiju jer niste htjeli pripadati nijednoj političkoj stranci. Smatrate li da ste svoju političku neovisnost zadržali sve do danas?

Već sam na neki način odgovorio na ovo pitanje. Prvo sam napustio jugoslavensku diplomatsku službu i stavio se na raspolaganje tek međunarodno priznatoj državi BiH, ne znajući da će se u njoj uskoro zadaviti dotadašnji način života, bojati se zauvijek. Uskoro je postalo, beskrajno jasno upravo to, pa sam morao odustati i definitivno od profesije za koju sam se školovao. Uostalom, već sam tada javno govorio i pisao da se radi o dvostrukom udaru izvana, ali trostrukom udaru iznutra protiv BiH. U vremenu u kojemu živimo postat će jasno da se radi o četverostrukom udaru iznutra: uz tri ambicije etnonacionalističke provenijencije na djelu je i udar pseudograđanske orijentacije i unitarističke ne-pameti. Iz ovog je i niklo moje žestoko protivljenje ne samo separatnim koncepcijama, nego i unitarnim i centralističkim ambicijama *„političkog Sarajeva“*, jer u osnovi imaju za ambiciju dekonstituciju Hrvata u BiH, s obzirom da su nemoćne pred činjenicom zvanom Republika Srpska. Da je sreće kao što nije, ono što sam ja govorio u proteklih šest godina govorili bi moji bošnjački prijatelji i kolege, ali nisu, čast vrlo rijetkima. Da, zadržao sam, uz visoku cijenu ostajanja bez profesije u ratu i potonjeg izbjeglištva vlastitu političku neovisnost, koju *de facto* živim i u mom povratničkom životu. Osnovao bih Stranku čestitih ljudi kozmoplitiskih svjetonazora, krovno uvezene na razini BiH, samo da sam malo mlađi.

Što znači neovisno djelovati u našem društvu, ili u bilo kojem društvu? Koje popratne pojave sa sobom nosi zauzimanje neovisne pozicije unutar javnog djelovanja?

To znači da ostanete beskrajno usamljeni, da se u neko doba nemate ni na koga osloniti izuzev na nesigurnu vlastitu pamet i znanja iz svijeta, ukoliko ste ih stekli. Čim ne pristajete na logiku tzv. poželjnog glasa, tretiraju vas sumnjivim ili opasnim, pa vas opstruiraju kako znaju i umiju, a to stvarno i znaju i umiju. Vrlo sam ponosan što nisam u skupini privilegiranih, nagrađivanih, maltene dvorskih intelektualaca. Dapače, mene su ganjali moćnici i njihove medijske sluge i s lijeve i desne obale i Neretve i Miljacke, hoću reći i hrvatski i bošnjački etnonacionalisti i pseudograđani, stilizirajući me po potrebi u „hrvatskog izdajnika", ili „ideologa HDZ-a", ali i u „provincijskog ustašu" i „ustašu u janjećoj koži". U Velikom parku u Mostaru me jednom čak presrelo i zamahnulo na mene uz povik: „Što je mozgonja, majku ti j...". Hoću reći da su iživljavali na meni i politički i medijski polusvjetovi, nerijetko nagrađivani i privilegirani od njihovih gospodara. Ozbiljniji je problem što vas ne brane kolege, ili vas čak isključuju iz javnog života ukoliko zastupate teorije upravljanja razlikama, dakle konsocijacijske metode, koje su u osnovi institucionalne jednakopravnosti na srednjim i višim razinama (domovi naroda, pariteti, veta...). Slijepci koji se furaju na majorizacije su kao demokrate, a ovakvi kao ja slabi profesori i znanstvenici i k tomu loše patriote. Bit će da je obrnuto. Pri tomu, i ti koji to rade znaju da je konsocijacija demokratska metoda upravljanja razlikama i put iz nestabilnosti u stabilno i zdravo društvo, ili znaju razlike između etnija (njih je u svijetu između šest i osam tisuća) i nacija (njih je nekoliko stotina) i nacija-država (njih je svega 193, formalno gledavši članstvo u UN-u). Imate izbor, dakle, profitirati od toga što šutite, pa igrati namještene utakmice, ili baviti se teškim ali utoliko nužnijim prosvjetiteljskim radom, europeizacijom zapuštenih narativa i politika. Ja sam se odlučio za ovo drugo.

Žalite li što ste izabrali taj put?
Za sve što mi se događa sam makar dijelom i osobno kriv, jer sam po povratku u BiH pristao sudjelovati u velikoj brbljaonici, pomislivši da sam

u obvezi posredovati iskustva njemačke kulture ozdravljenja bolesnog društva. Ali, ovdje se nema pretpostavki za ozdravljenje, jer su protagonisti rata postali vlasnici mira, kao i proračuna na svim razinama, prebogati i osioni gospodari naših sudbina. Utoliko sam se i prevario što sam išao otvorenih prsiju na isukane mačeve domaćih hulja i huljica, tranzicijskih profitera naše nesreće. Preživjeli smo diktaturu, samo da preživimo i demokraciju, netko je već rekao, a zapravo nije riječ o demokraciji nego o demokraturi. Više i ne vidimo koliko su naši gradovi prljavi i ljudi zapušteni, u Mostaru moji studenti vrište kako bi se grad očistio od smeća i pacova, itd. Većina građana se akomodirala, da ne kažem dala korumpirati čim je pristala na političke laži kao istine pa i ne vide da je BiH bolesna i propala država koja neće preživjeti njezin izvitopreni sustav vrijednosti ukoliko nastavi njegovati laži o sebi i svijetu oko sebe, ukoliko se ne osposobi za konsenzualnu politiku i novi društveni, konsenzualni ugovor.

Često govorite o prokletstvu kulture selektivnog sjećanja, jedno Vaše djelo nosi upravo taj naziv. Što znači živjeti to prokletstvo i kako nadići takvu kulturu?

Posljednja moja knjiga *„Prokletstvo kulture selektivnog sjećanja“*, u izdanju Friedrich Ebert Stiftung, je promovirana sredinom rujna ove godine u Banja Luci na važnoj regionalnoj konferenciji na kojoj je konstatirano da živimo „socijalni Alzheimer“ (Ž. Korać) i udobnost selektivnog sjećanja (Ž. Puhovski), iz čega i niče prokletstvo priprema za sljedeće ratove. Knjiga će, dakako, ostati temeljito nepročitana, kako joj je i prorokavao njezin recenzent dr. sc. Dragan Markovina, upravo nagrađen Nagradom Mirko Kovač u Rovinju, što me veseli, jer se i on bavi istim temama u slučajevima Splita i Mostara.

U najkraćem iskazano, u civilizaciji nasilja koju živimo, političke elite grade svoju budućnost na viktimizacijskim narativima, jer se i ne mogu pozvati na bilo kakve uspjehe u ekonomiji, kulturi, i tsl. Ali, rekao sam stotinu puta već, mora se prestati s viktimizacijskim i viktimo-transgresijskim narativima i politikama, te da se u našem slučaju radi o potrebi za europeizacijom i kosmopolitizacijom i ambijenata i identiteta, kako bi to rekao pokojni profesor Ulrich Beck. Ili, govoreći jezikom jedne drage njemačke znanstvenice: *„Rad na nacionalnom pamćenju je neprijatan, ali je nužan"*. Tako je kazala uvažena Aleide Assmann, misleći na pošten, etičan, kritički i propitujući rad, a ne na proizvodnju primordijalističkih i perenijalističkih laži, čemu su sklone i naše historiografije i politologije i sociologije u svim našim političkim i akademskim centrima. Ne radi se nego o tomu da se ne znamo postidjeti, a morali bismo. Tako nas je uostalom poučio i nedavno umrli G. Grass, Inače, doviđenja u sljedećem ratu.

Dugo ste boravili u Njemačkoj, kakav je bio Vaš dojam Bosne i Hercegovine promatrajući je izvana i što Vas je dočekalo prilikom povratka 2009. godine?
Trebalo mi je neko vrijeme da pojmim kako u BiH nema ništa više od onoga što sam naučio radeći u sjenci pokojnog Branka Mikulića (o tomu vidjeti u mojoj nedavno objavljenoj knjižici o Branku Mikuliću u Napretkovoj nakladi), te da se BiH kulturološki i politički zaputila u njezino predpolitičko doba – u vrijeme millet sustava. Inače, dugim životom u EU sam samo potvrdio ono što sam i ranije znao: nikomu se ne smije dozvoliti

potiranje bilo kojeg oformljenog identiteta, niti za tim ima ikakve potrebe. Jer, ma kako oni nastali kroz povijest, a u BiH su nastali temeljem tzv. visokih kultura (u biti vjerozakona, zbog čeka vjerske zajednice i nisu nevine u ovoj priči), njih se mora respektirati, od njih poći pa ih potom kosmopolitizirati, baš kako je uoči smrti govorio profesor Ulrich Beck u Sarajevu. Uostalom, i mi u BiH i drugi narodi u Europi su prvi put u prilici živjeti složene identitete u Europskoj uniji, ukoliko EU još bude postojala kad mi stignemo na red za prijem u nju. Ja sam, dakle, temama europeizacije narativa i politika u BiH i u Srbiji posvetio najduži dio mog života, bivajući svojevrsni prvosvećenik ovih ideja, što danas nije popularno priznati, pa to iz inata i činim. Stekao sam i ovim putom samo rijetke prijatelje i mnoge neprijatelje ...

Kako ocijeniti postojeće političko stanje u BiH, od potpisivanja Daytonskog sporazuma do danas?
Imao sam čak četiri ponude za sudjelovanje u obilježavanju 20. obljetnice od kraja rata u BiH i prihvaćanja jednog mirovnog međunarodnog ugovora kakav je Opći okvirni sporazum za mir u BiH, ali ću ih sve ignorirati ukoliko već nisam. Žao mi je jedino što nisam mogao prihvatiti poziv iz Potsdama, dok sam posve svjesno ignorirao poziv dviju akademija, banjalučke i sarajevske, a meni bliskoj zakladi objasnio da ne želim igrati namještene utakmice s unaprijed poznatim ishodima. Vrijeme je, naime, prestati govoriti o promjenama Daytonskog ugovora, pa se koncentrirati na nužni konsenzus oko izmjena Anexa 4 tog ugovora, jer je jedino on promjenjiv obzirom da je još uvijek jedini važeći ustav postdaytonske BiH. Ona je, pak, samu sebe dovela u pitanje u ovom njezinom postadaytonskom periodu „ni rata ni mira", ili „nedovršenog rata" i

„nesavršenog mira". Ovo što živimo danas je iz politološke vizure najbolje ocijeniti iz više razloga „zamrznutim konfliktom", ili „pasiviziranim zamrznutim konfliktom". Imamo najmanje tri isključive istine o proteklom ratu (i o svim prijašnjim ratovima na našem tlu), to jest tri politike nasilja prema sumornim istinama o našim ulogama u njima. Oni nisu nikad bili samo obrambeni, oslobodilački ili domovinski, nego su bili i pljačkaški, posebice posljednji koji je de facto bio tranzicijsko-pljačkaški, koji je ove zemlje i narode odveo iz kakvog-takvog socijalizma u neoliberalni kapitalizam, ili ovo što živimo je ipak feudalizam. S najmanje tri paralelne istine nastaju, dakako, i tri paralelna svijeta, pa nastupa vrijeme međusobnih ignorancija inače beskrajno bliskih naroda i kultura. Ja se s tim nisam mirio, pa sam proteklih godina uradio sve što je bilo u mojoj moći na dekonstrukciji nasilničkih ambijenata, narativa i politika, sviđalo se to komu ili ne. Dakako, ponosan sam i što sam bio i član Ekspertne skupine za promjenu Ustava Federacije BiH, ali sam i ožalošćen što sve to nije proizvelo efekt koji smo očekivali. A obilazeći BiH uzduž i poprijeko izgubio sam i posljednju iluziju o lijepoj zemlji u zemljopisnom pogledu i beskrajno zaostaloj u kulturološko-političkom pogledu.

Koja je strategija za izlaz iz permanentne političko-ekonomske krize? U kojem smjeru se BiH kretati ako želi imati prosperitetniju budućnost?
Nedavno sam na konferenciji Paneuropske unije u Mostaru objasnio zašto se BiH nalazi u ovom momentu u prijelomnoj fazi i zašto su - i „berlinski proces", koji je vrhunio krajem kolovoza u regionalnoj infrastrukturnoj agendi na Bečkom summitu čelnika EU i šest zemalja „zapadnog Balkana", i tzv. britansko-njemačka inicijativa, koja

je proizvela pojačanu medijaciju EU u odnosu na BiH, pa dovela i do stupanja na snagu Sporazuma o stabilizaciji i pridruživanju i Reformske agende za BiH – posljednja modernizacijska šansa upravo za BiH. Tekst je moguće pročitati *in extenso* na mojoj web stranici (www.milelasic.com), pa bih ovdje samo dometnuo: ma što mislili o domaćim političkim akterima, ili ma tko bio stvarni tvorac Reformske agende za BiH, a to su po svoj prilici stručnjaci MMF-a i EU, dok su našim vlastima prepušteni tzv. akcijski planovi, nema nam druge nego podržati set reformi ekonomske i socijalne i pravno-političke naravi. Te se k tomu nadati da svjetske birokrate, uključivo i eurokrate u Bruxellesu, imaju na umu i nužne ustavne promjene za cijelu BiH, koje bi je definitivno učinile kompatibilnim s onim što je očekuje u Europskoj uniji. Jednog dana moj Abele, a do tada se molite svojim bogovima, ako ste vjernici, da EU nadiđe trenutne krize i ne odustane od BiH.

07. listopada 2015.

POGOVOR

Pred nama se nalazi petnaesta knjiga profesora s Filozofskog fakulteta Sveučilišta u Mostaru dr. sc. Mile Lasića. Knjiga intrigantnog naslova *„Uzaludni proeuropski pledoaje"* i još zanimljivijeg podnaslova *„Prilozi 'refleksivnim modernizacijama'"* ponovno nas podsjeća na prepoznatljiv autorov pristup tranzicijskim problemima regije jugoistoka Europe u nastojanjima europeizacije ambijenata tijekom procesa približavanja Europskoj uniji.

Iz samog naslova ove knjige može se zaključiti kako se Lasić osjeća kao *don Quijote* u zemlji koju naziva *zemljom zarobljenog uma,* gdje već dugi niz godina progovara o potrebnoj promjeni kulturološke i političke paradigme aktualnog pravno-političkog nasilja u paradigmu uvažavanja oformljenih nacionalnih i drugih identiteta, te isto tako podiže glas oko potrebe uvažavanja međunarodno priznatog okvira. U neku ruku je i logično što je, upravo zbog britke i jasne kritike, autor gurnut na marginu u pred-političkom društvu kakvo je bosanskohercegovačko, te da s te margine, u maniri dobrog prijatelja BiH, uspješno svjedoči kako je *borba s vjetrenjačama* ipak moguća i nije uzaludna. Uostalom, zar nas povijest ne uči kako je upravo borba sa *zatvorenim umovima*, fromovski rečeno *bolesnim društvima*, osuđena samo na pobjedu i kako završava ozdravljenjem?

Veliki dio ovog Lasićeva apela, ili kako sam voli reći *pledoajea*, posvećen je (ne)sposobnosti izgradnje zajedničkih vizija bosanskohercegovačkih naroda i ograničavanju neizbježnih povijesnih pogrešaka u procesu nadilaženja postojećeg *statusa quo*, odnosno *zamrznutog konflikta. Otvoreno društvo,* u Lasićevoj reinterpretaciji Popperove sintagme, je njegova misao vodilja, jednako kao i ideja pluralnosti i demokracije kojima zajedno i ne može cilj biti drugo već promicanje kriticizma, raznolikosti i izbjegavanje nasilja, kako bi se u konačnici stiglo do širokih konsenzusa o budućnosti drage mu zemlje. Predanost nenasilju, kritičkoj misli i slobodi govora, sugestija za kritičkim pogledom temelj su Lasićeva politološkog i proeuropskog narativa. Autoru je jasno, i to opetovano ponavlja, kako je EU projekt mira u svjetskim razmjerima. Poučen iskustvom kultura u kojima je boravio, želi dokazati da ovom dijelu Europe za potpuno ozdravljenje ne preostaje ništa drugo osim pristojne integracije u europsku obitelj. U tom kontekstu se mogu i moraju razumjeti njegovi *pledoajei* o prijenosu dijelova suvereniteta na zajednička radna tijela i institucije, ali ne kako bi suverenitet i identitet izgubili, već kako bi doprinijeli izgradnji svjetske civilne sile u nastajanju kakva je EU, odnosno promjeni politološke i kulturološke paradigme te izgradnji drugačijeg promišljanja kulture zajedničkog identiteta, odnosno novog tipa političke zajednice. Baš tu nas Lasić upozorava i na *metodološki nacionalizam* u razumijevanju EU, posebno na nacionalističke, separatističke i unitarističke narative i politike, koje su prepreka u kretanju zemlje naprijed u nužne i hitne gospodarske, socijalne, ustavno-pravne i druge reforme.

Već u podnaslovu knjige pronalazimo sintagmu posuđenu od profesorskog mu uzora, Ulricha Becka, kojim zapravo želi apelirati na nužnost tzv. *refleksivne modernizacije* uz odustajanje od metodološkog nacionalizma, čime Beck prosvjeduje protiv zatvaranja u uske identitete, ali ne zagovara njihovo nasilno i dekretsko ukidanje već nadrastanje putem kozmopolitizacije. U ovom kontekstu i Lasić na Beckovom tragu pledira za popravnim ispitom *druge moderne* za sve one zemlje i kulture u kojima se društvo nije pomaknulo dalje od razumijevanja klasične (prve) političke moderne. Lasić ovdje usporedbu veže i uz Gellnera koji također smatra kako su se nekim narodima i zemljama posrećila vremena poslije *pada Zida* i dokidanja *željezne zavjese* pa su iskoristili šansu *druge liberalne revolucije*, a nekima nisu...

Zastarijevanje klasične političke moderne za Becka je rezultat dinamike same modernizacije u društvu koje i dalje vjeruje u ideale, mehanizme i pojmovni aparat stare modernizacije. Beck to zove *pronalaženjem političkoga* i zahtjeva napuštanje *„...okvir(a) politike statusa quo industrijskog društva u pogledu njezinih ciljeva - suverenost nacionalne države i njezin vojni pandan, privredni rast, potpuna zaposlenost i socijalna sigurnost, vodeće stranke koje na tim ciljevima počivaju te shvaćanje političkoga na osnovi koordinata lijevo-desno - ili se taj politički horizont jednostavne modernizacije bar mora otvoriti, proširiti, ponovno promisliti i preustrojiti...“, te* zaključuje kako smo *„...time već stigli do pronalaženja političkoga“.* Lasić u ovoj knjizi, naslonjen uvelike na Becka, govori o smislu *„...kretanja naprijed putem sustavnih reformi koje uključuju poštovanje sviju identiteta i ambijenata, ljudskih prava i principa pravne države“,* te slično kao i Beck vjeruje kako i više nego ima smisla o tome govoriti u *„...zemljama pred-političke kulture kakve su u pravilu zemlje 'zapadnog Balkana'“.*

Lasić je naslonjen i na Kantovu i Popperovu etičku percepciju kriticizma i samokriticizma, kojima dodaje vlastitu racionalnost i neobičan optimizam unutar kojeg je moguće napraviti socijalne reforme uz miroljubivi odnos između zemalja i naroda. On postavlja minimalistički ideal i uvjet koji treba tražiti i s njime slaviti dostignuća moderne racionalnosti, odnosno liberalne demokracije. Ova avantura u kreativnom i kritičkom Lasićevom radu razbuđuje neriješene duhove prošlosti gurnute pod tepih te nudi sredstva rješavanja problema mirnim putem: vrijednosti slobode misli i govora, toleranciju i individualizaciju. Unatoč činjenici da demokracija uvijek mora ostati vjerna otvorenosti novim idejama, zaštita, po mojem poimanju Lasića, mora biti bespredmetno osigurana za manjinske skupine. Iz tog razloga snažno afirmira potrebu za institucionalnom jednakopravnosti koja mora biti čvrsto izgrađena kako bi zaštitila slabe od jakih, odnosno manjine od većine.

U borbi protiv diktature iskrivljene demokracije, ili kako ju sam naziva *demokraturom*, Lasić podiže visoko zastave kozmopolitizacije, pa ako baš hoćete i socijal-demokracije, jer ono što je *lijevo* u njegovom razumijevanju direktno je i *kozmopolitsko*, a nedostatak jednog dokida drugo. Pritom je svjestan kako bosanskohercegovačka socijal-demokracija u ovom trenutku ne postoji pa se vodi brojnim pozitivnim primjerima iz zemlje u kojoj je prethodno proveo dugi niz godina.

* * *

Ako sam izrečenim, bar u segmentima, obrazložio zašto smo kao nakladnici pristali uploviti u ovu novu Lasićevu priču, osjećam se pozvanim objasniti i zašto smo, zajedno s autorom, knjigu strukturirali u dva dijela. U prvom dijelu nalazi se 29 *zagrebačkih priča* napisanih u 2015. godini za portal Autograf.hr kojima autor pokazuje koliko je zapravo odgovoran prema vlastitoj struci. Sve ove radove o različitim temama povezuje jasna i konzistentna analiza i zajednička misao vodilja o nužnosti kretanja naprijed putem europeizacije narativa i politika. Krenuvši od svojevrsne obrane stava zašto je Josipović bio i njegov kandidat na prošlim predsjedničkim izborima u Republici Hrvatskoj, preko temeljne analize poruka koje je aktualni papa Franjo uoči i tijekom apostolskog posjeta donio predmodernoj BiH, sve do izravnog otklona od svake vrste totalitarizma (gdje se nije libio uključiti i onaj *lijevi*), te referiranja na važna događanja i krize unutar EU, Lasić nam pokazuje širinu svojih promišljanja i definitivno dokazuje kako je o njemu moguće reći sve drugo osim da ga se može svrstati u skupinu ideologa i *plaćenika* aktualnih politika, u kojoj su se na nesreću pronašli mnogi njegovi kolege po akademskoj tituli i/ili godinama staža u struci. Lasić se cijelim svojim radom i životom trudi pokazati kako je moguće ne pripadati ni jednoj političkoj opciji, ukoliko se želi biti vjerodostojan politolog.

U drugom dijelu knjige se našla jedna njegova, kako sam kaže, *iznuđena* polemika kao i jedan cjelovit intervju koji direktno svjedoči o vrijednostima koje živi i koje kao sekularni propovjednik propovijeda. Upravo o tim vrijednostima posve izravno govori po meni možda i najvažniji esej u knjizi: *'Pitanje krivnje' i 'groblje Mira' na brdu Bile iznad Mostara.* U njemu Lasić naglašava kako je „...*rad na nacionalnom pamćenju neugodan, ali nužan...*" radi dekonstrukcije „...*vlastitih 'tamnih fleka' u bližoj ili daljoj prošlosti, kako bi se definitivno odustalo od proizvodnje primordijalističkih i perenijalističkih laži čemu su nažalost sklone historiografije, politologije i sociologije u svim našim političkim i akademskim centrima"*. Važno je, kako veli Lasić i tu se s njim u potpunosti slažem, naučiti se prvo *„...postidjeti, kako bismo potom imali pravo i dostojanstveno oplakivati svoje mrtve, ma gdje i kako pali, u ime ma koje ideologije to bilo"*. Mogu se samo složiti i s autorovim upozorenjem kako *„...tvrdoglavo jednodimenzionalno obilježavanje teških trauma u prošlosti - i na hrvatski i bošnjački i srpski način - svjedoči neizravno i o žurnoj potrebi europeizacije i kozmopolitizacije ambijenata i identiteta"*.

U ovaj dio knjige smo također uključili nekoliko doista važnih politološko-kulturoloških osvrta na događaje i ljude iz Lasićeve *druge domovine*, primjerice onaj pisan povodom deset godina vladavine Angele Merkel ili smrti *najmisanonijeg njemačkog kancelara* Helmuta Schmidta, kao i prve godišnjice smrti profesora Becka, u kojima Lasić i definitivno konkretizira što misli pod njemu najvažnijim pojmovima – europeizacije javnih narativa i politika.

Posebno sam zahvalan Lasiću što nam je u mnogome otklonio iluzije, što nam je kroz svoje radove pokazao kako aktualne politike traže upravo ono što znaju da će naći i ne zamišljaju svijet drugačijim od onog vlastitog kojeg kroje. Profesorski nas je podučio da samo zato što pripadamo jednoj kulturi ne znači da ne možemo uočiti i razumjeti drugu. Upravo suprotno, zato što smo iz bilo kojeg razloga selektivno oslijepili, ne znači da smo i potpuno slijepi ili da smo osuđeni na sljepoću za cijeli život...

Na kraju želim zaključiti time kako je Lasić definitivno jedan od onih autora s čijim se interpretacijama, apelima ili *pledoajeima* možemo ili složiti ili nesložiti. Ukoliko ste došli do jednog od ova dva zaključka, a u kontekstu geografskog, političkog i kulturološkog područja u kojem je knjiga objavljena to može značiti kako je *uzaludni proeuropski pledoaje* ujedno temeljito pročitan.

Više od toga, kao njegov nakladnik, i ne mogu poželjeti.

Oslo, 08.03.2016.   *Augustin Zonjić*

BILJEŠKA O AUTORU

Mile Lasić je rođen 25. veljače 1954. godine u Uzarićima (Široki Brijeg), Bosna i Hercegovina.

Bio jugoslavenski diplomata u SR Njemačkoj do disolucije SFRJ i transformacije u SRJ. Potom zakratko i bh. diplomata *(1993-1994)*. Iz političkih razloga napušta diplomatsku službu jer nije htio pripadati nijednoj političkoj stranci, kao što ne pripada ni danas...

Između 1995. i 2009. godine živio je s obitelji u Njemačkoj. Radio kao tvornički radnik i slobodan novinar, publicist i prevoditelj. Bio neka vrsta dopisnika iz zapadne Europe o kulturološko-političkim zbivanjima u Njemačkoj i u EU. Doktorska disertacija o integracijskim dometima i strategijskim nedoumicama EU se posložila sama od sebe, ispunjena sadržajima kojima se bavio i kao novinar. U BiH se vraća 2009. godine i zasniva radni odnos na Filozofskom fakultetu Sveučilišta u Mostaru. Predaje skupinu kolegija koja se bave politološkim teorijama, međunarodnim odnosima, suvremenom diplomacijom, europskim integracijama i interkulturalnim razumijevanjem.

Član je Odbora za političke znanosti Akademije nauka i umjetnosti BiH i Odbora za sociološke znanosti ANU BiH, Nadzornog odbora Paneuropske unije BiH i Upravnog odbora Inicijative za bolju i humaniju inklzuziju (IBHI)...

I u sveučilišnoj nastavi i u javnom prostoru zalaže se za: otvoreno društvo i kritičku kulturu sjećanja, de facto kontra-kulturu, kozmopolitizaciju i identiteta i ambijenata, europeizaciju javnih narativa i politika i interkulturalno razumijevanje...

Po povratku u BiH objavio je petnaest knjiga.

Mostar, 25. veljače 2016. godine